TONTON

TONTAINE

TONTON

PAR LÉON BERTRAND

PRÉFACE

PAR ALEXANDRE DUMAS

DESSINS DE MARTINUS

PARIS

E. DENTU, ÉDITEUR

LIBRAIRE DE LA SOCIÉTÉ DES GENS DE LETTRES

PALAIS-ROYAL, 17 ET 19, GALERIE D'ORLÉANS

TONTON

TONTAINE

TONTON

PARIS. — IMP. SIMON RAÇON ET COMP., RUE D'ERFURTH, 1.

TONTON

TONTAINE

TONTON

PAR LÉON BERTRAND

PRÉFACE

PAR ALEXANDRE DUMAS

DESSINS DE MARTINES

PARIS

E. DENTU, ÉDITEUR

LIBRAIRE DE LA SOCIÉTÉ DES GENS DE LETTRES

PALAIS-ROYAL, 17 ET 19, GALERIE D'ORLÉANS

1864

A

MON AMI ALEXANDRE DUMAS

CES QUELQUES ÉCHOS DE VIEILLES FANFARES

LÉON BERTRAND

AVANT-PROPOS

Mon cher Léon, il faut, en vérité, toute ton amitié pour penser à me dédier ces souvenirs de chasses : hélas ! je suis complétement disparu du monde cynégétique : mes derniers coups de fusil ont été tirés dans le Caucase, où j'ai tué deux vautours, qui descendaient peut-être de ceux qui avaient dévoré le foie de Prométhée ; une de ces belles antilopes qui portent les cornes en forme de lyre ; et où, grâce à mes faucons kalmouks, j'ai traversé les steppes des Tatars-Nogaïs sans mourir de faim, tout en regorgeant d'outardes et d'oies sauvages.

Ah ! le beau pays, mon ami, et comme j'ai regretté de n'avoir pas pour compagnon mon Léon, à l'œil si sûr et au jarret si infatigable. Comme il aurait, tandis que je suivais la vallée, escaladé ces belles rampes qui surmontent les sommets neigeux du Chat-Abrous et du Kassbek, où s'enlèvent par volées les faisans et les francolins, et où de chaque buisson que l'on frappe du pied on est sûr de faire partir un lièvre, qui s'en va au petit trot et qui, à trente pas, s'arrête pour vous regarder, tout étonné qu'il est d'avoir été troublé dans son gîte et dans son rêve.

Puis, dans l'intérieur de la vieille Russie, tu eusses vu de ces chasses fantastiques comme en peuvent donner seuls les boyards moscovites ou les nababs de l'Inde : de ces chasses où mille paysans embrassent cinq ou six lieues de terrain, et vous rabattent, pour deux chasseurs, placés à cent pas l'un de l'autre, un spécimen complet du genre animal, volatile et quadrupède. A l'extrémité de ce cercle nous étions postés, mon ami Nariskine et moi, chacun avec six fusils à deux coups que nous déchargions à notre caprice sur une espèce de sortie de l'arche dont cette battue nous donnait la représentation exacte : figure-toi tout un monde d'animaux divers, lièvres, renards, chevreuils, fuyant ensemble, et par-dessus lesquels bondissait quelque grand loup effaré, à l'œil sanglant et aux dents blanches. C'était, je te le jure, un beau spectacle.

En revenant, j'ai fait à l'envers le voyage de Jason, et j'ai découvert le mythe de la toison d'or. Le Phase, que j'ai descendu dans presque toute sa longueur, roule dans ses eaux des paillettes d'or; et encore aujourd'hui les peuples de l'Iméritie, du Gouriel et de la Colchide, qui bordent ses rives, pour recueillir ce sable précieux, étendent au fond du fleuve, retenues par quatre piquets de bois enfoncés à leurs extrémités, des peaux de moutons qu'ils retirent, au bout de huit jours, resplendissantes comme celle du bélier chrysomallon. Voilà l'histoire.

Or, devine, mon cher ami, quels oiseaux nous avons tués par milliers sur le Phase, la fusillade à laquelle nous avons usé deux livres de poudre et six livres de plomb? — Des canards sauvages. C'est un gibier bien réaliste pour un fleuve si poétique et si fabuleux; mais que veux-tu? La vérité est la vérité, et si les chasseurs s'en écartent parfois à l'endroit des Philistins, ils la respectent toujours à l'égard l'un de l'autre, et tout confrère en saint Hubert, essayant d'induire en erreur un de ses confrères, mériterait d'être chassé de l'ordre.

Depuis mon retour du pays de Jason, je n'ai eu qu'une véritablement belle journée de chasse, mais aussi tu vas voir que je l'avais bien gagnée. C'était après la campagne de Sicile, le 10 septembre 1860, quatre jours après le départ de François II de Naples, et trois jours après l'entrée de Garibaldi. J'avais écrit à ce dernier en réponse à une lettre où il me remerciait de quelques services rendus, et où il me demandait ce qu'il pourrait faire pour moi :

— Poursuis les fouilles de Pompéia, et donne-moi une permission de chasse pour Capodimonte.

Et, en effet, le jour même de son entrée à Naples, Garibaldi avait ordonné la continuation des fouilles, et m'avait envoyé ma permission de chasse. En conséquence, le 9, après mon déjeuner, j'avais pris mon fusil, et m'étais fait conduire avec mon aide de camp, Muratori, à Capodimonte.

Il faut te dire, cher ami, que Capodimonte est une maison de chasse, bâtie par cet illustre maçon couronné qu'on appelle Charles III. Le lieu était solitaire et renommé pour le passage des becfigues ; l'architecte fit au roi un devis de trois cent mille francs, ce qui était déjà raisonnable quand on mesure le but : il y dépensa douze millions. — En supposant que Charles III y ait tué cent mille becfigues, ce qui est un assez joli chiffre, tu en conviendras, chaque becfigue, sans compter la poudre et le plomb, lui revenait à cent vingt francs ; et les Napolitains se plaignaient qu'on leur faisait payer quarante francs d'impôts par homme !

— Ce qui m'étonne, c'est qu'on ne leur en ait pas fait payer le double.

Aujourd'hui les becfigues, effarouchés par Charles III

et par Ferdinand IV, ont été remplacés par les faisans, les paons et les lièvres ; or, c'était sur ces faisans, ces paons et ces lièvres, que j'avais demandé à faire quelques coups de fusil.

J'arrivai vers deux heures avec mes deux pauvres chiens Valdin et Touche, dont j'ai le regret de t'annoncer la mort, mais qui n'ont disparu de ce monde, au moins, qu'après avoir peuplé Naples d'une race de magnifiques braques que s'arrachent les amateurs.

A la vue de la signature de Garibaldi, je fus reçu à Capodimonte comme huit jours auparavant l'eût été le roi François II en personne : on ouvrit les grilles à deux battants, et l'on m'offrit de me faire rabattre le gibier par une vingtaine de rabatteurs.

Je répondis que j'étais plein de gratitude pour M. le gouverneur du château, mais que je comptais faire une simple promenade dans le parc, une espèce de reconnaissance, voilà tout.

On me salua respectueusement, et l'on me laissa libre de tout exterminer.

Tu sais mieux que moi ce que c'est qu'un vrai chasseur : il ne chasse pas pour tuer, mais pour s'amuser. Après une promenade d'une heure, j'avais tué six coqs, et je ralliai Muratori dont j'entendais les cris et la fusillade.

Muratori avait tiré vingt-cinq coups de fusil, et avait tué trois poules.

Je grondai Muratori, je lui expliquai que la poule faisane était un animal sacré, et que dans toute chasse bien organisée, il y avait vingt francs d'amende pour le maladroit qui tuait une poule au lieu d'un coq, puis je revins me promettant bien de ne plus le conduire à la chasse.

Le lendemain j'allai voir Garibaldi.

— Eh bien! me dit-il, il paraît que tu as fait une fameuse chasse hier.

— Est-ce parce que je ne t'ai pas envoyé de mes faisans que tu dis cela?

— Ma foi non! est-ce que je mange des faisans, moi? Je te dis cela parce que l'on m'a fait un rapport sur ton compte.

— Un rapport?

— Oui.

— Et que diable a-t-on pu te dire?

— On m'a dit que tu avais tout tué : faisans dorés, faisans argentés, paons, poules, poussins, que sais-je, moi?

— Race de laquais! m'écriai-je.

— Tu dis?

— Es-tu disposé à me croire plutôt que celui qui t'a fait cette belle histoire?

— Je suis disposé à te croire toujours.

— Eh bien! mon cher ami, j'ai tué six coqs faisans, et je me suis fâché tout rouge contre Muratori qui avait tué trois poules, voilà la vérité; maintenant, au revoir; ne crois pas au rapport que l'on t'a fait ce matin, mais crois à celui qu'on te fera demain soir.

— Je ne comprends pas.

— Je dis que je retournerai demain à la chasse, et que, comme ce sera pour la dernière fois, je m'en donnerai à cœur-joie.

— Tu as toute liberté.

— Je le sais bien et j'en userai.

En effet, le lendemain, j'emportai mon déjeuner dans ma carnassière : je mis cent cartouches dans mes poches et je partis à sept heures du matin : à huit j'entrais en chasse : à midi j'avais tiré mes cent cartouches, tué cinquante-sept faisans, quinze lièvres et huit paons, ce qui me faisait quatre-vingts pièces bien comptées.

Je pris six gamins, je leur mis des perches sur le dos, je pendis mes faisans, mes paons et mes lièvres à leurs perches, et je descendis triomphalement la rue de Tolède au pas de mon fiacre et précédé de mes six porte-gibier.

Puis, je déchirai ma permission en mille morceaux, et les envoyai au gouverneur, en lui disant que j'avais le regret de ne pas les lui jeter au visage, mais que quand j'avais sonné à sa porte dans cette intention, on m'avait répondu qu'il n'était pas chez lui.

Crois-moi, mon cher Léon, c'était un beau coup d'œil pour un chasseur que cette boucherie : je n'ai jamais vu miroiter sur un pavé de marbre tant d'or, tant d'azur, tant d'aventurine et tant d'émeraude. Je gardai pour moi deux faisans, un lièvre et un paon, et j'envoyai le reste à l'état-major.

C'est là la dernière chasse que j'ai faite, et c'est probablement la dernière que je ferai.

Au reste, Naples est le plus triste pays de chasse que je connaisse : Naples se divise en parcs royaux, encombrés de gibier, où les sangliers viennent manger des pommes de terre dans les mains des piqueurs, les faisans du blé de Turquie dans les tabliers des fermières ; avec des plaines où l'on ne trouve que quelques alouettes solitaires, et des vignes où s'envolent à cent pas quelques grives effarouchées.

C'est qu'à Naples, pays de l'indépendance absolue, chaque paysan porte son fusil sur l'épaule ou en travers de son cheval : les lois sur la chasse y sont inconnues ; nul ne sait ce que c'est qu'une ouverture ou qu'une fermeture. On tue tout et en tout temps, et depuis trois ans je n'ai entendu chanter le rossignol qu'un jour où, à Cumes, je faisais une fouille dans des tombeaux qui remontaient à sept cents ans avant Jésus-Christ.

Aussi, excepté les oiseaux de passage, rien n'est plus rare ici que le gibier. De temps en temps, on trouve au marché un lièvre dont on a eu la précaution d'extraire le foie jusqu'au dernier morceau, et de tirer le sang jusqu'à la dernière goutte. Ce détail te donnera une idée de la façon dont les Napolitains comprennent le civet.

Ainsi, tu le vois, cher ami, j'ai dit adieu à la chasse, j'ai oublié le son du cor, le cri des rabatteurs, l'aboiement des chiens et jusqu'à ces fameux cris : *A vous ! à vous !* qui tant de fois m'ont fait bondir le cœur, poussés sous bois de ta voix de Stentor. Je dors à côté de mes douze fusils, sans que le 1ᵉʳ septembre m'apporte la moindre émotion. Envoie-moi donc, mon cher Léon, comme un écho des jours passés, ton nouveau volume auquel je prédis bon nombre de lecteurs, mais dont, pour mon compte, je me garderai bien de lire la préface.

Bien à toi et toujours à toi.

ALEXANDRE DUMAS.

Naples, ce 15 janvier 1864.

LE CAUCHEMAR D'UN CHASSEUR

RÊVE FANTASTIQUE EN XVIII CHAPITRES

CHAPITRE PREMIER

LA SAINT-HUBERT

J'ai voué à saint Hubert, le patron des chasseurs, un culte religieux, pour ne pas dire fanatique. Le 3 novembre, jour de sa fête, est pour moi ce qu'était le 14 juillet 89 pour les vainqueurs de la Bastille ; ce que sont pour les héros populaires les 27, 28 et 29 juillet 1830, l'inséparable trilogie ; et comme ma comparaison pourrait bien ne pas être juste, attendu qu'il ne m'est pas clairement prouvé après tout que ces pauvres dates défuntes soient encore si fort en honneur aujourd'hui, je dirai mieux, le 3 novembre est à mes yeux une époque solennelle, un anniversaire joyeux que je me garderais bien de ne pas chômer, non pas toutefois comme le canon des Invalides, en tirant ma poudre aux niais, mais comme un disciple digne du saint, par quelque bonne partie de chasse sagement conduite le matin, et le soir follement terminée.

Adieu, ce jour-là, tous les plaisirs de ma bonne ville de Paris! au diable, s'il en veut, ma plume et mes travaux littéraires! le ciel fût-il en feu, toutes ses cataractes ouvertes me menaçassent-elles d'un déluge nouveau, il n'y a pas à dire gare, il faut que je me lance, il faut que je parte, mon fusil dans mes fontes ou mon brave Steno derrière moi, et que j'aille, *sub invocatione sancti Huberti,* explorer soit les bois, soit la plaine. C'est un besoin, une passion, une rage, donnez-lui tel nom qu'il vous plaira. Chacun a sa marotte, chacun va à dada sur son califourchon, comme dit Sterne. Permettez-moi donc d'aller sur le mien. Je ne serai pas plus exigeant que *Tristram Shandy,* je ne vous forcerai point de monter en croupe.

CHAPITRE II

UN PRÊTÉ POUR UN RENDU

Du reste, je dois le dire à la louange de mon illustre patron, je n'ai point affaire à un ingrat. En récompense de ma dévotion envers lui, saint Hubert m'honore d'une protection toute spéciale. Ce n'est point une de ces divinités sourdes aux pieds desquelles on brûle un vain encens : à la myrrhe et aux parfums il préfère l'odeur de la poudre, et si peu

qu'on en use en son honneur il s'en montre toujours re-
connaissant par quelque faveur inattendue et secrète.

N'ai-je point de projets arrêtés d'avance? suis-je encore à
savoir le 30 octobre au fond de quel désert j'irai le 5 novembre offrir mon pieux et sanglant sacrifice? tout à coup
une invitation me tombe des nues. C'est la Picardie, c'est
Troyes, c'est Orléans qui me convie et m'appelle : la Picardie
avec ses bécassines et ses marais; l'Orléanais et la Champagne avec leurs vieilles forêts des druides.

Dites après cela qu'il n'y a pas de Providence et que mon
patron n'est pas un grand saint !

CHAPITRE III

CELA PORTE TOUJOURS MALHEUR

— Monsieur part, me dit avant-hier ma concierge en pet-
en-l'air, avec un tendre intérêt qu'il m'est impossible de
rendre, et tout en arrangeant sous son vieux serre-tête de
soie noire une mèche de cheveux gris toute coquette.

— Il ne faut pas demander où monsieur va : cela se devine
de reste à son costume.

Et comme je me dépêchais de filer sans mot dire, pour
couper court aux commentaires d'usage.

— Bonne chasse ! me cria-t-elle de sa voix rauque : souhait
imprudent qui m'arrêta malgré moi, et que j'eusse volontiers
cloué d'un coup de manche à balai sur les lèvres de l'im-
pitoyable bavarde.

— Bonne chasse ! répétai-je avec terreur, en songeant à
toute la portée de cet horrible mot... Mais c'est à ne pas

sortir de chez soi... Que la peste t'étouffe, vieille pytho-
nisse!

Madame Coquelet, qui éternuait en ce moment, crut que je
lui disais : Dieu vous bénisse...

— Bien obligée, monsieur, reprit-elle; et quand aurons-
nous le plaisir de vous revoir? lundi, dimanche...?

CHAPITRE IV

RÉPONSE

— Dans cinq jours, répliqua pour moi une voix rude qui
n'était certainement pas celle d'un ami.

Je me retournai et j'aperçus sur mes talons... quoi?
qu'est-ce?

Un garde municipal, ni plus ni moins, lequel, porteur de
deux jugements rendus par le conseil de discipline de ma
légion, me priait poliment, au nom du roi, de vouloir bien
m'y soumettre.

CHAPITRE V

RÉFLEXIONS SENTIMENTALES

Mal disposé comme je l'étais et naturellement fort iras-
cible, je réfléchis un instant si je ne ferais pas un mauvais
parti à cet homme.

J'avais sous le bras un bon fusil chargé à deux coups, et
je pouvais rouler l'agent du pouvoir comme un lapin, ce qui
eût été un moyen nouveau d'entrer en chasse; mais heu-

reusement pour lui qu'au moment où il me saisissait au
collet, à son tour la Pitié me prit par l'oreille.

— Que vas-tu faire? me dit-elle tout bas; ce pauvre diable
n'est pour rien dans tout cela : il est militaire, par conséquent esclave de sa consigne; et tu aurais vraiment peu de
grâce à te fâcher ainsi tout rouge de ce qu'il se conforme
aux ordres qu'il a reçus.

D'ailleurs, raisonnons un peu. De quoi te plains-tu, tête de
fer?

Tu le payes, lui soldat, pour qu'il monte la garde à ta
place, c'est vrai.

Et il t'arrête dans ton domicile, toi citoyen paisible,
que personne ne paye pour monter la sienne; c'est encore
vrai.

Il y a là, je l'avoue, un petit contre-sens qui bouleverse
un peu l'ordre social; mais à part cette légère difficulté,
cette misère, examine bien le fond des choses et vois, à tout
prendre, si tu ne commettrais pas une injustice cent fois plus
atroce en envoyant au diable l'âme de ce bon gendarme.
Le municipal n'est point un animal à part... il est fait de
chair et d'os comme nous. Il a une mère, une femme, des
petits municipaux peut-être, et tu ne voudrais pas... oh!
non, non, tu ne le voudrais pas!

CHAPITRE VI

DIEU NE VEUT PAS LA MORT DU PÉCHEUR

A ce raisonnement concluant je sentis désarmer ma colère.
Au fait, dis-je, j'aurais tort d'en vouloir à d'autre qu'à ma-

dame Coquelet, ma portière. C'est elle qui m'a porté guignon avec son vœu téméraire.

Et comme le garde municipal m'invitait pour la seconde fois à le suivre au nom du roi.

— Au nom de Dieu, mon ami, lui dis-je, souffrez que je remonte chez moi pour y changer d'effets et de chaussure. Ce qu'il m'accorda sans difficulté, le digne homme, ma requête valant bien la sienne.

CHAPITRE VII

CLIC-CLAC, LAISSEZ PASSER LA JUSTICE DU ROI

Un instant après, je montai en fiacre au lieu d'aller rejoindre au chemin de fer MM. de S. et F. G., mes amis, qui m'y attendaient avec armes et bagages ; et maintenant, fouette, cocher ! 55, quai d'Austerlitz, et bon train.

CHAPITRE VIII

ENTRE QUATRE MURS

La maison d'arrêt de la garde nationale, à laquelle nous arrivâmes à la nuit, n'est point un lieu aussi désagréable qu'on se l'imagine d'abord.

Ce n'est point Sainte-Pélagie la géante. Ce n'est point non plus la Force aux sombres murs ; encore moins l'Abbaye aux portes basses.

C'est une honnête et paisible retraite, qui n'a rien de ces sépulcres blanchis que nous nommons des geôles ou des prisons.

A part sa grille, qui singe un peu le guichet, et qui eût pu effaroucher en entrant la troupe timide des Amours rebelles, le duc de Fronsac l'eût prise telle qu'elle est pour en faire sa petite maison du faubourg ; et vous savez, le roué ! s'il était difficile !

Quant à moi, je ne lui reproche rien : c'est-à-dire si... je lui reproche une chose, mais une seule : son voisinage avec la Ménagerie.

Nous sommes parfois des animaux fort curieux, j'en conviens ; mais c'est égal, toutes vérités ne sont pas bonnes à dire, et ce n'est point adroit au pouvoir de mettre ainsi MM. les gardes nationaux si près des bêtes.

CHAPITRE IX

RETOUR SUR MOI-MÊME

A peine fus-je dans mon lit, — un lit excellent, ma foi ! un lit de maître, deux matelas, un traversin, une paillasse, le tout sous la responsabilité des détenus, précaution fort sage, attendu que plus d'un n'en a pas tant chez lui pour reposer sa tête...; à peine fus-je dans mon lit, dis-je, que malgré toute ma philosophie et mon bien-être, je me mis à murmurer en moi-même contre l'injustice du sort.

Ainsi donc, c'est demain le grand jour, pensai-je, le jour où vont, par vingt exploits différents, se signaler mes amis et mes frères. Que de combattants et de beaux coups ! Ici se dégarnira la plaine sous le feu d'une joyeuse battue ; là retentira la futaie éveillée tout à coup par les sons belliqueux du cor ; et tandis que les chiens, collés à la voie, accompagneront en chœur ce concert unanime de louanges, plus doux à tes oreilles, ô grand saint ! que toutes les mélodies dont sur leurs harpes d'or t'entretiennent là-haut les célestes archanges, il sera donc écrit que moi, moi seul malheureux, et de tes adorateurs le plus constant, je ne pourrai, grâce à ma réclusion, t'offrir ma part de cette noble hécatombe !

A cette triste image je me sentis visiblement affecté.

Ah ! continuai-je dans un saint élan de ferveur, si jusqu'à présent j'ai su mériter tes faveurs, si je me suis montré sous tes leçons un élève intelligent et docile, malgré mon absence en ce jour parmi les rangs de tes fidèles disciples, sois-moi toujours prospice, ô le premier, ô le plus grand des veneurs !

Demain, il est vrai, je n'immolerai point en ton honneur le sanglier au boutoir écumant, le cerf aux pieds d'airain, le chevreuil et le daim au vol rapide ; mais je porterai ton culte dans mon cœur : je t'y dresserai un autel de reconnaissance et d'amour, ou à défaut du présent j'invoquerai du moins le souvenir du passé ; et si je ne puis faire plus pour toi, s'il me faut borner à si peu ma gratitude et mon hommage, dans ton indulgence envers moi, tu ne t'en prendras, je l'espère, qu'à la sévérité, qu'à l'iniquité de mes juges.

Qu'ils soient maudits, s'ils sont chasseurs, eux qui un jour de bataille m'ont condamné à demeurer captif !

Maudits dans leurs chiens ! maudits dans leurs armes ! maudits dans leurs chasses et dans leurs chevaux !

Que ta colère et ta vengeance pèsent sur eux et les poursuivent sans relâche !

Que leurs limiers soient bavards, leurs lévriers goutteux, que leurs chiens courants prennent le change !

Qu'en plaine leurs fusils ratent ou crèvent entre leurs mains !

Qu'au bois le vent emporte leurs brisées ; qu'ils calculent mal leurs débuchers et leurs relais !

En un mot, qu'ils reviennent toujours bredouilles ; qu'ils ne fassent que faux rembuchements, retraites manquées, buissons creux, fausses refuites ; et que, lorsqu'à la nuit tombante ils regagneront le logis, bêtes et gens, les chevaux encloués et fourbus ; les chiens aggravés, étruffés, décousus, éventrés ; les hommes trempés par la pluie, mouillés de sueur, harassés de fatigue et de faim, ils ne trouvent tous ni feu ni lieu, ni souper ni gîte, pas un fagot pour se sécher, pas une goutte d'eau pour se rafraîchir, pas une croûte de pain pour soutenir leur estomac vide, pas même une botte de paille pour y étendre leurs membres rompus et réparer leurs forces sous l'influence d'un sommeil bienfaisant ! Ainsi soit-il, ainsi soit-il. *Amen.*

J'achevai, et après cette imprécation éloquente qui me fit mieux comprendre tous les avantages d'un bon lit, je me retournai dans le mien où je m'endormis aussitôt.

CHAPITRE X

APOCALYPSE

Alors, ô prodige ! m'arriva une chose merveilleuse ; une chose digne de figurer éternellement dans ce livre un peu court que l'on appelle la mémoire des hommes.

Tout à coup le jour remplaça la nuit, et je fus transporté je ne sais comment en forêt, au beau milieu d'un carrefour immense.

Douze routes y aboutissaient, douze routes également belles, également larges, douze routes à perte de vue, sans un seul jour où perçât l'horizon ; et au centre de ce rond-point destiné sans doute à faire un rendez-vous de chasse, s'élevait un obélisque gigantesque dont la forme imposante et nouvelle attira tout d'abord mes regards.

Le piédestal, qui me parut en bronze, était soutenu aux angles par quatre énormes cerfs de même métal, couchés cimier à cimier, comme des sphinx, et tout autour régnaient quatre bas-reliefs d'un admirable travail qui représentaient les principaux épisodes d'un laisser courre, l'*Attaque*, le *Débucher*, l'*Hallali sur pied* et la *Curée*.

J'ignore quel génie créateur avait pu donner la vie à la matière : mais là chaque groupe était d'une vérité d'exécution telle, que la nature y semblait pour ainsi dire prise sur le fait. A voir l'animal surpris au milieu du fort, bondir de la reposée en effleurant à peine le sol de son jarret nerveux ; à le suivre ensuite de l'œil franchissant, rapide comme l'air, les sinuosités onduleuses de la plaine, puis plus tard faisant tête à la meute et soutenant à lui seul, ses armes meurtrières en avant, le choc de tant d'ennemis conjurés pour sa perte, on eût cru être là, on se fût imaginé assister en personne à tout ce drame d'un jour. Ce n'était plus un vain simulacre, c'était une action réelle où l'airain s'animait plein de mouvement et de chaleur. Le dernier incident surtout, la curée, cette sanglante péripétie du poëme, avait été rendu de main de maître. On se sentait ému de pitié malgré soi à la vue de cette noble infortune ; et tel était le talent du sculpteur, qu'il semblait qu'on entendît les rauques aboiements des chiens, alors que levant la nappe du cerf, un valet de limiers, le fouet à la main, les conviait de la voix et du geste à ce festin de chairs pantelantes.

La pyramide, haute d'environ vingt mètres, était encore d'un aspect plus étrange, car elle ne ressemblait en rien comme architecture à aucun des modèles connus jusqu'à ce jour. Elle était composée de têtes de cerfs circulairement rangées l'une sur l'autre et se supportant mutuellement, les deux pieds de chaque animal croisés au-dessous de chaque bois, à peu près comme ces autels d'ossements humains que forme aux Catacombes un lugubre et bizarre assemblage.

Il y avait en tout trois cent douze têtes : quarante-huit au premier rang, quarante-quatre au second, quarante au troisième, et ainsi de suite jusqu'au sommet, où je n'en comptai plus que quatre. C'était, par progression d'âges, l'histoire complète des métamorphoses du cerf aux différentes époques de sa vie, depuis le daguet jusqu'au plus vieux dix-cors; sculpture vivante qu'on eût dit enfantée par le ciseau de Barye lui-même et sur laquelle on eût pu d'un coup d'œil embrasser tout un cours de vénerie.

Du reste, nulle inscription, aucun indice qui pût me faire soupçonner au fond de quel désert j'étais et à quel grand seigneur appartenait ce domaine ; pas même un simple poteau vert, ce *cicerone* officieux qui, du plus loin qu'il vous voit, vous tend les bras comme un ami fidèle. A l'entrée de chaque route il n'y avait qu'une magnifique statue de bronze, guide muet et d'autant plus perfide que chaque statue pouvant passer pour un modèle, c'était à ne savoir laquelle interroger d'abord au milieu de ces douze chefs-d'œuvre. . . . . .

. . . .

CHAPITRE XI

L'HARMONIE

Comme j'étais en admiration devant l'un de ces personnages, un noble et hardi gentilhomme, ma foi, dont l'écusson armorié portait les trois fleurons de la couronne de comte, et qui, d'une main appuyé sur la hampe d'un pieu, caressait de l'autre un de ces grands lévriers harpés destinés à la chasse du loup, je fus tiré de ma contemplation par la plus merveilleuse fanfare qui puisse réjouir l'oreille d'un chasseur, alors qu'égaré au fond des bois, il voit avec terreur l'ombre descendre par degrés du haut des chênes, et n'entend plus au loin que le rire satanique des vents à travers la cime élancée des arbres.

C'était une symphonie de cors exécutée par une troupe de cavaliers que j'aperçus, en me retournant, au milieu d'une des douze allées, et qui, autant que j'en pus juger à la distance où j'étais d'eux, paraissaient se diriger vers moi de toute la vitesse de leurs chevaux.

Vous connaissiez Baptiste et Tellier, n'est-ce pas, ces deux *maestri* célèbres, dont la trompe bannie de nos murs n'éveille plus, à votre grand regret comme au mien, les échos endormis du carrefour? Vous n'avez pas été sans les entendre par un de ces jours de folle orgie où l'ordonnance Delessert n'a plus son cours, et où déguisés tous deux en piqueurs de bonne maison, le nez enluminé et le menton fleuri, ils n'avaient qu'à sonner un appel pour voir se rallier autour d'eux toute une meute de masques indisciplinée et joyeuse?

Eh bien! j'en suis fâché pour leur réputation d'artistes, mais figurez-vous qu'à côté des nouveaux concertants, Baptiste et Tellier, ces grands talents rivaux, n'auraient été que de véritables mazettes.

C'était le jour et la nuit... — la différence du maître à l'élève.

la la laire!

la la

tra la la

tra la la

Tra la la

Entendez-vous, vive Dieu! voilà ce qui s'appelle sonner! voilà des gaillards qui savent emboucher le ton de chasse! Tantôt la note parcourant la gamme descendait grave et pleine comme un soupir, tantôt le cuivre déchirait l'air et vibrait saccadé et rapide, en dandinant ses sons sur le grêle. Ah! que n'ai-je retenu cet air! Quelle puissance! quels accords! quel ensemble! Ce n'était ni la *Royale*, ni la *Chantilly*, ni la *Dampierre* : c'était quelque chose de mieux que tout cela. — Un concert séraphique, — une harmonie divine, — le chœur d'*Euryanthe* de Weber — ou la fameuse fanfare de *Guillaume Tell*.

CHAPITRE XII

AU GALOP

En un instant la cavalcade fut près de moi.

Mais ce qui me surprit étrangement alors, ce fut de voir qu'en approchant ainsi bride abattue, toute cette troupe ne faisait aucun bruit et s'avançait mystérieuse comme une

ombre qui glisse sur terre. Je distinguais parfaitement les
pieds des chevaux, je les voyais tour à tour frapper le sol et
bondir : et, chose incroyable ! aucun son ne parvenait à mon
oreille, aucun choc ne m'indiquait les trois temps précipités
de leur allure, pas une étincelle ne jaillissait sous leurs sa-
bots de fer, pas un atome de poussière ne s'élevait sur leur
route silencieuse. C'était une espèce de galop fantastique qui
ne parlait qu'à l'œil et ne rappelait en rien le

> Quadrupedante putrem sonitu quatit ungula campum,

cette magnifique image du poëte.

A un signal de l'un des cavaliers placé en tête du cortége,
tous les autres firent halte à la fois, contenant avec peine sous
le mors leurs coursiers blancs d'écume ; et tandis que j'exami-
nais le costume brillant de chacun d'eux, — chapeau à trois
cornes bordé d'un riche galon, habit de drap vert à collet
montant brodé d'argent sur une guirlande de chêne, culotte
en peau de daim, couteau de chasse à manche d'ivoire, lon-
gues bottes montantes à l'écuyère, sans oublier une large
trompe à pavillon doré passée sur leur épaule en sautoir, —
le même individu qui leur avait fait signe de s'arrêter et qui
me parut être le chef ou le commandant de l'équipage, se
détachant du reste de la troupe, s'avança vers moi d'un air
noble et gracieux qui me prévint tout de suite en sa faveur.

CHAPITRE XIII

PORTRAIT DE FANTAISIE

C'était un beau vieillard encore vert, monté sur un élégant cheval barbe à tous crins d'une finesse de formes admirable. Son accoutrement, qui me frappa alors les yeux, n'était nullement en harmonie avec l'uniforme des personnes de sa suite.

Un chapeau à la Buridan, surmonté d'une longue plume noire jetée au vent, accompagnait son front déjà chauve ; sur son cou demi-nu se divisait un large col taillé en pointe qui de chaque côté rabattait avec grâce. Et si maintenant, ami lecteur, votre imagination, galopant avec la mienne, veut bien prendre la peine de voyager un peu ; se représenter, par exemple, un riche pourpoint en velours violet merveilleusement adapté à une taille encore droite et bien prise ; y joindre une magnifique ceinture brodée en or, à laquelle appendait d'un côté une lourde épée à poignée ciselée, capable d'un seul coup du pommeau d'abattre le plus fier taureau d'Andalousie, de l'autre un huchet d'argent tel qu'en portaient au moyen âge les anciens fauconniers nos aïeux ; puis enfin compléter ce costume par un éclatant tissu écarlate, espèce de haut-de-chausses étroit et collant, sous lequel se dessinait avantageusement une jambe assez bien faite pour en tirer vanité ; peu s'en faudra, une fois ces frais faits, que votre curiosité ne soit satisfaite et que vous n'ayez, à quelques détails près, la pourtraicture exacte non-seulement des vêtements, mais du physique de ce seigneur cavalier,

qu'à sa bonne mine sans doute il vous tarde, ainsi qu'à moi,
de connaître.

CHAPITRE XIV

GALERIE DE GRANDS HOMMES

« — O mon fils, me dit-il en mettant pied à terre et en
m'envisageant d'un air de bonté toute paternelle, tu vois devant tes yeux ton plus grand protecteur, celui que tu as si
souvent invoqué et du cœur et des lèvres, saint Hubert, le
vieux duc d'Aquitaine.

« Les murs du plus sombre cachot s'entr'ouvrent devant la
prière : la tienne, semblable à un hymne, du fond de ta
prison est montée jusqu'à moi, et je suis venu à tes côtés,
suivi du cortége des chasseurs célestes, pour apporter quelque soulagement à tes peines et m'entretenir familièrement
avec toi, comme fait un maître content de son élève, de cette
science négligée et difficile dont tu fais si sagement tes
loisirs.

« Tu es au sein de la *Forêt des Douze*, immense et magnifique futaie où nul mortel ne mit le pied avant toi, séjour
privilégié, domaine divin exclusivement réservé aux plaisirs
des veneurs qu'une pratique longue et constamment laborieuse sur terre a rendus dignes après leur mort de renaître
à la vie éternelle et de venir figurer au ciel parmi les rangs
de mes fidèles disciples. Son nom lui vient de ces douze sta-
tues de bronze que tu vois élevées autour de ce vaste rond-
point et qui sont l'effigie, d'après nature, des douze écrivains
cynégétiques modernes dont les leçons savantes ont le plus
contribué en France à la propagation de l'art.

« Celui-ci, ajouta-t-il en me précédant de quelques pas, vis-à-vis lequel tu t'arrêtais tout à l'heure avec une admiration mêlée de surprise, c'est Gaston-Phœbus, comte de Foix, seigneur de Béarn, le premier qui ait écrit sur le plus noble passe-temps des hommes, et qui se soit occupé de mettre ses observations à profit pour assujettir à quelques règles les errements encore douteux de la vénerie.

« De son temps, vers l'an 1350, les forêts, vierges en quelques endroits, ne recélaient pas dans leurs solitudes profondes que des animaux innocents et timides.

« Alors, l'élan aux côtes de fer, animal dont la nappe est si dure que le trait s'y émousse sans l'entamer ; le rangier, dont la tête mieux chevillée que celle du plus vieux cerf, compte quelquefois jusqu'à quatre-vingts cors, bois énorme sous lequel il s'abrite comme sous un bouclier, lorsque acculé contre un roc il tient tête à toute une meute de dogues ; le bouquetin, dont les cornes noires et rayées couchées horizontalement sur le dos se recourbent légèrement en arrière ; l'ours, enfin, cet adversaire terrible qui combat corps à corps avec le veneur et l'étreint de ses bras nerveux, broyant ses os sur sa poitrine velue : tous ces animaux redoutés et redoutables, qui ont presque entièrement disparu de vos jours, n'avaient point encore gagné, les uns les contrées les plus reculées du Nord, les autres les neiges inaccessibles des glaciers, au sommet des plus hautes montagnes.

« C'étaient là autant de vaillants ennemis, dignes d'être attaqués par de vaillants champions.

« Aussi, gloire à Gaston-Phœbus, comte de Foix, seigneur de Béarn ! le premier qui ait décrit leurs mœurs, leurs habitudes, leur instinct ; le premier qui ait enseigné par expérience les ruses à opposer à leurs ruses, les différentes manières de les combattre et d'en triompher ! A lui appartenait l'honneur d'être placé en tête de ces grands hommes.

« Le second que tu vois à sa droite, habillé d'une longue robe qui lui tombe jusqu'aux pieds, un scapulaire passé au cou et un oiseau déchaperonné sur le poing, c'est GACE DE LA VIGNE, le premier chapelain du roi Jean II. Il florissait dans le quatorzième siècle et a composé pendant la captivité du roi son maître un poëme entier sur la fauconnerie.

« Le troisième, vêtu en chevalier de Rhodes, a su réunir à la fois l'expérience d'un bon veneur et l'habileté d'un fauconnier célèbre : c'est JEAN DE FRANCIÈRES, commandeur de Choisy et grand prieur de mon ancien duché d'Aquitaine. Il écrivait sous le règne du roi Louis XI, et sa plume nous a légué deux traités également remarquables, l'un sur les oiseaux destinés au vol, l'autre sur l'éducation des chiens de chasse.

« Viennent à sa suite quatre contemporains qui ont brillé à peu de distance dans le même temps :

« NICOLAS DE VILLENEUVE, seigneur de Villeroy, auteur de la *Chasse royale*, attribuée au roi Charles IX, sous les yeux duquel il exécuta son ouvrage.

« JEAN DE CLAMORGAN, premier capitaine de la marine du Ponant, ainsi que l'indiquent au bas de sa statue ces deux ancres croisées ensemble ; vieux loup de mer, auteur d'un Traité sur la chasse de ses confrères terrestres, où il enseigne, en habile praticien, la méthode d'en détruire l'espèce.

« L'immortel JACQUES DU FOUILLOUX, illustre gentilhomme poitevin, dont le livre sur la vénerie, riche d'observations ingénieuses, est devenu une mine féconde que n'ont point encore épuisée tous ceux qui depuis l'ont exploitée.

« Puis enfin CLAUDE GAUCHET, de Dampmartin, le joyeux prieur de Beaujour, dont le poëme intitulé *les Plaisirs des Champs*, a pour trait la description de la chasse du renard et du lièvre, et a été dédié au duc de Joyeuse, amiral de France et gouverneur de Normandie.

« Si maintenant nous poursuivons notre revue :

« Celui-là, sous les insignes de fauconnier, est CHARLES d'Arcussia, vicomte d'Esparron, descendant au douzième degré d'Élisée d'Arcussia, comte de Caprée; lequel nous a transmis sur les sacres, faucons et laniers, un ouvrage rempli de détails si curieux que trois langues étrangères se le sont approprié.

« Voici venir après lui, en costume de la grande louveterie de France, messire ROBERT DE SALNOVE, celui-là même qui a écrit la *Vénerie royale*, œuvre cynégétique d'un grand prix, dédiée à Louis XIV et divisée en quatre parties.

« Là, ANTOINE GAFFET, sieur de la Briffardière, gentilhomme attaché au service de la vénerie, et dont les *Préceptes sur la chasse à courre* n'ont été publiés qu'après sa mort, par les soins d'un capitaine au régiment du Vexin, le sieur Pierre-Clément de Chappeville.

« Ici, messire LE VERRIER DE LA CONTERIE, écuyer, seigneur d'Amigny-les-Aulnets, auteur de la *Chasse aux chiens courants*.

« Plus loin, GOURY DE CHAMPGRAND, son rival qui a tracé sur le même plan que lui un traité plus étendu de vénerie.

« Et quant à ces deux derniers, l'un, auquel cet épagneul rapporte une perdrix, est l'auteur de *la Chasse au fusil*,

Magné de Marolles, celui qui a le mieux décrit les différentes méthodes de chasse à tir et la manière de dresser les chiens de plaine.

« Et cet autre, qui tient un limier en laisse, est le fameux d'Yauville, mon favori, commandant en chef des équipages du roi Louis XV ; le veneur le plus intelligent des trois royaumes, l'homme le plus habile à ordonner sagement tout ce qui prépare un beau laisser courre, quêtes, rapport, relais, partage des piqueurs et de la meute. Il n'aurait point gravé son nom en lettres d'or en tête de sa *Chasse du cerf*, cette œuvre impérissable, vaste puits d'érudition et de science, que rien que la réforme de l'ancienne attaque à trait de limier ou avec les chiens de meute, méthode vicieuse contre laquelle il lutta longtemps sans pouvoir en faire comprendre l'abus, suffirait déjà comme titre de gloire pour qu'on lui élevât une statue. »

Ainsi parlait saint Hubert, et j'écoutais attentif : sa parole était comme un rayon de miel qui semblait découler de ses lèvres.

CHAPITRE XV

ORAISON FUNÈBRE DE L'ART.

Après cette longue tirade historique, que j'aurais crue empruntée à certaine scène d'*Hernani*, où le vieux Ruy Gomez, les portraits de ses ancêtres sous les yeux, énumère complaisamment une à une toutes leurs actions d'éclat, si toutefois je n'eusse eu la conviction intime qu'un saint est incapable de s'enrôler dans cette troupe sans pudeur, *o imi-*

tatores! serrum pecus; le noble vieillard se tut un instant,
puis secouant tristement la tête, il reprit son allocution en
ces termes :

« — Tous ces grands maîtres ont vécu, ô mon fils ! et chacun
d'eux, léguant à la postérité une page plus ou moins précieuse, s'est paisiblement endormi au monde, sans se douter
qu'il allait se réveiller immortel dans cet Éden du vrai chasseur, dans ce paradis d'ineffables délices. C'est ainsi que s'est
élevé lentement, d'âge en âge, le monument de l'art cynégétique, monument longtemps incomplet quoique aux mains
de plus d'un architecte habile. Gaston-Phœbus en avait jeté
les fondements, et c'est d'Yauville qui en a posé le faîte.

« Mais, hélas ! telle est ici-bas l'instabilité des choses hu-
maines, que, bâtissiez-vous en granit, votre œuvre ne peut
être d'une éternelle durée. Tout s'use, tout disparaît sous la
dent élimeuse du temps, les croyances, les palais, les peuples ;
et l'art n'est pas plutôt à son apogée, que, semblable au
chêne des forêts, qui met cent ans à croître, cent ans à du-
rer, cent ans à dépérir, l'art lui-même dégénère et décline.
Il y a tout au plus un siècle que d'Yauville a mis la dernière
main à son chef-d'œuvre, et voilà déjà, qu'ébranlé dans sa
base, son chef-d'œuvre périclite et menace ruine.

« Où sont les traditions ? Qu'est devenue la méthode ? Qu'a-
t-on fait, et du feu sacré et de mon culte ?

« La chasse, cette noble science, jadis considérée comme
le plaisir des rois, comme la passion des héros, n'est plus de
nos jours qu'une distraction futile, qu'un goût frivole dont
on rougit quand on le possède, et qu'on abandonne, comme
au-dessous de soi, à des mains mercenaires et serviles.

« Ainsi le veut la mode, en ce siècle affairé et mercantile.

Tel grand seigneur a encore ses chiens, son piqueur et ses chevaux ; mais c'est par ton seulement et par luxe qu'il entretient à grands frais tout cet attirail inutile ; car c'est miracle si pour son compte il s'en sert jamais, et sa présence est si rare parmi cette meute qu'il connaît à peine, qu'on oublie souvent le maître pour les chiens, et qu'en parlant du résultat d'une chasse, on ne dit plus : L'animal a été pris ou manqué *par monsieur tel*, mais bien *par l'équipage de monsieur tel*.

« La vénerie elle-même n'est plus : cette royale institution, l'une des plus belles prérogatives de la couronne, s'est détachée comme tant d'autres diamants qui ne brillent plus maintenant à ses fleurons.

« Plus de grand veneur aujourd'hui[1] ; plus de service d'honneur ; plus d'équipages, de vautrait, de louveterie ; et partant plus de ces jours de fête où Fontainebleau hurlait tout entier ; plus de ces belles nuits d'été où Chantilly s'éclairait aux flambeaux comme par l'enchantement d'un pouvoir magique, et où toute la cour de Louis XIV, lancée à la poursuite d'un cerf, la misérable cour et les petits hommes ! traversait, La Vallière en tête, les gazons parfumés de Sylvie.

« L'écho se tait, le limier dort au chenil ; les trompes, suspendues au clou, s'usent et s'enrouent ; et si par hasard quelque vieux dix-cors, échappé aux balles des promeneurs de nuit, brame encore au milieu des bruyères, on ne l'a pas

---

[1] C'est avant 1848 que saint Hubert s'exprimait ainsi. En 1863, depuis que l'on a rétabli la charge de grand veneur, l'opinion du grand saint s'est sans doute modifiée.   (NOTE DE L'AUTEUR.)

plutôt donné aux chiens, que ceux-ci, engourdis et énervés par un fatal repos, le perdent au premier débucher, faute d'haleine.

« Veux-tu savoir, ajouta le saint en m'interrogeant du regard, veux-tu savoir au juste quelle est la décadence du siècle ? faire par toi-même la différence des temps, comparer les chasseurs du jour, ces hobereaux, avec les grands seigneurs, ces rudes veneurs, leurs ancêtres ?

« Regarde et juge par tes yeux quels nains vous faites à côté de ces hommes ! »

Disant cela, il s'approcha de l'obélisque, poussa du pied un ressort caché dans l'angle d'un bas-relief. Le panneau roula sur ses gonds avec un bruit éclatant, et je vis sous le piédestal qui était creux, ce que vous verrez vous-même dans cet autre chapitre.

CHAPITRE XVI

QUI N'A PAS BESOIN DE TITRE

Je vis à hauteur d'homme et ouvert sur les ailes déployées d'un aigle, un grand livre d'or à fermoir de diamants, sur lequel était distinctement écrit en grosses lettres : ARCHIVES DE LA VÉNERIE.

Là se trouvaient enregistrées par ordre, et jour par jour, toutes les chasses qui se sont passées en France depuis l'établissement de la monarchie ; journal immense, recueil incroyable et curieux, rempli d'aventures, d'accidents, d'événements bizarres de tout genre, où les faits parlaient tout seuls aux yeux, sans notes ni commentaires d'auteur, et dont

quelques feuillets détachés au hasard auraient suffi pour alimenter vingt revues.

Sur l'invitation du saint, je tournai plusieurs pages et je
lus tout haut :

GRANDE VÉNERIE DU ROI. ÉQUIPAGE-DU CERF.

« Détail des chasses qui ont été faites dans la forêt de Sénart
par le roi Henri le Grand, sous la conduite de Maximilien de
Béthune, duc de Sully, son grand veneur, depuis le 31 septembre jusqu'au 3 novembre 1594.

« Le 28 septembre, rendez-vous à l'obélisque. Attaqué à
sept heures du matin un cerf dix-cors, carrefour de Saint-
Pacôme ; *pris* à neuf heures à la forêt de Rougeau ; *présence
du roi*, du grand veneur, du duc d'Épernon et de Bas-
sompierre. Les relais n'ayant pas donné, attaqué à midi
un cerf quatrième tête aux tailles de Tigery ; *pris* à trois
heures carrefour des Biches ; *présence du roi* et du grand
veneur.

« Le 1er novembre, rendez-vous aux Uselles de Santeny.
Attaqué un cerf dix-cors à huit heures et demie seulement,
la voiture du roi ayant eu une roue brisée en route ; *pris* à
cinq heures du soir au buisson de Malvoisine, de l'autre côté
de Crécy, à vingt-trois lieues du lancer ; *présence du roi* et
de Vitry, capitaine des gardes.

« Le 3 novembre, jour de la fête de notre saint patron, entendu la messe de l'aurore officiée à Montgeron par le prieur
de l'abbaye d'Yères. Attaqué à sept heures un grand vieux
cerf à l'étoile de Madame ; *pris* à une heure de l'après-midi
aux bois de Sainte-Geneviève après avoir passé deux fois la rivière ; *présence du roi seulement*, les ducs de Sully et

d'Épernon ayant eu leurs chevaux noyés, le reste de la cour perdu en route. »

Le feuillet fini, je regardai saint Hubert ; un sourire de satisfaction brillait sur son visage.

« — Continue, » me dit-il ; et du revers de la main il retourna la moitié du livre.

Là, les pages, si pleines jusqu'alors, ne contenaient plus çà et là que quelques lignes clair semées ; cependant, à force de chercher, j'en aperçus une mieux remplie que les autres. J'y jetai les yeux et je lus :

ÉQUIPAGE DU PRINCE ROYAL.

« Détail des chasses qui ont été faites en septembre 1840, dans la forêt de Breteuil, *par le premier piqueur du prince*.

« Le 11 septembre, rendez-vous à Sainte-Suzanne. Attaqué un cerf dix-cors à une heure ; *manqué* à quatre heures et demie.

« Le 15 dudit, attaqué un cerf dix-cors à Pierre-Blanche à quatre heures ; *manqué* à sept heures au château de Béne-court.

« Le 22 dudit, attaqué un cerf dix-cors à Pierre-Harriel à midi, *manqué* à la haie de Lire à sept heures. »

Je n'allai pas plus loin et je fermai le livre.

CHAPITRE XVII

MISSION DE L'APOTRE

J'étais anéanti, confondu et muet d'étonnement et de honte ; en présence de tels arguments, je rougissais tout bas pour la science .

— Eh quoi! l'art en est là? m'écriai-je enfin; voilà les nobles progrès qu'il a faits de nos jours malgré d'Yauville, malgré Salnove, en dépit de si nobles exemples!

Oh! que ne donnerais-je pas, continuai-je avec regret, pour pouvoir monter à cheval aujourd'hui et ajouter une page à ce livre!

A cette exclamation partie malgré moi, saint Hubert, qui avait repris en main la bride de son coursier, m'envisagea d'un air de complaisance:

« — Ami, me dit-il, tu n'as pas besoin de chercher à me convaincre qu'au milieu de cette décadence générale, amenée peu à peu par le mépris des règles; instruit, comme tu le fus dès ton jeune âge, à respecter les maîtres et leurs leçons, tu es resté fidèle aux bons principes. Je sais ta noble ardeur, je connais tes généreux efforts qu'eût mieux appréciés un autre siècle. Plus d'une fois je t'ai vu, aussi toi, jaloux d'arriver le premier à l'hallali de la bête expirante, franchir, intrépide veneur, tous les obstacles des monts et de la plaine; plus d'une fois aussi j'ai veillé moi-même sur tes succès, tantôt t'aidant à relever un défaut en découvrant à tes yeux une voie imperceptible, tantôt apportant à tes oreilles le son inespéré du cor pour protéger au dédale des bois ta course fugitive et lointaine.

« Va, pars, je te tiens quitte pour le moment de tout tribut et de tout sacrifice. Depuis longtemps tes éperons sont gagnés, et, grâce à tes nombreux exploits, personne n'ignore que tes preuves sont faites. Retourne satisfait sur cette terre d'exil, en attendant que tu reviennes parmi nous prendre place au sein de la véritable patrie. Pour stimuler ceux qui négligent mon culte, tu pourrais, je n'en doute pas, prêchant d'exemple, tenter en ce jour quelque beau laisser-courre nouveau, et, ton fouet de chasse à la main, flageller leur honteuse incurie; mais tu as à ta disposition une arme plus puissante encore, c'est ta plume. Écris tout ceci, ô mon fils ! conte ce que tu as vu, rapporte mot pour mot notre entretien ensemble, et peut-être un jour, en récompense de tes actions et de tes œuvres, ta statue, placée à son tour parmi celles de ces veneurs, fera-t-elle changer de nom à la Forêt des Douze. »

Il n'avait pas achevé, qu'au moment où je lui tenais l'étrier, toute la vision disparut au milieu d'une musique céleste.

CHAPITRE XVIII

REVEIL

Je me réveillai en sursaut. J'étais toujours entre les quatre murs de ma prison, et de tout mon rêve il ne me restait qu'un bruit de fanfare au loin qui arrivait confus à mon oreille. Je sautai à bas de mon lit et j'allongeai le cou à travers les barreaux étroits de ma croisée.

Mais jugez combien j'étais encore sous le coup du vœu de ma vieille portière !

La diligence de Troyes entrait en ville, et ce cor que je me figurais entendre.... ce n'était qu'un méchant cornet à piston sur lequel le conducteur, du haut de sa voiture, écorchait la marche des *Puritains* en longeant le quai d'Austerlitz.

UNE MYSTÉRIEUSE AFFAIRE

Je ne sais si vous êtes comme moi, mais j'ai un faible pour
les Contes d'Hoffmann...

Ces récits fantastiques où le merveilleux touche de si près
au réel qu'on finit, à un moment donné, par se laisser aller
aux hallucinations de l'auteur et par se demander soi-même,
tout bas, le doute au cœur, le frisson dans les veines, si le
fantôme n'a pas existé ; si ce conte, inventé à plaisir, n'est
pas une histoire véritable ; ces récits, dis-je, produisent sur
mon système nerveux une certaine attraction qui petit à petit

s'infiltre, se glisse en moi, puis tout à coup me pénètre, me captive, *m'empoigne*, comme on dit en *argot* de coulisses, au point de dominer ma volonté et, par suite, de s'emparer complétement de toutes mes facultés intellectuelles et morales.

Je suis alors comme Théophile Gautier : je crois au chat *Murr*, et j'avoue naïvement que j'y regarderais à deux fois avant que d'oser toucher à un seul poil de ce fils de l'Érèbe : sa fourrure d'ébène m'impose, son ronron cadencé me fait peur; il me semble voir la robe noire du docteur *Faust*, entendre le rouet monotone de la vieille *Atropos*, et le regard glauque de Méphistophélès lui-même ne me fascinerait pas autant, à coup sûr, que celui de ces deux prunelles dilatées, vrais lingots d'or vert qui brillent comme des escarboucles au milieu des ombres de la nuit.

Les *Contes de Noël*, par Charles Dickens ; les rêves ténébreux d'Edgar Poë, cet atroce cauchemar d'un cerveau malade, qu'on croirait enfantés dans l'un des cabanons de Bicêtre, et écrits à l'encre rouge sur quelque vieux parchemin sentant le soufre, sont encore des œuvres à part que je ne dédaigne pas, en raison même de leur conception bizarre.

D'ailleurs, quand il s'agit de choses surnaturelles, une fois que l'on met le pied dans ce domaine de l'étrange, où l'esprit le plus fort erre parfois, qui pourrait, je vous prie, déterminer la limite du vrai et du faux, fixer celle du possible et de l'impossible ? En pareil cas — vérifiez le fait et vous verrez si je me trompe — c'est presque toujours celui qui ne croit à rien qui devient justement le plus superstitieux et le plus crédule.

Il arrive en ce monde des événements tellement singuliers, on voit dans la vie des circonstances si extraordinaires, que le plus habile rhéteur perdrait, à les vouloir approfondir, tous ses raisonnements et sa logique. Quand les effets se manifestent, il faut bien malgré soi se rendre à leur évidence, même alors qu'on ne peut en analyser les causes.

Je demande pardon au lecteur de ce préambule tant soit peu philosophique, qu'il pourrait prendre pour de la mise en scène et regarder comme une précaution oratoire habilement déguisée afin de captiver l'attention du public. Telle n'a point été notre intention, nous sommes au-dessus d'un moyen si vulgaire. Seulement le récit actuel, par un concours de circonstances fortuites dans lesquelles nous avons joué un bout de rôle involontaire, étant consacré à la relation véridique, bien qu'invraisemblable, d'un épisode fort curieux qui peut se rattacher lui-même à l'un des événements les plus graves dont Paris et la province se soient préoccupés dans ces derniers temps, sans que jusqu'à ce jour la lumière se soit faite au milieu de pareilles ténèbres, nous avons tenu à établir une chose avant d'entamer notre récit : c'est que, sans être précisément un rêveur, nous sommes cependant assez impressionnable de notre nature, c'est-à-dire fort disposé à nous laisser aller à la *fantaisie*. Qu'il nous soit permis d'employer ce mot pour désigner le travail d'imagination qui s'opère dans l'esprit le plus lucide, quand, par l'enchaînement de faits matériels souvent bien simples, mais impossibles à expliquer pour lui, il en vient à s'interroger sérieusement, à se palper, à se tâter, à se demander en un mot s'il ne rêve pas tout éveillé, et s'il n'a pas été jadis, sans se le rappeler, l'un des pensionnaires d'Esquirol ou du docteur Blanche.

Ceci posé et compris, je borne là mon bavardage et mes réflexions ; je commence :

Je suis — je pourrais dire j'ai été, car mon bail finit dans quelques jours, le 30 juin — le fermier du droit de chasse de la forêt domaniale de Bondy, une forêt indignement calomniée et que j'aurais cherché à réhabiliter, dans mon zèle à redresser tous les préjugés absurdes, si son aliénation prochaine, arrêtée par un décret impérial déjà en voie d'exécution, ne me dispensait du soin de lui payer cette dernière dette de reconnaissance. Pauvres vieux chênes que la cognée va bientôt abattre et que j'ai vus, pendant neuf années consécutives, nourrir de votre manne abondante, les derniers hôtes échappés, en 1848, à la curée populaire du *fauve!* Jeunes et charmants taillis, asiles si frais de l'ombre et du mystère, dont les profondeurs discrètes ont recélé plus de couples amoureux que de voleurs ! qu'il m'eût été facile de vous disculper de cette réputation mal famée qu'on vous a faite et qui est devenue pour ainsi dire proverbiale, grâce à l'injustice des temps.

Si la Fosse-Maussoin, ce délicieux bas-fond en entonnoir qu'embaument au printemps le chèvrefeuille et la menthe sauvage, passe pour avoir été jadis le repaire du fameux Cartouche qui, cerné un beau matin par la maréchaussée des environs, y fut pris, dit-on, avec sa bande entière ; — si un peu plus loin, coquettement encadrée dans les bois, presque à l'entrée du joli village de Clichy, s'élève une chapelle solitaire ornée à l'intérieur d'un triple calvaire et devenue, sous le nom de *Notre-Dame des Anges*, le but annuel d'un pèlerinage pieux qui dure une quinzaine de jours et amène là, de dix lieues à la ronde, une procession incessante de trente à quarante mille fidèles, venant naïvement puiser à une source voisine quelques gouttes d'eau claire qu'on leur vend plus cher que du vin, mais qui, une fois mise en bouteilles, est douée de mille vertus efficaces : ce ne serait pas assurément une tâche bien longue pour nous que de prouver d'abord, l'histoire à la main, que feu M. Cartouche, cet aimable héros si justement roué en place de Grève, fut arrêté, encore au lit, par trente soldats aux gardes françaises, dans une maison du quartier du Temple à Paris, et non dans la forêt de Bondy, où il n'a peut-être jamais mis les pieds de sa vie; de contester ensuite l'authenticité du prétendu miracle qui a servi d'ingénieux prétexte à l'érection de ces trois croix, jadis le symbole antique du Golgotha, c'est-à-dire de l'acte final de la *Passion*, ce drame touchant du Christ expirant entre le bon et le mauvais larron, aujourd'hui l'*ex-voto* plus moderne (plus productif surtout) de trois riches marchands dépouillés soi-disant par des bandits, attachés pieds et poings liés à des arbres, puis abandonnés finalement aux bêtes de la forêt, sans doute alors très-peuplée en ours, loups-cerviers et autres animaux non moins féroces, et qui, à la suite d'une invocation à la très-sainte Vierge, auraient été délivrés, ajoute la légende, par le glaive tout-puissant d'un ange descendu du ciel...

Mais à quoi bon ces réfutations, cette défense? Il n'y a qu'au barreau que, par une amère dérision, l'on perde quelquefois son temps, comme par manière d'acquit et pour la forme, à discuter devant un tribunal un procès sans espoir perdu d'avance. L'arrêt de mort de Bondy est rendu ; il est définitif, irrévocable : pour prouver que toute la cour de cassation elle-même, en grandes robes rouges, ne l'annulerait pas, cet arrêt fatal ; que cette forêt historique, le dernier ombrage des bons bourgeois de Paris, destinée à tomber sous la hache, est déjà à l'état de cadavre, n'y a-t-on pas vu descendre ce printemps une commission spéciale, six croque-morts et deux employés supérieurs de l'administration des pompes funèbres qui, la chaîne et l'équerre en main, y ont pris mesure d'une ou deux vastes nécropoles? Bornons donc là nos regrets superflus. Le *Requiescat in pace* d'un chantre de paroisse n'est pas aussi poétique, à beaucoup près, que le

Formosam resonare doces Amaryllida sylvas

de Virgile ; mais c'est plus positif. Les démolisseurs sont comme les héritiers : la ruine profite aux uns, la mort aux autres.

Donc, — excusez encore cette longue digression dont j'aurais pu me dispenser, — la chasse de la forêt de Bondy, mille trois cents hectares, aussi giboyeux que le permet la proximité d'une grande ville et la question d'indemnités à l'égard d'une culture de banlieue, m'a appartenu pendant neuf années. La société à la tête de laquelle j'ai eu l'honneur d'être placé là depuis 1852, et qui s'était formée en partie des débris de celle de Saint-Germain, société de glorieuse mémoire, comptant alors dans son sein les sommités de la finance, les Mallet, les Odier, les de Germiny, les Hoppe ; puis les illustrations de la noblesse de l'époque, les de Noailles, les d'Orsay, les de Guiche, n'avait pas retrouvé à Livry, village situé au centre de la forêt, une résidence somptueuse comme celle que nous avait offerte en 1848 le pavillon princier de la Muette. Nous nous étions tout bonnement installés à l'*Hôtel de France*, la principale auberge du pays, un pied-à-terre pas tout à fait aussi aristocratique que le *Lion d'or* à Rambouillet sous le règne de madame Barry, mais cependant assez bien tenu pour satisfaire des chasseurs modestes, se contentant du nécessaire et ne demandant pas le superflu. Un avantage incontestable par exemple, et dont nous avions d'abord reconnu tout le prix, c'était le talent culinaire du propriétaire de l'établissement.

Ancien maître d'hôtel de madame la comtesse Kisseleff, *Tardu*, c'est le nom du susdit Vatel, est en effet, sous le rapport de la table, ce qui ne lui ôte rien de ses autres mérites, un praticien vraiment très-remarquable. Remorqué du Nord au Midi dans la plupart des capitales de l'Europe à la suite de la très-grande dame qu'il a eu longtemps l'honneur de servir, il a mis ses voyages à profit pour faire une étude sérieuse des différents genres de cuisine. Il va sans dire qu'en homme de goût qu'il est, et amour-propre national à part, il a toujours donné le pas à la cuisine française, cette science illustre qui prime toutes les autres depuis qu'elle a eu pour professeurs les Grimod de la Reynière, les Brillat-Savarin et les Carême. Mais cependant ces déplacements fréquents n'ont pas été sans fruit pour cet artiste nomade : il a observé, il a comparé ; son talent s'est mûri au feu des premiers fourneaux du monde, ceux de l'Italie, de la Russie, de l'Autriche : et si la carte de ses menus, toujours on ne peut mieux servis, n'outrageait pas sans pudeur l'orthographe et le bon sens, en annonçant invariablement :

Les *OEufs frais à la coq* (sic),

Et plus bas :

Les *Cotelettes pas nées* (sic), — il est certain que mademoiselle *Marguerite* elle-même ne serait pas digne d'être la laveuse de vaisselle d'un tel chef. Mademoiselle *Marguerite* connaît sa langue ; mais j'ai souvent essayé de ses recettes, en général elles sont médiocres et j'aimerais mieux, grâce à un peu moins d'orthographe, pouvoir dire, en parlant de son Traité, qu'il est écrit par une *cuisinière*...

> Qu'on est heureux quand on trouve en voyage
> Un bon souper et surtout un bon lit!...

En voyage soit, je n'en disconviens pas, mais à plus forte raison *à la chasse*. Or, sous le rapport de ce double agrément, aussi apprécié d'un disciple de saint Hubert que d'un touriste, l'*Hôtel de France*, à Livry, justifie assez bien ce gai refrain d'opéra-comique. Si la chère y est bonne, le gîte n'y est pas mauvais non plus. Une douzaine de chambres bourgeoisement meublées, offrant chacune un lit excellent, avec édredon l'hiver, couvre-pied bien blanc l'été, draps de toile fine en toute saison, sollicitent assez volontiers la paresse du sociétaire qui, après cinq heures de chasse au chien courant, le carnier sur le dos, le fusil sur l'épaule, tantôt montant jusqu'aux *Coudreaux*, tantôt redescendant aux *Fonds de Rougemont* — huit kilomètres environ tout en côtes — ne demande pas mieux, son *londrès* fumé et son café pris, que d'aller rêver à la chaste Diane, mollement bercé par ce scélérat de Morphée.

J'ai fait mieux, moi qui vous parle et qui suis tant soit peu épicurien de ma nature. En ma qualité de chef de la bande joyeuse, je me suis choisi au premier, à droite, numéro 2, un sanctuaire à moi, que je viens souvent occuper le mercredi ou le samedi soir, la veille de nos jours réguliers de chasse. L'hiver, j'aime assez à faire le bois moi-même, à *travailler*, en style de valet de limiers, ma quatrième tête ou mon daguet; au printemps, je ne déteste pas, quoique peu vertueux, à voir lever l'aurore et à m'aller installer avant le jour au *pont des Six-Routes*, dominant de son parapet en bois, auquel je m'accoude, ce long ruban d'argent, à demi perdu dans une vapeur brumeuse, qu'on nomme le *canal de l'Ourcq*, pour y attendre l'arrivée d'Alavoine, le garde particulier de M. Pepin-le-Halleur; un intrépide celui-là, un vrai *Bas-de-Cuir* qui, suivi de notre ami *Ronflot*, est parti à minuit de chez lui, *la Villette-aux-Aulnes*, une grande lieue au-dessus de Mitry, afin de venir attaquer à la rentrée un vieux maraudeur de renard dont les faisans du canton ont à se plaindre.

Avec ces habitudes et ces goûts, il me fallait forcément à Livry une installation quelconque. Tardu, notre hôte, y a pourvu; et, si je voulais, comme Xavier de Maistre, renouveler avec vous *le Voyage autour de ma chambre*, vous peindre d'abord mon lit à la grecque en bois de frêne, incrusté de filets d'ébène, avec les deux fauteuils pareils, meuble du temps de l'Empire, qui n'eût pas mal figuré sous le pinceau de Guérin, dans son tableau d'*Énée chez Didon*; passer ensuite à la description de la gravure qui lui fait face, saint Vincent de Paul recueillant un enfant abandonné sous le parvis Notre-Dame, petit drame philanthropique placé, par un contre-sens flagrant, entre deux nids vides accrochés à la muraille; je pourrais, sans trop de frais d'imagination, vous faire un petit in-18, format *Librairie nouvelle*, qui n'aurait pas moins de succès que le livre de notre charmant rêveur, surtout si, plus osé que lui, je soulevais un coin de rideau de l'alcôve. O *Clémence!* ô *Eugénie! Evélina! Félicie! Juliette! Mathilde!* etc., etc., gracieux fantômes évanouis.

« Ma brune aux piquantes tresses,
« Ma blonde aux soyeux cheveux d'or,
« Vous toutes, enchanteresses
« Que j'aimais et que j'aime encor... »

Mais, outre que *non est hic locus*, ce n'est pas non plus, je pense, le moment d'entamer un tel chapitre. Laissons ce soin aux *Mémoires de Nemrod*, cette confession cynégétique que nous mettons en ordre en ce moment, et qui un jour ou l'autre révélera au lecteur les secrets et les ruses de plus d'un genre de braconnage.

Donc, je possède à l'*Hôtel de France* — c'est là le point essentiel à noter — une chambre à coucher convenablement agencée, et j'ai la faiblesse d'en user assez souvent, je l'avoue.

Or, le 5 décembre 1860, jour qui tombait un mercredi, je crois, notez bien cette date, elle joue un grand rôle dans la très-singulière histoire que je vais enfin essayer de vous raconter, il est temps ! le 5 décembre, dis-je, c'était bien un mercredi, j'en suis sûr maintenant ; la fantaisie me prit, à cinq heures du soir, de sacrifier au pot-au-feu classique de Tardu, l'ordinaire de mon ami Delhomme du Café Anglais ; et à cinq heures et demie, grâce au chemin de fer du Nord, j'étais installé devant un bon feu, les deux pieds sur les chenets de la cheminée, dans la salle d'entrée de la principale auberge de Livry ; pièce commune qui précède le *salon* du restaurant et n'est qu'un comptoir de marchand de vins, ouvert à tous les gosiers altérés des passants, ainsi qu'à tout les petits commérages des désœuvrés de la commune.

— Tiens ! c'est M. Léon Bertrand, me dit Tardu sortant de sa cuisine et me donnant une poignée de main.

— Vous avez dîné ?

— Non.

— Vous venez coucher ?

— Oui.

— Par quel hasard ?

— Ah ! voilà, mon cher.... M. Benoît, le brigadier de gendarmerie, n'est pas là ?

Un sourire imperceptible plissa la lèvre de Tardu.

— Compris, me dit-il d'un air malin, c'est un petit coup de braconne que nous voulons faire.

Et, prenant un siége près de moi :

— Allez-y gaiement, ajouta-t-il, ni gardes, ni gendarmes, personne.

— Eh bien ! mon vieux, continuai-je, je m'en vais vous dire le fin mot. J'ai besoin d'une belle tête de daim. Un avocat de mes amis, auquel j'ai quelque obligation, veut placer dans son antichambre une espèce de trophée de chasse ; je me suis engagé à lui fournir le bois qui doit en faire le principal ornement. J'aurais bien pu lui donner celui que j'ai fait mettre ici dans notre salle à manger et qui provient du vieux dix-cors tué jadis à l'affût par ordre du général de Rumigny, dont il allait chaque nuit ravager les betteraves ; mais, outre que ce *massacre* est un souvenir historique à mes yeux, — ce daim, si traîtreusement assassiné par l'agent de l'ancien aide de camp du roi Louis-Philippe, avait été gracié à la suite d'une chasse à courre, sur la demande de madame la princesse de Joinville, — c'est en même temps avec les quatre grandes lithographies de Grenier, que je vous ai données tout encadrées, un meuble de circonstance dont je ne veux point priver l'établissement.

Ici, Tardu, touché du procédé, crut devoir, en s'inclinant, me faire une légère salutation.

— Et comme il ne manque pas d'animaux en forêt, sans compter que, mon bail touchant à sa fin, je ne sais pas trop comment je m'y prendrai pour détruire, en si peu de temps, tous ceux que Pontchartrain m'a vendus, je ne suis venu coucher ici cette nuit qu'avec l'intention formelle d'avoir ma tête...

— C'est bien heureux pour le pauvre daim... condamné à perdre la sienne ! Et, sans indiscrétion, où comptez-vous faire votre coup ?

— J'ai mon plan, il est simple comme bonjour. Je connais au *Bois-Brûlé*, dans *Rougemont*, le triage du garde Fortelle, un magnifique dix-cors qui s'est cantonné là depuis quinze jours et dont j'ai étudié les habitudes. Dimanche dernier, comme ma petite chienne *Alma* menait à voix un lapin lancé par elle au bord du canal, l'animal, qui était à la reposée dans un fourré, s'est levé d'effroi et m'est venu à dix pas, dans un routin, au moment où, placé sous bois, immobile, j'attendais une tout autre chasse. C'est une bête superbe : un merrain gros comme le bras, des palettes admirablement échancrées, de la largeur des deux mains. Je l'aurais bien tiré ; mais à quoi bon ? je n'avais que du *sept*. Aujourd'hui j'ai un *pruneau* à son service, ajoutai-je en sortant de ma poche un paquet de cartouches à balles, et si l'animal n'a pas quitté ses demeures, vous pouvez être certain qu'à l'heure qu'il est il a vu luire sa dernière aurore. Figurez-vous, mon cher, que ce vieux malin, car c'est tout de même un rusé compère, effectue invariablement, pour aller faire chacune de ses nuits, un trajet régulier dont j'ai pris connaissance en surveillant pas à pas toutes ses manœuvres.

Exténué par les excès de septembre et d'octobre, mois de luttes, de courses vagabondes et de combats amoureux, mon gaillard affaibli, épuisé, n'en pouvant plus, a compris que pour se refaire des fatigues du rut, il lui fallait un pays isolé, tranquille, à portée d'excellents gagnages. Or, il a choisi comme retraite le *Bois-Brûlé*, une enceinte en bordure de plaine, semée de forts épineux, coupée par des fossés d'assainissement nouvellement refaits où séjourne une eau stagnante offrant à ses flancs échauffés une fraîcheur salutaire et propice; puis, comme gagnage habituel, il a adopté un champ de carottes, situé de l'autre côté du *canal de l'Ourcq*, sur les terres de la ferme de *Rougemont*, et que le propriétaire, le sieur David, a réservé pour la nourriture de ses vaches.

La nuit venue, notre parasite affamé se met en route ; mais, comme ce monsieur est un peu lourd, au lieu d'abréger son chemin en traversant tout droit le canal, dont les bords escarpés garnis de pieux nécessiteraient un effort à sa sortie de l'eau, le paresseux, en sybarite qui aime ses aises, suit nonchalamment le chemin de halage, broutant par-ci par-là quelques bourgeons de troëne ; arrivé au pont il remonte le sentier creusé dans la berge pour les piétons ; puis s'engage d'*assurance* sur ce plancher en bois, qui lui permet, sans plus de difficultés, de gagner tranquillement l'autre rive. Le matin, à la rentrée, son chemin est exactement le même ; et l'aube n'a pas encore paru, qu'il revient passer sur le pont de *Rougemont*, en doublant pas à pas ses vieilles voies.

Éveillez-moi demain à quatre heures. À six, je serai placé sur la berge même du canal, rive gauche ou rive droite, se-

lon le vent, et si, en rentrant au jour, je ne vous prie pas
d'aller commander à Louis Huron d'amener sa charrette et
son cheval, que je perde mon nom et ne sois pas digne de
prendre le chocolat que vous m'aurez apprêté.

En attendant, faites-moi servir mon dîner et commençons
par un verre d'absinthe.

Mon ami Tardu, à la vôtre!

A l'heure dite, à quatre heures précises du matin, exact
comme l'est, le jour d'une exécution capitale, *monsieur de
Paris*, entrant, précédé de l'aumônier des prisons, dans le
cachot du condamné, l'ami Tardu se présentait chez moi,
une lumière à la main, et allumait la bougie placée sur ma
commode. Sa chambre donnant au fond du corridor sur le
même palier que la mienne, il était dans le plus simple appareil, c'est-à-dire nu-pieds, en bannière, et le chef orné d'un
casque à mèche classique qu'eût envié cet excellent Jules
Janin, notre ami. N'ayant pas de trompe, instrument qu'il
ne pratique pas, je crois, heureusement pour ses voisins, il
sifflait cependant entre ses dents la fanfare du *Réveil : Chasseur, au lever! chasseur, au lever!* etc., etc., un boute-selle
cynégétique de circonstance, qui indique tout de suite quel
est le dormeur qu'on éveille.

En deux temps je fus à bas de mon lit, et, les rideaux
tirés, j'ouvris la croisée. Rien ne réagit sur un dormeur
comme cette transition brusque du chaud au froid, comme
cet air vif du matin qui envahit tout à coup la pièce et en
chasse les miasmes délétères de la nuit.

Le temps était calme, mais très-sombre; pas un souffle
de vent, pas une étoile au ciel, même celle du berger. Victor Hugo, avec son style imagé, n'eût pas manqué de dire,

en mettant le nez à la fenêtre pour interroger l'horizon :

> « La nuit est si noire,
> « Que le diable, du ciel s'est fait une écritoire. »

Ma toilette finie et mes dispositions prises — on n'est pas long quand il ne s'agit que de boucler une paire de guêtres *Lebatard*, d'endosser sa veste de chasse et de glisser dans ses poches une demi-douzaine de cartouches Gévelot, — je descendis dans la pièce du bas, où m'attendait mon hôte ; nous bûmes ensemble le coup de l'étrier — un petit verre de vieille versé d'avance — je mis mon Lefaucheux en bandoulière, puis, la porte de la rue ouverte, je gagnai au large, et *en route !*

Il *bruinait* un peu. *Bruiner*, mot qui ne figure pas dans le dictionnaire de l'Académie, et qui est pourtant très-français dans la bouche des forestiers et des chasseurs, peint cet état douteux de l'atmosphère entre le zist et le zest, qui participe à la fois de la pluie fine et du brouillard, sans être précisément l'une ou l'autre. Cela signifie qu'il voltigeait dans l'air comme une espèce de brume, rosée imperceptible qui mouille le pavé, vous rafraîchit le visage en marchant, sème d'autant de perles fines chaque poil de votre moustache, argente d'une couche vaporeuse les canons bronzés de votre fusil, et se transforme au matin, suivant le degré plus ou moins vif de la température, soit en grésil, en givre, en gelée blanche, soit même en simple rosée. Vous avez constaté vingt fois, l'hiver, en partant en chasse avant le jour, l'infériorité de l'homme sur la brute, quand il passe tout à coup, par une nuit obscure, de la clarté brillante du logis aux ténèbres extérieures de la rue. Pendant les dix premières minutes, sans la routine de l'habitude et sans la connaissance parfaite des lieux qui vous guideraient au besoin les yeux fermés, on ne saurait trop comment s'orienter au milieu de cette obscurité complète. On vacille, on trébuche comme un homme ivre : le pied incertain hésite, sondant pour ainsi dire le terrain ; mais peu à peu l'allure change, votre pas s'affermit, se règle ; votre vue elle-même perce l'épaisseur du voile ; les objets, d'abord confus, se détachent petit à petit de la masse, et vous n'avez pas fait deux cents mètres, que vous distinguez, comme avec des yeux de chat, les arbres, les fossés, et bientôt jusqu'aux flaques d'eau miroitantes de la route.

A peine dehors, je fus un instant ainsi, marchant à tâtons, à l'aveuglette ; mais je n'avais pas quitté la grande rue de Livry, pour prendre à droite la sente de la *Mare aux Chanvres*, qui mène tout droit en forêt, qu'allongeant le pas, je m'engageai dans mon véritable chemin sous les futaies de la *Route-Tournante*. J'avais tout au plus un kilomètre et demi à faire pour gagner le canal de l'Ourcq. Une fois lancé, je ne mis pas plus d'un quart d'heure à franchir cette petite distance, et il était tout au plus cinq heures quand j'arrivai au pont de Rougemont.

C'était là que je devais disposer mon affût ; mais, pour que le lecteur comprenne bien les incidents que j'ai à lui décrire à présent, pour qu'il se mette en mon lieu et place et s'identifie complétement avec l'aventure nocturne qui est encore aujourd'hui pour moi à l'état de problème, il me semble tout à fait indispensable de commencer par lui faire une description minutieuse des lieux.

Le canal de l'Ourcq, qui, d'un bout à l'autre, du pont de la Poudrette au pont de Vaujours, traverse en entier la forêt de Bondy sur un parcours en ligne droite de six à sept kilo-

mètres, a été créé sous l'Empire par une société de capita-
listes qui en sont concessionnaires pour une période de
quatre-vingt-dix-neuf années, si je ne me trompe. La famille
Hainguerlot est propriétaire, sinon de la totalité, du moins de
la majeure partie de l'entreprise. Creusé à une profondeur
uniforme d'un mètre quarante centimètres environ, quantité
d'eau suffisante comme flottaison pour la navigation des ba-
teaux de transport qui l'exploitent, ce bassin, dont la largeur totale n'excède pas plus de sept à huit mètres, est en-
caissé entre deux talus plus ou moins élevés, formés par les
remblais des terres qu'on en a tirées. Au pied de ces talus
ou rampes règne un chemin de hallage destiné aux chevaux
et aux piétons, et à leur sommet s'élève un rideau de trembles, espèce de peuplier élancé originaire d'Italie et dont la
feuille argentée, frémissant au printemps au moindre souffle
de la brise, justifie tout à fait le nom. De distance en distance sont jetés des ponts en bois, reposant sur deux culées
en pierres, et qui sont destinés à relier les deux rives, tant
pour faciliter l'exploitation de la forêt que pour ne pas
intercepter les chemins vicinaux des communes environ-
nantes.

Si l'on se rappelle ma conversation de la veille au soir
avec Tardu, mon dix-cors, cantonné au *Bois-Brûlé*, rive
gauche du canal, allait faire sa nuit en plaine sur la ferme
de Rougemont, rive droite. Venant l'attendre à son *rembucher*, l'important pour moi était de me placer à bon vent ;
je m'avançai jusqu'au milieu du pont, et là, mouillant mon
doigt et le levant en l'air, je fis l'épreuve infaillible qui guide
tout chasseur par un temps calme. Le vent était bien placé :
il soufflait de Rougemont sur Livry. Je n'avais donc qu'à

m'installer de ce côté-ci du pont, en me postant un peu de biais, de manière à prendre l'animal à sa rentrée, non pas en tête, ce qui est un très-mauvais tirer, mais presque en écharpe, en demi-travers, excellente position pour lui placer une balle au défaut de l'épaule. Les bords du canal sont semés d'accrues et de hautes herbes : je m'assis sur mon carnier au milieu d'une espèce de roncier, adossé tant bien que mal contre un tremble de la bordure : puis, mes précautions prises, c'est-à-dire mon fusil mis un instant à l'épaule, pour voir si rien ne gênait mes mouvements, j'armai mes deux coups, je plaçai mon arme en travers sur mes genoux et j'attendis patiemment l'événement, moment qui, dans la vie d'émotion du braconnier, n'est pas, suivant moi, celui qui a le moins d'attrait et de charme.

J'étais si bien masqué dans mon blockhaus, qu'un lynx lui-même ne m'y eût pas découvert. Quelle étude intéressante que ces heures d'attente partagées entre la crainte et l'espoir, et passées loin de toute demeure, dans l'ombre, au milieu du calme imposant de la nuit! Sensation pour sensation, je ne sais franchement pas si, dans certains cas, je ne préfère point un affût sérieux au premier rendez-vous d'une maîtresse. Dans l'une et l'autre circonstance, une condition indispensable, c'est la patience.

Mais combien cette vertu, convenons-en franchement, nous qui serons toujours braconnier et qui parfois nous sommes cru amoureux, n'est-elle pas mieux comprise et pratiquée par la première des deux passions que nous mettons ici en parallèle? Si l'*amant* ose exhaler sa plainte anacréontique aux échos d'alentour, témoin la chanson :

« Quand on attend sa belle,
« Que l'attente est cruelle ! »

je ne sache pas que le *chasseur*, lui, plus philosophe et plus stoïque, se soit jamais avisé, dans son impatience fébrile, d'accuser tout haut la longueur de sa faction. Quand, tout espoir perdu, il l'abandonne, c'est avec résignation, en silence et pour recommencer le lendemain.

Cependant six heures venaient de sonner à l'église de Sevran depuis que j'étais tout entier à ma séance, et rien, à mon grand étonnement, aucun signe précurseur, aucun indice, ne m'avait encore fait battre le cœur, en m'annonçant qu'elle allait avoir un terme. Sans le son lointain de cette horloge de village, sans le bruit strident d'un vol de canards fendant l'air à je ne sais quelle hauteur au-dessus de ma tête, et le cri mélancolique d'un héron, embusqué probablement en amont du canal, sur le pilotis à fleur d'eau qui forme là comme une espèce de barrage, j'aurais pu me croire au fin fond des déserts, transporté dans une thébaïde quelconque.

Bientôt l'Angelus et le chant du coq, puis, plus tard, les hennissements des chevaux et les aboiements des chiens, indices non douteux attestant qu'on s'éveillait dans les fermes voisines, m'annoncèrent que le jour n'allait pas tarder à paraître. Je commençais à douter furieusement et de la magnifique tête de daim promise à mon ami, et par suite, de la tasse de chocolat, désormais laissée, ô juste punition de l'orgueil! à la générosité de Tardu; lorsque tout à coup, au moment où j'allais, de guerre lasse, quitter la place, bien convaincu que mon dix-cors avait été dérangé dans ses habi-

tudes, soit par une cause, soit par une autre, un bruit particulier, étrange, perçu par mon oreille de Mohican, soupçon
vague d'abord, changé bientôt en une certitude évidente, vint
absorber toutes mes facultés et me clouer immobile à mon
poste. Plus de doute, c'étaient bien des pas... Ça venait derrière
moi, sur ma droite, dans la route qui mène du pont de Rougemont au pavé de Meaux. A l'allure précipitée, irrégulière,
je jugeai l'animal fuyant... Déjà, le fusil en main, le doigt
sur la détente, je m'apprêtais à faire parler le salpêtre, retenant mon souffle, m'écarquillant les yeux... Hélas! vain espoir! mon daim, mon dix-cors.... c'était un homme!...

Il marchait tout haletant, d'un pas rapide, comme s'il venait de faire un long trajet, et, quand il s'engagea sur le pont,
j'entendais de ma place les aspirations bruyantes de ses poumons à bout de vent; on eût dit un sanglier forlongé qui
souffle pour reprendre haleine. Arrivé au milieu de la passerelle, l'homme s'arrêta brusquement, saisit des deux mains
la rampe en bois qui sert de garde-fou, se pencha le corps
en avant, comme pour enjamber... je crus un moment à
l'acte désespéré d'un fou qui n'a d'autre ressource que le
suicide.

Mais je me trompais... Mon individu, dont la silhouette
se détachait alors parfaitement dans le crépuscule naissant,
resta quelque temps immobile, regardant l'eau couler, comme
un homme absorbé par une préoccupation profonde; puis, je
le vis, avec la détermination soudaine d'un parti pris, traverser
le pont, descendre à gauche le talus qui me faisait face, choisir au bord du canal une place où la rive creusée par le piétinement continuel des pêcheurs à la ligne offrait avec l'eau
une communication plus facile, et là, ôtant ses vêtements et

son chapeau qu'il déposa sur le gazon près de lui, s'agenouiller au-dessus de la berge.

À ces préparatifs, je compris que, si j'avais craint d'abord un bain complet, il ne s'agissait plus que d'une simple ablution. Effectivement, ses mains lavées avec le plus grand soin, l'inconnu se plongea le visage dans l'eau, ni plus ni moins qu'un simple canard qui barbotte, et, à la suite de cette première toilette qui, vu l'heure et le lieu, me semblait, je l'avoue, assez bizarre, il procéda sans désemparer à une seconde opération qui mit le comble à mon étonnement. Trempant dans le canal les manches de sa redingote, il leur fit subir, en les tordant à deux reprises différentes, une lessive dont jamais blanchisseuse n'a usé, à coup sûr, pour rincer ses poignets de chemise.

« En voilà un original, pensai-je à part moi. D'où vient-il et où va-t-il? Sur pied bien avant le jour, il arrive à ce pont, de l'air déterminé d'un fou qui a résolu de boire un coup. Je le prends un moment pour un pensionnaire futur de la Morgue. Pas du tout, voici qu'il ôte ses habits et vaque tranquillement, en plein air, à des soins de propreté qui en font à mes yeux un vrai petit-maître. Si c'était au mois d'août, en plein cœur d'été, passe encore; mais au commencement de décembre, à six heures et demie du matin, c'est étrange. Enfin, tous les goûts sont dans la nature, et il plairait à ce monsieur de se baigner, qu'ai-je à y voir après tout, c'est son affaire; grand bien lui fasse! »

Pendant ces réflexions, l'individu, qu'il ne m'était pas encore possible de bien distinguer physiquement, s'était relevé: il remit son chapeau, passa sa redingote, et, se baissant de nouveau, reprit à terre un certain objet dont je ne me serais jamais bien rendu compte, entrevu par ce demi-jour douteux et à cette distance, si, après l'avoir essuyé avec soin sur l'herbe, l'examen rapide qu'il en fit ne m'eût révélé, à n'en pas douter, ce que ce pouvait être. Il tenait cet objet des deux mains : l'appel sec d'un ressort de batterie, armé trois fois de suite, appel suivi à chaque reprise du bruit d'un culot jeté dans l'eau, m'apprit que c'était un pistolet-revolver, dont trois coups, suivant toute probabilité, se trouvaient lui avoir servi.

Pour un chasseur, et surtout pour un vieux praticien comme moi, dans certaines occasions, entendre c'est voir. Mon raisonnement était clair, et la conclusion logique.

Je me levai aussitôt pour examiner de plus près ce singulier personnage ; mais je n'étais pas debout, et je n'avais pas fini d'étirer mes membres engourdis par cette longue inaction, que l'individu s'était éloigné... En arrivant au pont, je l'aperçus à cent pas de là, qui remontait le canal du côté de la station de Sevran, suivant le chemin de halage.

Mon affût était manqué : ma tête de daim, attendue le jour même chez les frères Verreaux, les naturalistes préparateurs du boulevard Montmartre, *courait encore*, justifiant la sagesse du proverbe, *Il ne faut pas vendre la peau de l'ours*, etc., etc., et une demi-heure après cette inexplicable rencontre, je rentrais l'oreille basse à Livry, où, fort heureusement pour mon estomac, Tardu avait eu assez de confiance en moi pour allumer le feu de ses fourneaux.

Ma tasse de chocolat prise, sans le moindre remords de conscience, je l'avoue, — ventre affamé n'a pas de cœur, — je me mis auprès du poêle et j'attendis tranquillement là, tout en cherchant à m'expliquer ma déconvenue, c'est-à-dire à comprendre pourquoi et comment, au lieu du quadrupède que

j'attendais, j'avais eu affaire à un simple bipède, l'arrivée de
nos sociétaires du jeudi débarquant d'habitude à neuf heures
et demie, juste à point nommé pour se mettre à table.

Quand l'omnibus du chemin de fer de l'Est les descendit à
la porte de l'hôtel, j'étais dans la cour à visiter le chenil et
les chiens. Le premier d'entre ces messieurs auquel je serrai
la main fut mon ami de Chilly, le directeur de l'Ambigu-Co-
mique.

Vous connaissez tous de Chilly, n'est-ce pas, ce garçon de
talent et de cœur qui s'est fait au théâtre, et comme acteur
et comme administrateur, une réputation méritée? Vous
l'avez tous vu dans l'un de ces rôles marquants qui suffisent
comme création pour populariser le nom d'un artiste : dans
le *Juif errant*, d'Eugène Sue ; dans *Shylok ou le Marchand
de Venise*, de Ferdinand Dugué ; *Mordaunt des Mousque-
taires*, de Dumas, et *la Case de l'oncle Tom*, de je ne sais
plus quel dramaturge, d'Ennery, si je ne me trompe, où,
dérogeant pour la première fois, au grand étonnement du
public, à ses habitudes de *traître*, il jouait, avec tant d'originalité, le personnage d'un *honnête homme* de sénateur, à
la fois juge inflexible et citoyen philanthrope.

— Sommes-nous malade? lui dis-je sur-le-champ, surprenant sur sa physionomie, plus sombre que d'habitude, comme
une espèce d'impression pénible.

— Pas le moins du monde, cher ami, me répondit-il....
Seulement je viens, il y a cinq minutes, d'être témoin d'un
fort vilain spectacle, j'en ai été assez vivement affecté, et c'est
là sans doute ce qui déteint sur ma personne. Figurez-vous
qu'au chemin de fer de Strasbourg, en entrant dans la gare
pour partir, nous avons appris qu'un voyageur avait été trouvé

assassiné dans l'un des compartiments de première classe de
la ligne de Mulhouse, un train qui arrive à cinq heures du
matin. Le wagon, détaché des autres, était encore là dans un
coin, entouré d'une douzaine de sergents de ville, attendant
le juge d'instruction. On dit que c'est un général, qui s'est
suicidé cette nuit ou qui aurait été tué à coups de poignard,
par un individu disparu en route avant l'arrivée du train....
Ce qu'il y a de sûr, c'est que le malheureux est bien mort.
J'ai eu la fâcheuse idée de m'approcher : quand j'ai vu ce
cadavre déjà roide, défiguré, étendu la tête penchée sur une
banquette pleine de sang, j'ai regretté ma sotte curiosité...

C'était affreux..... horrible ! Mais, allons déjeuner, je ne
veux plus penser à ce triste spectacle.....

Nous fûmes rejoindre dans la salle à manger six autres camarades déjà à table, et une heure après, sans autre incident
digne de remarque, nous commencions notre chasse, qui se
termina comme d'habitude, le soir, par une trentaine de
pièces tuées entre nous, faisans, lapins et lièvres.

Je ne retournai point à Paris avec la société. Sans m'expliquer ce qui avait pu causer mon échec du matin, j'avais
à cœur de prendre ma revanche le jour suivant.

Comme il y a une bonne lieue au moins de la *Main-Ferme*,
le canton où nous avions chassé, jusqu'au village de *Livry*,
lorsque je fus de retour, il était déjà nuit close..... Mon couvert avait été mis par Tardu, que j'avais prévenu en partant,
et que j'invitai à manger la soupe avec moi, ne trouvant rien
de moins apéritif que de dîner seul.

— Quel est cet étranger ? lui demandai-je en apercevant,
au moment où nous entrions dans la salle, un convive déjà
installé à une table, dans l'angle opposé de la pièce.

— Un monsieur que je ne connais pas, me dit Tardu ; mais que je suppose être un ingénieur ou un employé du cadastre. Il est arrivé ici il y a environ une heure. Au peu de mots que j'ai échangés avec lui, aux questions qu'il m'a faites sur l'étendue des bois, le nombre des gardes, les ressources du pays, les stations de chemin de fer qui le desservent, j'ai compris qu'il venait ici comme tant d'autres le font depuis l'aliénation de Bondy. Avant d'acheter, il faut estimer. C'est quelque agent forestier chargé sans doute d'expertiser un ou plusieurs lots. Il m'a dit, ce que sa chaussure m'attestait, du reste, avoir déjà depuis ce matin battu une partie de la forêt. Une seconde journée lui suffira, et, en conséquence, il soupe et couche ici.

— Ah !

— Oui, au numéro 5, la chambre à côté de la vôtre.

Tout en mangeant, je jetai les yeux sur cet inconnu. Comme il se présentait à moi de profil, je pus l'examiner à mon aise, et à la lueur douteuse de la lampe qui l'éclairait, détailler ses traits et sa personne. C'était un homme de vingt-cinq à trente ans environ. Sa taille, qu'il me mit à même de juger, en se levant pour prendre une salière sur la table voisine, ne dépassait pas la moyenne, cinq pieds deux pouces à peu près (ancien style) ; la figure était longue et maigre, la joue creuse ; une chevelure courte, un peu crépue, encadrait un front déprimé, sans noblesse ; l'œil, qui me fixa à deux reprises différentes et qui me parut petit, indiquait un regard sournois ; la barbe était brune comme les cheveux, et tirait un peu aux extrémités sur le fauve. Somme toute, l'ensemble de cette physionomie n'avait rien qui prévînt en faveur du porteur, qu'à sa tournure dégagée, à la brusquerie de ses mouvements, et surtout à sa tenue, pantalon bleu foncé à la hussarde, redingote sombre, boutonnée jusqu'en haut et pincée à la taille, cravate de soie noire sans col de chemise apparent; j'aurais plutôt pris pour un troupier que pour un civil, en dépit de l'opinion de maître Tardu.

Comme nous allions sortir de table, la porte de la salle à manger s'ouvrit : entra Roncin, le brigadier des gardes de la forêt, un ami d'Alexandre Dumas, dont il a été le camarade de classe à Villers-Cotterets, qui déposa près du poêle sa carabine de chasse. Au bruit de l'arme frappant le sol, l'étranger fit un soubresaut et se retourna vivement sur sa chaise. Roncin tenait à la main un journal du soir, *la Patrie.*

— Eh! bien, nous dit-il, vous ne savez pas encore la nouvelle? Ce n'est pas un général qu'on a trouvé mort ce matin dans un compartiment du chemin de fer de l'Est. C'est un magistrat, dit-on, M. P..., l'un des présidents du tribunal de la Seine. Il revenait de Troyes, et il a été assassiné, non pas à coups de poignard, mais bien avec une arme à feu, un pistolet, sans doute, car il avait deux balles dans la tête, et l'assassin, pour l'achever une fois tombé, lui a enfoncé le crâne à coups de crosse. Tenez, lisez plutôt.

Et il me tendit le journal.

Pendant ce temps-là, l'étranger s'était levé de table, avait allumé une bougie et réclamé de Marie, l'une des deux filles d'auberge qui composent, comme service, le personnel féminin de l'*Hôtel de France*, la clef de la chambre n° 5.

Les quelques mots que venait de prononcer le garde en entrant, et qu'il avait écoutés avec attention, changèrent momentanément le cours de ses idées.

Il fit ce qu'en termes de théâtre on appelle une fausse sortie, et s'approchant de nous :

— Monsieur, après vous le journal? me dit-il d'une voix brève.

Cinq minutes après, il tenait la feuille demandée.

Je partage un peu l'opinion de mon ami Alphonse Karr, à l'égard des grands carrés de papier qui constituent les journaux quotidiens. Je n'y lis jamais les *Premiers-Paris*, qu'ils soient signés ou non par les plus célèbres champions de la presse militante du jour... Je saute à pieds joints les *Nouvelles étrangères... Qu'on se batte, qu'on se déchire*; que l'horizon politique s'éclaircisse ou se charge de nuages, que m'importe? Je m'en soucie à peu près autant que de... la condamnation de l'ex-dictateur Rosas... Enfin je ne me rappelle pas avoir jeté les yeux sur le *Compte rendu des Chambres* depuis 1844, à l'époque de la discussion de la loi sur la police de la chasse... Il n'y a donc, à proprement parler, dans ces trois grandes pages d'impression, je ne compte pas la quatrième, exclusivement consacrée aux réclames et à l'industrie, qu'une seule colonne que je consulte en courant, c'est celle des *Faits divers...* Chacun a sa manie et ses goûts; et, sous ce rapport, je suis un peu comme la mère Edmond, ma portière, je préfère un bon drame bien noir raconté par la *Gazette des Tribunaux* ou *le Droit*, aux utopies les plus profondes du *Constitutionnel* lui-même.

Le nouveau locataire de Tardu partageait probablement ma manière de voir, car, ouvrant rapidement le journal sans consulter les deux premiers feuillets, il porta tout de suite les yeux sur le troisième, à l'endroit où les miens venaient de s'arrêter; examen court, attentif, absorbant évidemment toutes ses facultés intellectuelles ; on eût dit un habitué du grand tripot officiel, consultant le cours de la Bourse. Il n'eut pas plutôt achevé ces dix lignes, que plaçant *la Patrie* sur une chaise, il quitta la salle sans dire un mot, sans même faire en passant auprès de nous ce léger mouvement de tête que commande la plus simple notion de savoir-vivre, et je l'entendis un instant après monter l'escalier en bois qui conduit aux chambres.

— A propos, me dit alors le garde-brigadier Roncin, qui s'apprêtait à partir à son tour, savez-vous que David, le fermier de Rougemont, n'est pas, à ce qu'il paraît, content de vous ?

— De moi ? quel motif ?

— Ah ! voilà ! je l'ai rencontré tantôt, comme il s'en revenait d'Aulnay accompagné du garde champêtre : il a, je crois, l'intention de vous *tirer une carotte*, et ce, sous prétexte que vos daims ne se sont pas gênés pour lui manger les siennes. Sans la précaution qu'il a prise au commencement de cette semaine de faire arracher la petite quantité qu'ils en avaient laissée dans l'une de ses pièces, derrière la ferme, il n'aurait pas mal fait, en homme prévoyant qu'il est, d'augmenter pour cet hiver le fourrage de ses vaches. Si vous voulez l'amadouer, vous ne ferez pas mal, quand vos destructions vont commencer, de lui envoyer un peu de venaison.

— Qu'à cela ne tienne, répondis-je, il aura son quartier de daim et vous le vôtre.

En attendant, je tenais l'explication du peu de succès de mon affût du matin, et je savais, à n'en pas douter, pourquoi mon dix-cors n'avait point paru. La récolte enlevée, la table desservie, adieu le convive.

Il était plus qu'inutile, après cela, de tenter une nouvelle épreuve : je fus tranquillement me mettre au lit, dispensant Tardu d'exécuter la consigne que je lui avais déjà donnée de m'éveiller encore avant l'aube.

— L'occasion fait le larron, lui dis-je, et, saint Hubert aidant, je verrai demain à dresser autrement mes batteries.

Le vendredi matin, je ne m'éveillai qu'à neuf heures. J'avais dormi la grasse matinée : « Parbleu ! me dis-je à part moi en m'habillant, j'en aurai le cœur net ; je vais passer ma journée à battre toute *la queue d'Autnay*, enceinte par enceinte ; et, tout en tuant quelques lapins, un lièvre, un faisan, une bécasse ou deux, j'aurai bien peu de chance si je ne prends pas connaissance des nouvelles demeures adoptées par mon fugitif. Bien qu'il soit fin, on peut l'être autant que lui, surtout avec un revoir comme celui des routes de la forêt, détrempées par huit jours de pluie »

En prenant à ma porte, dans le corridor, mes souliers et mes guêtres de chasse, je vis Marie qui sortait de la chambre n° 5, emportant une paire de draps : plus matinal que moi, mon voisin, le soi-disant arpenteur ou employé du cadastre, avait déjà décampé.

Cinq minutes après, j'étais moi-même en route, ma fidèle *Alma* sur mes talons.

Alma, que j'ai déjà nommée, je crois, dans le cours de ce récit, est une petite chienne de chasse épagneule, de la race des *bleinheim*, qui mérite bien qu'on lui fasse ici, en passant, l'honneur d'une mention honorable. Le jour de la rentrée de nos troupes à Paris, à la suite de la guerre d'Italie, elle fut achetée sur le boulevard par Francolin, mon garde, à un soldat du train d'artillerie, qui prétendait la ramener de Milan d'étape en étape. Au mois de mai 1859, à la fin de nos chasses à courre de Livry, avec Fortin et l'équipage de Bade, j'ai moi-même cédé ma jument à un commandant de la même arme, qui, pour remettre la pauvre bête des fatigues d'une campagne de trois mois, l'a embarquée directement pour Gênes : il était bien naturel que, la guerre terminée, nos chers alliés me colloquassent à leur tour quelque souvenir. Il ne m'en a pas coûté bien cher en tout cas : vendue pour une pièce de quarante sous par son maître qui l'avait peut-être tout bonnement recrutée, le matin, au rond-point de la barrière du Trône, elle me fut donnée par Francolin pour la somme de trente francs. Je dis *donnée* avec intention, quoique, tout bien considéré, les deux francs sortis de sa poche me paraissent avoir produit un bénéfice assez honnête. Mais cette charmante petite bête, vraie miniature de chien, à la robe argentée, aux oreilles en Sévigné encadrant son fin museau de marquise, a tant de qualités morales en dehors de tous ses agréments physiques, que je ne puis point dire l'avoir payée.

Pour un véritable amateur, elle est ce qui s'appelle sans prix. Intelligente, à lire à livre ouvert dans l'œil de son maître ; aimant la chasse plus encore que je ne l'aime moi-même ; douée d'une finesse d'odorat à sentir un faisan branché à quinze pieds de hauteur sur un chêne ; intrépide au fourré comme un zouave au feu ; toujours quêtant, flairant, furetant, dans un rayon d'une dizaine de pas, et ne laissant pas le plus petit buisson sans en fouiller la moindre touffe, elle vaut à elle seule tous les *setters* et *retrievers* de fantaisie dont un sportsman pur sang peut, au mois de septembre et sans limite de prix, se passer le luxe et le caprice... Si elle *bute* au lieu d'arrêter franchement, si elle ne rapporte pas, à moins que la pièce tombée ne soit une caille, une perdrix, une bécasse ! si elle pousse un instant à voix le gibier qui part devant elle ; en revanche, elle est si obéissante, si docile au rappel, si bien disposée à réparer au geste et à la parole la faute légère qu'elle a pu commettre, qu'il est impossible, non pas de la corriger, mais simplement de lui garder rancune.

Quand *Alma* mourra, et je souhaite, sans vouloir faire ici du sentiment, que ce soit le plus tard possible, de vieillesse ; à coup sûr je ne la ferai pas empailler pour la placer dans mon salon, couchée sur un socle d'ébène. C'est là quelque chose d'odieux, d'absurde, une fantaisie d'épicier, qui m'a toujours choqué au dernier point et que je ne pardonnerais pas même au meilleur de mes amis.

L'homme qui pousse l'exagération du tendre jusqu'à faire empailler son chien ; qui consent à cette métamorphose sacrilége ; qui fait bourrer d'étoupe et d'arsenic ce froid cadavre, naguère encore plein d'ardeur et de vie ; qui remplace un beau matin, par la fixité morne d'un œil d'émail, le feu de ce regard hier si vif, si intelligent, si mobile ; eh bien ! cet homme-là est un crétin, soyez-en bien convaincu d'avance. S'il fait partie de la garde nationale, on le nommera sergent dans sa compagnie ; il épousera la veuve de quelque honnête bourgeois, douce créature non moins sensible que lui, qui aura fait, de son côté, monter sur un joli piédestal en bois cette chère *Zémire*, sa défunte levrette, sans se rappeler comment jadis, à force d'ennuis semés dans la vie commune, de tribulations, de taquineries, de sottes querelles, à coups d'épingles enfin, — la plus cruelle de toutes les morts, — elle a tué son premier mari !

Mais enfin, pour en revenir à mon idée première, quand *Alma* mourra, il est certain qu'elle me fera faute, et que si je veux la remplacer, ce ne sera pas pour moi chose facile. Nous nous comprenons si bien l'un et l'autre!

Arrivés ensemble à *la queue d'Aulnay*, le but de mon excursion matinale, trajet qui demande une grande heure de marche à un bon pas, je me dirigeai vers les tailles de la *Croix-Blanche*, canton assez giboyeux, placé sur la lisière de la forêt et que longe aujourd'hui le chemin de fer de Soissons, l'un des nouveaux embranchements du Nord. A peine entrée sous bois, sur un signe que je lui fis de la main, *Alma* lança à voix une pièce de gibier quelconque que je supposai être un lièvre. Je courus immédiatement à la barrière de la *Route-Verte*, afin de garder le débûcher de la plaine, le treillage de la voie ferrée n'empêchant point les lièvres de traverser; mais je n'arrivai pas assez vite, car à peine tournais-je l'angle du fossé, qu'une voix, qui me surprit, me dit tranquillement :

— Trop tard, monsieur, il est passé.

C'était la voix d'une personne de connaissance, si je puis toutefois donner cette qualification impropre au personnage mystérieux qui avait couché la nuit dernière sous le même toit que moi, chez Tardu. Assis au pied d'un arbre, il achevait un frugal repas, dans le genre de ceux dont chacun de nous se contente en chasse, quand nous prenons le gazon pour siége, nos carniers pour nappe, et pour boisson l'eau claire du ruisseau... un déjeuner composé de pain et de fromage.

Il ne parut ni mécontent ni satisfait de notre nouvelle rencontre.

— — C'était un beau levraut, me dit-il, c'est dommage, et si j'avais eu mon fusil...

Rien au monde ne rapproche plus vite deux hommes que la chasse, cette passion sans préjugés, qui confond à l'instant toutes les conditions, tous les rangs. C'est une sorte de franc-maçonnerie dont il ne faut point nier la subite et directe influence.

Un jour de juillet, moi qui vous parle, je chassais aux étangs de Saclay. J'aperçois dans le marais de *Trou-Salé*, au beau milieu des roseaux, deux individus qui, le chef ombragé de vastes chapeaux de paille, les jambes affublées d'énormes bottes *Delail* et le corps à peine protégé par une simple blouse en toile grise, pataugeaient à qui mieux mieux en face de moi, tantôt avançant, tantôt se baissant, puis rampant pour ainsi dire dans la vase; exécutant, en un mot, un vrai travail de forçat, et le tout pour approcher à portée une douzaine de halbrans. C'était M. le comte Duchâtel, alors ministre de l'intérieur, escorté de M. Mallac, son secrétaire. Je n'avais l'honneur de connaître ni l'un ni l'autre de ces deux messieurs; si leurs titres n'étaient pas écrits sur leurs vêtements, certes, à mon costume, je ne payais pas non plus par la mine. Je fus assez heureux pour rectifier une fausse manœuvre qu'ils allaient risquer. Leur faisant signe de ne pas bouger, je me mis bravement à l'eau jusqu'aux aisselles, exécutant une battue qui eut pour résultat de leur amener, dans un clair, à quinze pas, toute la flottille emplumée... Nous continuâmes à chasser ensemble, et une heure après, installés tous trois, dans le pavillon du Roi, au milieu de la chaussée de l'étang, nous déjeunions comme les meilleurs amis du monde, devant une table somptueuse, surchargée de viandes froides et de fruits; le ministre m'offrant le dessus du panier, moi, lui versant en revanche un petit verre de ma vieille eau-de-vie. La bonne aubaine que cette matinée dont je me souviens encore comme si la chose datait d'hier! les excellents abricots! et surtout les aimables gens! les spirituels et charmants convives!

Tout renseignement donné exige un remercîment. Il faut avant tout savoir vivre.

— Vous êtes chasseur? dis-je à cet étranger.

— J'ai beaucoup pratiqué dans un pays où j'affirmerais, sans crainte de me tromper, qu'il y a un peu plus de gibier qu'ici, me répondit-il; c'est en Alsace. J'ai le goût de la chasse, et ce goût-là a même failli un jour me coûter cher. En tirant un chevreuil, un garde de la forêt d'Haguenau m'a envoyé en plein visage deux chevrotines : l'une a failli me crever un œil, l'autre m'a brisé plusieurs dents.

Effectivement, j'aperçus sur la figure de mon interlocuteur une légère cicatrice placée au-dessus de l'arcade sourcillière, et, avant qu'il fermât la bouche, j'avais déjà remarqué qu'il aurait pu, sans coquetterie, faire une visite à mon ami Bazire, le dentiste.

Pendant ce colloque, *Alma*, qui avait abandonné la piste de son lièvre, au passage à niveau du chemin de fer, était venue prendre part à la conversation et complétait assez, tout en jouant dans mes jambes, mes allures d'homme chez soi, c'est-à-dire de propriétaire chassant sur ses terres.

— Ces bois sont à vous? me dit mon individu.

— Pas précisément, repartis-je; je n'en suis que le locataire. Ces bois font partie de la forêt domaniale de Bondy et je pensais même, ajoutai-je, profitant de l'occasion pour tâcher de savoir à qui j'avais affaire, que c'était leur aliénation prochaine qui vous avait amené à Livry. L'aubergiste chez lequel je vous ai vu souper hier, et qui vous a hébergé cette nuit, m'a dit qu'il attribuait à cette circonstance votre présence momentanée dans le pays, et que vous deviez être soit un arpenteur géomètre, soit un employé du cadastre, chargé d'expertiser le fonds avant la vente.

— Votre aubergiste n'est pas physionomiste, vous pouvez le lui dire de ma part, reprit l'inconnu en me fixant cette fois jusque dans le blanc des yeux avec un regard étrange. Pas plus physionomiste qu'un indiscret personnage, un garde, je crois, car il avait un fusil sous le bras et portait une plaque à la bretelle de son carnier, que j'ai rencontré ici il y a une demi-heure à peu près, comme il était en train de faire sa tournée.

— Un petit homme trapu, en blouse bleue, sans moustaches ni favoris, coiffé d'une cape en drap dans le genre de la mienne?

— C'est cela même, et ajoutez, pour achever le signalement, porteur d'une assez mauvaise figure.

Le mot me plut dans la bouche du particulier, qui par lui-même, je l'ai déjà dit ailleurs, n'avait pas une physionomie fort avenante.

— Je le connais, me hâtai-je de dire; c'est Jannet, le garde particulier d'un voisin dont les bois sont mêlés à ceux-ci; un homme actif, un peu brutal, mais qui entend et fait bien son service.

— Si j'habitais le pays, je m'arrangerais pour l'envoyer le faire autre part, ou bien je déménagerais moi-même, me dit mon interlocuteur, en fronçant le sourcil et d'une voix sombre. Ce butor ne m'a-t-il pas arrêté comme j'arrivais là, sur le bord de la plaine, et n'a-t-il pas eu la prétention de me faire subir un interrogatoire, me demandant d'où je venais, où j'allais? Je n'aime pas les juges d'instruction.

— Il vous aura pris pour quelque promeneur égaré, continuai-je poliment, en déguisant un peu le fond de ma pensée.

— Dites plutôt pour un braconnier, pour un misérable tendeur de collets, car il m'a soutenu que je sortais du bois et que j'avais l'air d'examiner les coulées. Un tendeur de collets, moi! ah! s'il m'avait ennuyé longtemps avec ses faisans et ses lièvres, j'aurais pu, au lieu de fil de laiton, lui faire cadeau d'une jolie cravate de chanvre.

Ce disant, mon homme écarta froidement le pan de sa redingote et j'aperçus en effet, déposé sur le gazon à côté de lui, un paquet de cordes nouées ensemble, qu'aux fiches en fer qui les maintenaient je pris pour un cordeau de géomètre, à moins que ce ne fût tout bonnement une de ces longes dont on se sert aux champs pour attacher au piquet soit une vache, soit une chèvre.

— Monsieur, reprit alors brusquement, sans transition, et avec un flegme tout britannique, cet original de flâneur; de tous les genres de suicide le plus communément en usage, c'est-à-dire le pistolet, la rivière, ou, à défaut de clou, la première branche venue de l'un de ces chênes, quel est celui auquel vous donneriez la préférence, si vous vouliez en finir avec la vie?

Je le regardai hébété, sans lui répondre.

— Le pistolet a bien son agrément, continua-t-il, et il mit la main à la poche, comme s'il allait m'en exhiber un; mais soit qu'il ne fût point armé, soit qu'une réflexion subite arrêtât son premier mouvement, il ne tira qu'un prosaïque mouchoir.

— La chose est sitôt faite et si commode : des trois modes, c'est assurément, comme acte final, celui qui demande le moins de courage et d'énergie. Un chien à armer, un geste à faire, une détente à presser, et tout est dit.

(Notez, pour bien saisir toute l'étrangeté de cette scène, qu'il accompagnait chacune de ses paroles d'une pantomime expressive.)

— Mais si la main vous tremble, et si la balle mal dirigée ne vous tue pas roide sur le coup... quelle souffrance! quelle agonie!

J'aimerais assez l'eau... Un bon plongeon dans trois mètres de fond, avec un joli courant, comme celui de la Seine dans Paris, au pont au Change, ne me paraît point à dédaigner. Seulement c'est long, c'est froid, puis on n'est pas sûr de son fait. Il y a tant de maladroits dans ce monde prêts à sauver le premier chien qui se noie...

Décidément la corde est tout ce qu'il y a de mieux : c'est plus propre, plus coquet, plus coulant. Si l'on a soin de choisir un bon fourré, un chêne solitaire, une branche tant soit peu solide, comme tout se passe sans témoins, en silence, qu'il n'y a pour attirer l'attention d'autrui ni détonation d'arme à feu, ni bruit d'une chute dans l'eau, on a dix chances contre une de ne pas faire languir ses héritiers, lorsque par hasard on en a. Ces chances favorables sont encore augmentées par la superstition et par les préjugés qui s'opposent généralement, en tout pays, à ce que l'on détache un homme avant l'arrivée des gens de justice. Enfin, quand ceux-ci font leur descente, comme on tire une langue d'un pied, on a pour dernière satisfaction de leur faire la grimace ; sans compter que, par suite d'une autre faiblesse humaine, l'assistance tout entière se dispute un dernier souvenir de vous, et qu'à peine le nœud coulant défait, il faut que chacun mette en poche un bout de corde de pendu...

J'écoutais bouche béante cette théorie comparée du suicide, et mille réflexions, au fur et à mesure que cet homme parlait, surgissaient en foule dans mon esprit confondu... N'était-ce point là, par hasard, le même individu que j'avais entrevu la veille au pont de Rougemont, au moment où j'attendais mon daim? apparition fantastique, ou plutôt hallucination nocturne dont il m'avait été impossible de parvenir à me rendre compte? Que ce fût lui ou tout autre, une chose évidente, certaine, c'est que j'avais là sous les yeux, soit un véritable fou, soit un bien grand philosophe.

Comme il finissait sa thèse, arrivait à toute vapeur un train du chemin de fer du Nord, qui, gagnant la station de Sevran, allait passer à quelques mètres de nous.

A la vue de la locomotive, cette machine infernale vomissant la flamme à travers un nuage de fumée, et des flancs de laquelle s'échappent tout à coup en notes plaintives, aigües, des sanglots déchirants semblables aux gémissements des damnés :

— Si un jour, dis-je, pour un motif quelconque, j'en avais assez de la vie et voulais savoir ce qui se passe dans l'autre, ce n'est ni en me brûlant la cervelle, ni en me jetant à l'eau, ni en me passant une corde au cou, que je voudrais essayer du grand voyage. Voilà quel serait mon genre de mort : j'attendrais le passage d'un train direct, sur une ligne à niveau comme celle-ci, dans un endroit isolé, semblable à celui où nous sommes, et enjambant le treillage, je me coucherais tout bonnement en travers, la tête placée sur un rail, au beau milieu de la voie ferrée. Je vous recommande le moyen, il est expéditif, infaillible.

— Je n'y avais pas encore songé, me répondit l'étranger, je vous remercie : c'est particulier comme les choses les plus simples vous échappent. Prendrez-vous un brevet d'invention? ajouta-t-il en me fixant malicieusement.

— Non, car l'honneur de la découverte ne m'appartient pas, il revient de droit à messieurs les lièvres de *la queue d'Aulnay*, des imprudents, des têtes folles. Figurez-vous que, depuis que ce chemin de fer leur coupe les vivres de la plaine, il n'est guère de nuit, surtout au moment du bouquinage, où le cantonnier de service ne ramasse un ou deux civets sur la ligne, depuis la Croix-Blanche jusqu'à la ferme de Rougemont. J'ai même eu à ce sujet une petite idée dont je ferai un jour l'objet d'un mémoire adressé à nos magistrats philanthropes. Vous avez lu *le Dernier jour d'un Condamné*, monsieur, cet éloquent plaidoyer de Victor Hugo contre la peine de mort? Je ne partage pas tout à fait l'opinion du poëte ; je ne voudrais pas comme lui la radiation du Code de cet article *capital*; — il y a des criminels pour lesquels la loi du talion est juste ; — mais je désirerais une légère modification dans l'application de la peine. Dans un siècle comme le nôtre, où tout est progrès, où tout marche à la vapeur, moi, je voterais la suppression de la guillotine. La foule est indifférente aux exécutions, elle s'y porte, elle y court, mais absolument comme elle courrait à un spectacle. A Paris, en changeant l'heure du supplice, en abrégeant le trajet de la prison à l'échafaud, en dressant ce dernier sur une place isolée et de peu d'étendue, l'humanité a déjà fait un grand pas; mais je proposerais mieux que tout cela, moi : quand la loi frappe un coupable, on dit que c'est la société qui se venge. Faites une économie, congédiez-moi en France tous les bourreaux, tous leurs aides et valets, fonctionnaires largement rétribués et inutiles, puis, sur chaque ligne de chemin de fer, désignez un point solitaire, affecté comme l'était autrefois dans chaque province quelque éminence déserte, habituellement nommée le *Mont-Justice*. L'arrêt prononcé, le pourvoi rejeté, amenez-moi là le coupable à heure fixe, bandez-lui les yeux, attachez-le, pieds et poings liés, sur le rail, et abandonnez-le ainsi au moment du passage d'un train *express* grande vitesse. Le train passé, brrrrr ! une demi-seconde, un éclair ! L'homme est décapité, le crime puni et la société vengée! qu'en dites-vous ?

Ce dernier mot ne produisit pas sur mon auditeur le même effet que le fameux *Qu'en dis-tu ?* de la tragédie de *Manlius*, par Lafosse. Il s'était levé pendant ma tirade, qu'il avait écoutée attentivement d'un bout à l'autre.

— Vous avez des idées neuves, me dit-il, et je vous en félicite. A chacun les siennes, monsieur ; puis, portant la main à son chapeau comme quelqu'un qui veut prendre congé : — Si jamais la tête qui tient à ces épaules, ajouta-t-il, était condamnée à s'en séparer (on ne peut pas prévoir la méchanceté des hommes), je n'attendrais pas ma comparution aux Assises pour faire par moi-même l'essai de votre ingénieux procédé. En attendant, permettez-moi de continuer mes opérations. J'ai une besogne qui m'occupe depuis le point du jour jusqu'à la nuit close. Je suis, comme agent-voyer, chargé de vérifier, le mètre en main, tout le réseau des chemins de fer de France.

Singulier métier, pensai-je à part moi, et qui n'a pas mal l'air de ressembler à celui d'inspecteur des pavés de la capitale.

Sur ce, nous nous quittâmes, et pendant que mon individu s'éloignait dans la direction de Sevran, moi, je prenais les grands devants, longeant la lisière du bois, toujours poursuivi par l'idée fixe de mon daim, dont je n'eus pas même connaissance ce jour-là.

EPILOGUE

Trois semaines après cette aventure, un dimanche soir, j'étais de nouveau resté à Livry et nous étions encore réunis, Tardu et moi, dans la salle à manger de l'*Hôtel de France*. Cette fois, ce fut le brigadier de gendarmerie qui vint interrompre notre tête-à-tête.

A cette époque, l'auteur présumé de l'assassinat du chemin de fer de l'Est était connu. Tous les journaux, fort à l'affût des moindres incidents se rattachant à cette mystérieuse affaire, avaient désigné un certain Jud, accusé déjà d'un attentat à peu près semblable commis précédemment sur la personne d'un docteur russe. Dans le cours de la conversation, ce crime audacieux, fort peu rassurant pour les habitués des chemins de fer, revint naturellement sur le tapis.

— Toutes nos brigades, nous dit le sous-officier de gendarmerie, ont reçu le signalement et le portrait photographié de ce Jud. Voici son signalement :

Age, vingt-sept ans, — taille, un mètre soixante-huit centimètres, — visage, long et maigre, — yeux gris, — cheveux bruns, — barbe brune et rougeâtre, — signes particuliers : cicatrice au-dessus de l'œil gauche et plusieurs dents cassées sur le devant de la bouche...

Un frisson involontaire me parcourut des pieds à la tête.

— Maintenant voici son portrait, et, ce disant, il déposa sur la table une petite photographie en pied qu'il prit dans son portefeuille. C'était la reproduction par Pierre Petit d'un ancien daguerréotype fait à Strasbourg.

A peine eûmes-nous jeté les yeux dessus, Tardu et moi, que, par un mouvement électrique, nous échangeâmes ensemble un regard spontané, rapide.

Lui, devint blanc comme un linge ; moi, qui m'étais levé, je sentis vaciller mes jambes...

Une révélation soudaine venait de nous frapper tous les deux comme un coup de foudre.

Nous nous étions compris... sans nous parler.

LE POTEAU DE NANGIS

ÉPISODE DE LA PASSÉE AUX BÉCASSES

Dans les premiers jours de mars, un dimanche, à la suite d'une chasse au daim bien menée par une vingtaine de chiens, et heureusement terminée comme toutes celles que nous avons faites en 1861, avec Crépin et le petit équipage de Villers-Cotterets, à MM. de Ruzé et Fournier, j'étais resté dans la forêt de Bondy pour attendre la passée de la bécasse. J'avais dans le cours de la journée, tout en suivant la meute sous bois, fait partir deux ou trois de ces oiseaux, et, quoique la véritable époque de la croûle ne commence que vers

le 15 du mois pour finir au 15 d'avril, la douceur de la
saison, plus précoce cette année que d'habitude, me faisait
espérer un résultat.

Peu de personnes, à l'exception des gardes qui en ont la
grande habitude, grâce à leur vie sédentaire en forêt, connaissent et pratiquent cette espèce de chasse : pour mon
compte personnel, je m'y livre avec un véritable plaisir,
chaque fois que l'occasion s'en présente, et j'y trouve même
un charme particulier qui me la fait préférer à beaucoup
d'autres.

On sait que la bécasse a deux passages bien distincts dans
nos contrées : celui d'automne, qui s'effectue à la fin d'octobre, et celui du printemps, qui a lieu en mars. Oiseau
semi-crépusculaire, si j'ose m'exprimer ainsi, la bécasse, par
la conformation de son grand œil noir hébété, la couleur
sombre de son plumage et le *flou* fantastique de son vol
silencieux, tient beaucoup des oiseaux nocturnes. Le jour,
cachée dans les taillis, au bord des mares et des ruisseaux,
recherchant les pentes humides et déclives, le soir, elle
quitte le bois pour la plaine, où elle va vermiller toute la
nuit, pour ne rentrer qu'à l'aube dans ses parages habituels. Je dis *habituels* à dessein, car il m'est parfaitement
démontré, et tous les chasseurs qui ont un peu étudié les
mœurs de la bécasse seront du même avis que moi, que cet
oiseau se fixe et se cantonne pendant un temps plus ou moins
long dans les localités qui lui conviennent. La preuve la plus
évidente de ce fait, c'est que quand vous avez, par une étude
toute spéciale qu'il me serait difficile d'enseigner ici, attendu
que c'est l'instinct seul qui vous guide en pareil cas, découvert ce qui s'appelle une *bonne passée*, si vous y revenez

plusieurs fois de suite, vous voyez le même nombre de couples circulant exactement, à une demi-portée de fusil près, à travers les même filières de chênes.

Arrivé au *Poteau de Nangis*, un carrefour qui domine les fonds marécageux de Coubron, et que j'ai toujours regardé comme un excellent canton à bécasses, je consultai ma montre : il n'était encore que cinq heures, et, comme la passe, qui dure dix minutes tout au plus, n'a pas lieu dans cette saison avant six heures et demie, au moment où la grive, grimpant de branche en branche à la cime des arbres les plus élevés, jette sa dernière note à la brise du soir, et quand, l'ombre enveloppant peu à peu la terre, vous apercevez au ciel scintiller les premières étoiles, je m'assis adossé à un arbre sur le talus d'un fossé. Là, fermant bientôt les yeux malgré moi, je me laissai aller insensiblement à cette vague rêverie qui n'est pas précisément le sommeil, mais qui repose et délasse si bien, après une longue journée de marche. Je ne sais depuis combien de temps j'étais absorbé par cette espèce de torpeur somnolente, quand tout à coup j'en fus tiré brusquement par les aboiements d'*Alma*, ma chienne d'arrêt, qui, le poil hérissé, s'escrimait après une vieille femme traversant le carrefour, presque courbée en deux sous le poids d'une fouée de bois mort.

J'appelai ma chienne et j'allais la gronder ; mais la bonne vieille me prévint, et, flattant l'animal de sa main ridée :

— Soyez sans inquiétude, monsieur le chasseur, me dit-elle en déposant sa charge pour se reposer un moment, je connais les chiens, et les chiens me connaissent. J'en ai assez élevé dans ma vie pour que le vôtre ne me fasse pas peur ; telle que vous me voyez, je suis la veuve d'un garde.

— Ah! ah! lui dis-je; et comment se fait-il, ma brave femme, qu'à votre âge vous en soyez réduite à faire un métier aussi rude que celui de ramasser du bois mort? Vous avez au moins la soixantaine?

— Soixante-dix-sept ans passés, mon bon monsieur; j'en avais trente quand j'ai perdu défunt mon mari, un honnête homme s'il en fut, et auquel je dois encore aujourd'hui le peu qui soutient ma chétive existence; car il m'a laissé une petite pension, pension qu'il a payée de sa vie, dans cette même forêt!

— Eh quoi! dans cette forêt? assassiné par un braconnier, sans doute?

— Non, monsieur; frappé par une balle ennemie. Vous voyez bien d'ici, me dit-elle en me montrant du doigt à l'horizon une ferme éclairée par les derniers rayons du soleil couchant, c'était là, à Villevaudé, que mon mari était garde, et tous ces bois que vous voyez descendre en pente jusqu'à la route de Ville-Parisis à Clayes, composaient alors son triage, l'un des plus giboyeux du pays.

« Un matin, le 27 mars 1814, année bien fatale pour moi et pour tant d'autres, nous fûmes réveillés par le bruit du canon et de la fusillade. Nos troupes se repliaient en désordre sur Paris, poursuivies par un corps nombreux de Prussiens. Appuyés sur la forêt, les Français y arrêtèrent longtemps les efforts de l'étranger; le combat fut long et meurtrier. Hubert Lecomte, c'était le nom de mon homme, monsieur, avait le cœur bien placé, c'était un brave. Aux premiers coups de feu, il courut à son fusil, prit de la poudre, des balles, et, malgré mes prières et mes larmes, il se hâta par des chemins de traverse de gagner le théâtre de l'action pour se joindre aux défenseurs du pays. Il n'était pas arrivé, qu'en guidant à

travers bois un corps franc de tirailleurs qui voulaient prendre position sur Mitry pour tourner l'ennemi, il reçut
une balle en pleine poitrine, et mourut sans proférer autre
chose que ces mots : *Madeleine !... Ma femme !... Vive la
France !*

« Le commandant qui le reçut dans ses bras était un digne
soldat, qui n'oublia point cette dernière recommandation
d'un mourant, et sur son rapport, appuyé par le maire et le
conseil municipal de la commune, on me fit une rente via-
gère de 200 fr., que je touche encore aujourd'hui. Comme
je n'avais point d'enfants, cette petite somme, grâce à mon
travail et aux économies qu'Hubert s'était amassées, a suffi
longtemps à mes besoins ; mais depuis, l'âge et les infirmités
sont venues, et, si Dieu était juste et bon, il m'enverrait avant
peu rejoindre mon pauvre Hubert. »

Ce disant, la bonne vieille, que je vis essuyer une larme du
revers de sa main calleuse, se mit en devoir de reprendre
son chemin avec la charge qu'elle avait un instant déposée à
mes pieds.

—Ainsi, le 27 de ce mois, il y aura quarante-sept ans que
vous êtes veuve ? lui dis-je. Vous avez la mémoire du cœur,
Madeleine, et vous avez doublement droit aux sympathies
d'un chasseur, car vous êtes une honnête femme, et de plus la
veuve d'un ancien garde. Tenez, voici de quoi faire dire une
messe à Hubert le 27, ajoutai-je en lui glissant dans la main
une pièce de monnaie qu'elle accepta. Puis, prenez encore
ceci, fis-je en tirant de mon carnier un lapin tué par moi le
matin, en appuyant les chiens, avant l'attaque du daim. Je
suis sûr que vous ne serez pas fâchée de renouveler connaissance avec ce gibier-là, dont votre mari ne vous laissait sans

doute pas manquer autrefois. L'heure avance... moi, je vais tâcher de tuer ma bécasse.

— Monsieur était donc placé ici pour attendre la passée?

— Dame, à moins que je n'attendisse, afin de détrousser les voyageurs, la voiture de Gagny ou de Montfermeil, dis-je en riant.

— C'est juste... que je suis donc peu maligne... Eh bien, mon bon monsieur, en échange de votre générosité, je vais peut-être de mon côté vous rendre un petit service. Vous voudriez bien ne pas vous en aller bredouille, n'est-ce pas? Voulez-vous m'en croire? vous n'êtes pas bien posté là ; oh! mais, pas bien du tout. Descendez la route de l'*Administrateur*, prenez le premier faux chemin à gauche, à cent mètres d'ici; il vous mènera tout droit à la *Mare-aux-Joncs*. Avant-hier au soir, en y lavant mon linge, j'ai entendu passer aux environs trois ou quatre bécasses. Je m'y connais. Dans le temps j'allais souvent à la passée avec Hubert; là, je vous promets que vous réussirez.

— Va pour la *Mare-aux-Joncs*, dis-je en remerciant la vieille de son renseignement officieux. C'est sur le canton de Constant, le garde de madame Chartier ; mais Constant est un bon enfant, sa maîtresse une femme du monde, dont la maison à Clichy-sous-Bois est renommée pour la gracieuse hospitalité qu'on y exerce, et ils ne se formaliseront pas, du moment où il ne s'agit que d'affuter chez eux un gibier de passage.

Le proverbe dit qu'un *bienfait n'est jamais perdu*. Le proverbe dit vrai, car, cinq minutes après mon installation à mon nouveau poste, j'en acquis la preuve. Déjà, à deux reprises différentes, j'avais entendu passer sans les voir une ou

deux bécasses isolées, qui *pipaient* simplement sans *crouler*.
Tout à coup un couple de ces oiseaux, qui s'étaient réunis
au-dessus d'une taille voisine, vint me passer à six ou huit
mètres de hauteur, en se poursuivant entre les peupliers qui
entourent la Mare. Au moment où les deux bécasses se croi-
saient en se becquetant l'une et l'autre, mon doigt serra la
détente, un long sillon de feu illumina la forêt, et le couple
amoureux, car c'était un mâle et une femelle de la plus
grosse espèce, vint remplacer dans mon carnier le modeste
lapin que j'avais eu la bonne pensée d'offrir à la vieille
Madeleine.

LES CHASSES DE VIELS-MAISONS

(AISNE)

CHEZ M. LE BARON DE LADOUCETTE

Nous avons tous vu Duprez dans *Guillaume Tell*, quand, brûlant les planches, l'air inspiré, le geste sublime, il jetait ce cri énergique aussi entraînant pour Arnold et le vieux Meichtal, que l'est pour tout veneur fervent un appel sonné sur le grêle : *Suivez-moi!!!...* Rien que ces trois notes, lancées par un gosier comme le sien, pas autre chose, et je vous parie, moi qui vous parle, enlever, au pas de course, tout un bataillon de conscrits, fussent-ils en présence du

Grand et du Petit-Redan, que dis-je? des deux cents bouches
à feu de la tour Malakoff.

Eh bien, chers lecteurs, permettez-moi — une fois n'est
pas coutume — d'essayer de doubler ici l'illustre ténor et
de pousser à mon tour mon plus bel *ut* de poitrine. *Suivez-
moi ! ! !*

Aussi bien le voyage que je veux vous faire entreprendre
n'est ni bien long, ni bien difficile : six étapes au plus, en
chemin de fer, c'est-à-dire, puisqu'on ne compte plus par
bornes milliaires, le temps à peine de fumer trois cigares, et
nous toucherons au terme du déplacement que vous ne serez
pas fâchés d'avoir fait quand vous verrez quels billets de logement offre à la troupe ce pays de chasse exceptionnel.

Figurez-vous à quatre-vingts kilomètres de Paris, ligne de
l'Est, station de Nogent-l'Artaud, un coin de terre ignoré, un
village primitif, perdu, où, tandis que la plupart de nos
provinces, en France, ont dépouillé pour jamais ce cachet de
simplicité champêtre, ces mœurs pour ainsi dire patriarcales,
au milieu desquelles nous avons été élevés jadis, nous autres
hommes mûrs dont un demi-siècle commence à dégarnir le
front chauve, vous retrouverez encore intacte toute la physionomie naïve du bon vieux temps : heureuse contrée,
chaste sanctuaire, qui, tout en participant aux bienfaits de
l'époque actuelle, — chemins de fer, école communale,
messiers, garde-champêtre, grandes et petites communications, — a su conserver, malgré le contact de la civilisation,
ne prenant d'elle que ce qu'il en faut prendre, c'est-à-dire
ses progrès et non ses vices, tous les avantages inconnus aujourd'hui dans nos départements les plus lointains. Des habitants simples et bons, hospitaliers s'il en fut, de vrais pay-

sans à la Florian, voilà pour la population du lieu ; et quant au sol, des plaines cultivées et fertiles, peuplées de perdreaux et de lièvres ; des bois aménagés en coupes réglées, offrant à la fois gros et menu gibier ; des étangs productifs contenant des brochets et des carpes dignes de rivaliser avec celles de Fontainebleau lui-même, c'est-à-dire toutes les ressources imaginables sous le rapport de la chasse et de la pêche, voilà pour les richesses cynégétiques.

> O fortunatos nimium, sua si bona norint
> Agricolas !

a dit le cygne de Mantoue. Trop heureux, m'écrierai-je à mon tour, le mortel trois fois favorisé qui, sur une gracieuse invitation du seigneur du lieu, M. le baron de Ladoucette, a pu, soit à l'ouverture, soit à l'arrière-saison, rendre visite à la commune de Viels-Maisons, ce pays fortuné, cet Eldorado du chasseur, où, dans les premiers jours du mois d'avril, se sont trouvés réunis, de par saint Hubert, une quarantaine de nos joyeux confrères. Cette fois, de même que l'an dernier, il s'agissait encore, comme but de ce déploiement de forces, inusité pour la saison, d'une croisade officielle contre les sangliers des environs. Comment, ainsi que nous l'avons déjà dit ailleurs, mieux sanctifier les vacances de Pâques?

C'est le lundi 1er avril et le lendemain, mardi 2, que s'est effectuée cette mémorable campagne. Arrivés à neuf heures et demie du matin à la station de Nogent-l'Artaud, nos Parisiens y trouvaient d'excellents *breackes* attelés de chevaux pur sang qui, en moins de trois quarts d'heure, les transportaient à travers une délicieuse vallée, déjà toute rajeunie au premier souffle d'un printemps précoce, jusqu'au château de l'amphitryon, où les attendait, sur deux tables amplement garnies, un déjeuner confortable mais rapide.

Il ne s'agit point ici d'une chasse à courre en règle. Ne vous attendez donc pas, en quittant la salle à manger après les toasts de rigueur portés au maître de la maison ainsi qu'au succès de la journée, à voir dans la cour d'honneur un équipage au grand complet, c'est-à-dire soixante chiens d'ordre, de même taille et de même pied, tout couplés, tout hardés, et contenus à grand'peine sous le fouet menaçant de cinq ou six piqueurs en tenue : un vautrait, en un mot, capable d'être comparé à celui de M. le marquis Arthur de l'Aigle ou de M. le comte d'Osmond, les deux seuls que l'on cite encore aujourd'hui dans les environs de Paris.

Quinze chiens mâtins, quinze dogues, amenés du fond des Ardennes par un veneur que nous connaissons de vieille date, M. Adolphe de Boullenois, l'un des lieutenants de louveterie qui tiennent encore à honneur de prendre au sérieux le côté utile de leur rôle ; — voilà pour le personnel hurlant.

Le maître de l'équipage, accompagné d'une autre autorité classique, Clamart, son vieux piqueur, le modeste auteur de *Cinquante Années de chasses ;*

M. Mathis de Belval, un jeune veneur du cru, auquel ses confrères ont donné le surnom glorieux de *Sanglier des Ardennes*, et qui a justifié cet insigne honneur en immolant cette année, soit par lui-même, soit par ses gardes, jusqu'à dix-neuf bêtes noires sur une centaine d'animaux tués par MM. les Sociétaires du Mont-Dieu dans les rangs desquels il figure ;

Comme trompe, le vieux Tellier, ce professeur émérite

qui, sans rival pour le ton de chasse, pourrait, dans un concert, servir de second à notre ami Vivier lui-même ; — voilà
pour le personnel piquant.

Maintenant, nommons MM. de Ladoucette père et fils,
M. le vicomte de Planey, membre du Corps Législatif ; M. le
baron de Planey, son frère ; M. le baron de Beauval ; M. Geof-
froy de Villeneuve, député de l'Aisne ; M. Milleret d'Omié-
court, le grand *taissonnier* du département de la Somme ;
M. le baron Rouillard ; M. le vicomte de Veye ; M. Barrachin-
Magnan ; MM. de Vuillefroy, Chadenet et Quentin Bochard,
auditeurs au conseil d'État ; M. de Gast ; M. Hély-d'Oissel ;
M. Ducoudray, juge d'instruction au parquet de Paris ;
MM. Hennequin, Saulet, Étienne, de la Meuse, Duplessis,
Bisson, Beaupère, etc., etc. J'en oublie, et des meilleurs, au
milieu d'une liste si nombreuse ; — voilà pour le personnel
d'élite composant en partie l'honorable assistance.

C'est Clamart qui avait fait le bois ; et c'est M. de Boullenois, son maître, monté sur un excellent *hunter* appartenant
à M. de Ladoucette le fils, qui, après le rapport, les tireurs
placés, a été successivement frapper à chacune des brisées.

On sait combien ces sortes d'expéditions, avec un si grand
nombre de fusils chargés à balles, demandent de précautions
et de prudence. Outre le succès de la chasse elle-même, qui
dépend du plus ou moins d'ordre avec lequel il faut, en silence, envelopper chacune des enceintes, poster son monde à
bon vent, garder les meilleures refuites, une autre responsabilité bien autrement grave pèse sur celui qui dirige l'action.
Il faut que, maître absolu, général en chef chargé du com-
mandement, il obtienne de tous ses soldats une obéissance
passive. La sécurité, par suite la vie de l'un ou l'autre des

assistants est à ce prix, et combien de reproches sanglants ne s'adresserait-il pas le premier, lui-même, si, faute de recommandations suffisantes, cette journée de plaisir devait se transformer, par un de ces accidents malheureusement trop fréquents, en une journée de deuil et de larmes ? De récents exemples, des exemples terribles, la mort de M. Mathieu d'Avize, frappé d'une balle sous bois et succombant en quelques secondes à la rupture d'une artère crurale ; la fin non moins tragique de M. Bourlon de Vandœuvre, atteint au bras et à 'épaule par un projectile qui ricoche, et expirant à son tour, après une lente agonie de plusieurs jours, sont autant d'enseignements déplorables qu'un tireur ne doit jamais oublier et qui prouvent tous les dangers qu'en général présente la chasse au sanglier, grâce au cortége et à l'attirail nombreux qu'elle exige... Le tir à balle est, en maintes occasions, un tir tellement capricieux et fantasque, qu'on ne saurait trop s'en préoccuper en chasse. Pour mon compte, j'ai toujours regardé l'admirable poëme du *Freischutz* comme une véritable légende, et sur trois balles fondues j'en admets toujours une, dont la destination inconnue doit, par le fait, appartenir au diable.

Constatons tout de suite, à la louange de M. de Boullenois, le généralissime de cette armée on ne peut mieux disciplinée, quoiqu'elle s'élevât, une fois le contingent des chasseurs des environs réuni aux invités du château, à quatre-vingts tireurs environ, que tout s'est passé dans l'ordre le plus parfait, la troupe entière manœuvrant sous son intelligente direction, absolument comme l'eût fait un seul homme.

Le premier jour, et à la première attaque que les mâtins ardennais, découplés en bonne voie, ont enlevée avec une vigueur admirable, c'est M. le vicomte de Plancy — à tout seigneur tout honneur — qui a eu la chance de commencer le branle-bas. Il a étendu roide mort un bon ragot de deux cents qui, se dérobant au moment où les chiens partaient, avait déjà forcé deux lignes de tireurs.

A la seconde attaque, ce fut le tour de M. Tallement de Clémery, qui fracassa la mâchoire d'un solitaire venant sur lui ; presque aussitôt l'animal fit tête aux chiens, et peut-être, quoique grièvement blessé, eût-il fait un très-mauvais parti aux plus mordants d'entre eux, si l'intrépide M. de Boullenois, avec un sang-froid et une adresse remarquables, ne l'eût mis hors de combat par une seconde balle placée derrière l'écoute, et ne l'eût ensuite achevé au couteau, au milieu d'un épais fourré d'épines noires.

Pendant ce temps se dessinait une autre chasse qui n'a pas été l'épisode le moins intéressant de la journée. Une bête de compagnie, touchée par une balle, et suivie par deux chiens seulement, avait pris un grand parti, et ce n'est qu'après une course de huit kilomètres environ, qu'elle est revenue mourir au lancer, au milieu des chasseurs, applaudissant tous à cette lutte suprème, véritable hallali courant, glorieusement salué par la trompe.

Cependant l'heure s'écoulait, et comme personne, dans la noble compagnie, n'avait, nouveau Josué, le pouvoir d'arrêter le soleil, il fallut bien sonner la retraite. Je ne vous peindrai pas ce retour au château, au milieu de la gaieté générale suscitée par ces premiers succès, au bruit éclatant des fanfares. Quand le cortége traversa Viels-Maisons, M. de Boullenois en tête, sur son cheval, précédant une voiture découverte dans laquelle gisaient sanglants les trophées de cette triple victoire, tandis que la troupe des chasseurs venait en bon ordre après comme pour fermer cette marche triomphale; je vous laisse à penser quelles joyeuses acclamations firent entendre les innombrables curieux accourus de toutes parts. C'était pour ces braves gens, dont les sangliers ravagent trop souvent les récoltes au moment des semences et des moissons, une satisfaction réelle, comme un véritable jour de fête. Heureux les grands de la terre, quand ils peuvent faire contribuer leurs plaisirs au bien-être d'autrui et trouver dans de nobles loisirs, en faisant eux-mêmes ample moisson de lauriers, l'occasion de défendre l'épi du pauvre !

Nous ne vous donnerons point ici le menu du dîner pour lequel Potel et Chabot avaient été mis à contribution et auquel firent honneur quarante convives doués d'un appétit digne de la circonstance. S'il fallait vous peindre l'entrain qui y présida depuis le premier jusqu'au dernier service, vous redire les propos joyeux, les spirituelles reparties échangées, véritable feu roulant au milieu du choc de la porcelaine et des verres, et tout cela sans que personne s'écartât un seul moment de cette urbanité élégante, de ce tact plein de savoir-vivre et de bon ton dont l'amphitryon est lui-même la personnification accomplie, nous dépasserions les bornes de ce récit. Qu'il vous suffise de savoir que minuit sonnait quand, après une soirée délicieuse, agréablement variée par les chants et les trompes, par les hâbleries cynégétiques de l'un, les exploits incroyables de l'autre, se termina cette réunion charmante. Tout finit forcément à un certain moment, c'est celui où Morphée, en personne, entonne la fanfare... du *bougeoir*.

Le lendemain 2 avril fut, à cette simple variante près,

que chacun, bien refait, grâce à une bonne nuit assaison-
née des plus doux rêves, n'eut pas, dès six heures du matin, à se préoccuper d'un départ en chemin de fer, l'exacte
répétition des plaisirs et des émotions de la veille. Ce jour-là les
résultats de la chasse elle-même, non moins bien conduite que
le jour précédent, donnèrent encore trois sangliers, mais tués
cette fois par des fermiers du pays et les gardes. Saint Hubert
partage ses faveurs, et il fait bien, puisque son culte, répandu
partout, compte de fervents disciples dans toutes les classes.

Cependant les succès de cette seconde journée étaient plus
incertains peut-être que ceux obtenus la veille. Ils furent
même un instant compromis par l'affluence des curieux que
cette nouvelle représentation avait attirés en forêt, et dont le
nombre dépassait, dit-on, plus de deux cents personnes. Tout
le pays était sur pied; jeunes gens comme vieillards, fillettes
et garçons, enfants même, chacun avait voulu participer à
la fête, avait abandonné, qui la charrue, qui le pot-au-feu,
le lavoir ou l'école, pour venir occuper les carrefours, *pour
voir les chiens couri, Carabi*, ainsi que le dit la chanson,
entendre la musique du lancer, suivre la chasse, la de-
vancer, et tâcher, en coupant par la tangente, d'arriver le
premier à l'hallali. Tout autre que M. le baron de Ladoucette
serait de l'avis de Molière, et appellerait ces gens-là *des
fâcheux*. Mais, si cette affluence gêne et embarrasse parfois,
inquiétant le tireur qui voit en tremblant ces curieux se placer sur sa ligne, au risque de donner l'éveil aux animaux
auxquels ils font vider l'enceinte avant l'attaque; en revanche, tous ces braves gens sont si respectueux, si empressés, si
dévoués, qu'il y aurait de la cruauté à ne pas les laisser prendre leur part du spectacle. D'ailleurs, chez M. de Ladou-

cette, qui est bon prince, c'est là une tolérance à laquelle il s'est habitué tout naturellement et par simple tradition de famille.

Autrefois M. le baron de Ladoucette son père, cet homme de bien dont la mémoire est vénérée non-seulement dans cette contrée mais dans tous les départements que régit, comme préfet sous l'Empire, son administration paternelle, fut la providence des habitants de Viels-Maisons, dont il avait à cœur la prospérité et le bien-être. Noblesse oblige : aujourd'hui c'est le tour de ses enfants, qui, jaloux d'imiter son digne exemple, marchent généreusement sur ses traces. Il y a quinze ans, les invités de ce même château, où la chasse fut toujours un prétexte heureux pour ces réceptions charmantes qu'embellit l'hospitalité la plus cordiale et la plus franche, brillaient comme autant de phares lumineux, parmi les sommités de la vénerie. C'étaient les comtes de Nanteuil, de Courval, de Sainte-Aldegonde ; les marquis de Perthuis, de Quémadeux, de Lory, et bien d'autres dont les noms ne se présentent pas sous notre plume, mais qui étaient les dignes émules des illustrations que nous venons de citer. Que de brillantes fanfares ont répétées alors les échos sonores de Viels-Maisons ! Que de vaillants équipages ont peuplé son chenil ! Que d'intrépides veneurs, montant à cheval dans la cour d'honneur du manoir y ont rapporté triomphalement le soir la nappe et le massacre d'un vieux dix-cors. Car il y avait alors pas mal de cerfs dans ces mêmes bois dont le chevreuil constitue aujourd'hui le seul fauve.

A l'heure qu'il est, une génération nouvelle a remplacé la génération ancienne. Quelques membres de celle-ci, hélas ! ont disparu pour toujours, emportant avec eux le juste tribut

de nos regrets; les autres, alanguis par l'âge, ont vu peu à
peu s'amortir et s'éteindre leur passion favorite. Ainsi va le
monde, et ainsi continuera-t-il d'aller, jusqu'à ce que notre
tour vienne, et que le feu sacré, diminuant aussi chez nous
par degrés, nous avertisse, à la suite d'un dîner moins bien
digéré, d'une fanfare moins bien chantée par exemple, qu'il
est temps d'enrayer et de faire comme le grand Bossuet, de
ménager « *les restes d'une voix qui tombe et d'une ardeur
qui s'éteint.* » Mais qu'importe? Si de nouveaux noms sont
venus remplacer forcément sur la liste des invités de Viels-
Maisons les noms qui y figuraient jadis, à coup sûr l'accueil
qu'on reçoit dans ce domaine hospitalier n'est ni moins em-
pressé ni moins aimable. Rien n'a changé sous ce rapport.
On y rencontre en aussi bonne compagnie les mêmes distrac-
tions et les mêmes plaisirs; et, pour notre compte, nous ne
plaignons que ceux qui, soit par un motif, soit par un autre,
ont pu en oublier le chemin, ou qui, moins favorisés encore,
n'ont pas été assez heureux pour l'apprendre.

A côté de ces chasses qui, somme toute, ont amené, grâce
aux vacances de Pâques, dont les sangliers se seraient bien
passés j'imagine, la mort de six animaux, savoir : quatre
fortes bêtes de compagnie, dont deux laies pleines, un bon
ragot et un vieux solitaire, mentionnons à présent pour mémoire et comme preuve du zèle qu'on met à poursuivre dans
tout le département de l'Aisne l'intéressante famille des pa-
chydermes, les destructions effectuées du 14 au 20 avril dernier, à Villers-Cotterets, par les soins et sous la direction de
notre ami M. Fournier, l'adjudicataire de ces treize mille hectares de forêt.

Du 15 au 20, et en trois journées de chasses régulières,

M. Fournier et sa société, parmi laquelle figurait Gérôme le peintre, artiste d'un talent incontestable, dont une fantaisie philosophique et dramatique à la fois, *le Duel de Pierrot* a popularisé le nom plus que ne le ferait une œuvre plus sérieuse, ont détruit quatre à cinq sangliers, ce qui n'est pas un chiffre en rapport avec la quantité de bêtes noires que les fourrés de Villers-Cotterets recèlent. Pourtant ces messieurs ont pour piqueur un homme fort intelligent, un nommé Crépin, qui comprend bien la chasse et qui l'aime : c'est un garçon actif, bon marcheur, valet de limier habile, et que seconde merveilleusement en ce moment un auxiliaire très-remarquable, un vieux chien anglais, provenant de la réforme de M. le marquis de L'Aigle et dont l'on s'est défait à l'équipage parce qu'en raison de son âge il n'était plus de pied avec le reste de la meute.

Guérillas, tel est le nom de cet intrépide vétéran, est, en effet, un chien très-précieux surtout pour le genre de chasse spécial que pratiquent Crépin et ses maîtres. Limier excellent, rapprocheur non moins sûr quand on le découple, *Guérillas*, une fois la bête attaquée, ne l'abandonnera pas de la journée. Couvert d'honorables cicatrices, il a été décousu et recousu vingt fois ; mais l'étoffe est bonne, et si l'aiguille l'a travaillée souvent, on peut dire qu'avec un tel animal la reprise n'était pas perdue.

L'autre jour, le 20 avril, pas plus tard, ce vieux serviteur a encore fait un trait superbe. A la *Mare aux Fougères*, un canton de la forêt tout hérissé de massifs de houx, conséquemment l'une des demeures que les sangliers affectionnent le plus, un animal lancé par lui, bon ragot, venant presque à son tiers-an, est blessé par un jeune chasseur qui ne le

frappe pas tout à fait en bonne place. La chasse s'éloigne,
mais elle va bien, et déjà quelques tireurs, les plus solides
marcheurs de la bande, sont sur le point de rallier, quand
tout à coup, dans un retour, un maladroit, croyant bien
faire, rompt le chien, puis l'arrête et le couple au passage
d'une route.

Ce n'est que deux heures plus tard que l'un des chasseurs,
M. Édouard Aubé, de Meaux, un veneur pur sang, celui-là,
comprenant admirablement la chasse à pied, et que je vous
donne comme l'un des plus infatigables jarrets de la Brie, a
connaissance de cet incident fâcheux. Avec un chien comme
Guérillas, la partie n'est pas perdue, et l'on peut encore,
malgré le temps écoulé, essayer de relancer la bête. Crépin
consulté, partage la confiance de M. Aubé, et les voilà tous
les deux, bien décidés à suivre jusqu'à la nuit, ramenant le
chien sur le pied, à l'endroit où on l'a si mal à propos rompu.
La voie était froide, comme on le pense bien ; mais néanmoins *Guérillas* en reprend, elle s'échauffe ; l'animal, à n'en
pas douter, est revenu à son lancer, dans les forts de houx
de la *Mare aux Fougères...* Effectivement : il y est ; le chien
qui tient, l'y relance, mais après avoir tourné une heure sans
qu'il soit possible de le tirer, le ragot débuche sur le *Petit-
Marais,* et c'est là que, à cinq heures et demie passées, nos
deux enragés parviennent à le rejoindre à moitié sur ses fins,
faisant sang, tenant à chaque pas, mais les éventant toujours
aussitôt qu'ils voulaient l'approcher et repartant alors comme
de plus belle.

Enfin, vers les six heures, un ferme sérieux se dessine :
l'animal est tombé, car *Guérillas* l'aboie d'étau sans bouger
de place. Crépin et M. Aubé accourent, chacun de son côté

le piqueur, apercevant le sanglier couché, lui envoie une première balle. Mais à peine le coup est-il parti, qu'il se relève furieux et charge M. Aubé. Celui-ci l'attend de pied ferme, lui tire à bout portant deux balles qui le culbutent, et c'est alors que Crépin, aidé par un bûcheron occupé dans une vente voisine, l'achève sur place avec son couteau de chasse.

Il était onze heures du soir quand nos deux hommes, éreintés, fourbus, mourant de soif, de fatigue et de faim, rentraient à Puisieux, chez notre ami Gibert Maisonneuve, qu'ils trouvaient à table avec les autres chasseurs, tous de retour depuis longtemps, mais bredouilles et l'oreille basse. Vingt kilomètres de retraite par une nuit noire, dans des chemins de traverse affreux, après six heures de chasse aux trousses d'un sanglier blessé, c'est rude ; c'est ce qu'on appelle en tout pays (style de garde) *avaler un fameux ruban de queue !* mais qui oserait se plaindre, quand la victoire a récompensé tant d'efforts, quand surtout la soupe est servie et qu'un bon lit vous attend ensuite ?

Tandis qu'on portait le ragot au saloir, *Guérillas* rentrait au chenil, le ventre plein. Bonne nuit aux uns, meilleure chance aux autres !

Moi, je vais faire et dire comme Monrose, le père, dans *le Philosophe sans le savoir*, rôle d'Antoine le vieux valet de chambre, l'un des meilleurs de son répertoire, quand, seul en scène, son bougeoir à la main, — je le vois encore, avec son air narquois, — il s'approchait mystérieusement de la rampe :

« J' vas me coucher. »

LES FÊTES DE CHANTILLY

SOUS LA PRÉSIDENCE DU DUC D'ORLÉANS

(MAI 1840)

En 1826, au mois de juillet ou d'août, je crois, peu importent la semaine et le jour, auxquels je n'assignerai pas de date précise, par une de ces chaudes journées d'été, où pas une feuille ne remue au sommet immobile des trembles et où de tièdes vapeurs s'échappent par bouffées, comme d'une fournaise, de la terre desséchée et brûlante, j'étais au pied de l'un des plus vieux chênes d'Armainvilliers, sur lequel j'avais découvert un nid de buse, encourageant du geste et de la voix un jeune garçon de ferme déjà à plus de moitié de son ascension périlleuse, lorsque tout à coup l'enfant s'arrêta, parvenu à la première bifurcation des branches, et, par un langage d'action plus éloquent encore que la parole, me sollicita de venir partager son poste aérien, d'où, me faisait-il comprendre, j'allais découvrir un spectacle plein d'intérêt pour moi, et qui, à en juger par ses yeux, plongeant alternativement sur moi et sur le lieu de la scène, devait se passer à une assez petite distance...

Je ne me fis point prier deux fois : en quelques secondes j'eus rejoint mon camarade au haut de cet observatoire improvisé, situé à quatre ou cinq mètres au moins au-dessus du sol, et je n'y fus pas plutôt établi à côté de lui, assez commodément pour n'y point redouter de chute, que son doigt, m'indiquant la chaussée de Puy-Carré, étang qui borde la plaine de Favières, me fit tout aussitôt apercevoir l'objet par lequel son attention se trouvait ainsi captivée.

Un cerf dix-cors, sorti de la forêt, était arrêté au milieu de l'allée de pommiers qui longe l'un des bords de l'étang ; et à son attitude, celle d'un animal fatigué qui se repose et écoute, incertain sur le parti qu'il doit prendre, il était évident que, chassé depuis longtemps, il avisait, avec toutes les ressources d'un merveilleux instinct, aux moyens plus ou moins sûrs de dérober sa fuite à la meute. Soit par suite d'un défaut, soit par suite d'un change, l'équipage qui le chassait lui avait laissé prendre une grande avance ; car il n'y avait pas un souffle de vent, et par ce temps calme et silencieux, où l'on n'entendait au loin sous la feuillée que le chant monotone du grillon faisant bruire ses deux ailes de gaze, pas un seul cri de chiens, pas le moindre requêté sonné au loin sur la trompe ne troublait encore la solitude du lieu.

Du bord du carrefour où s'élevait notre chêne séculaire, nous n'étions pas à plus de cent cinquante pas de l'animal; et, comme en cet endroit la lisière de la forêt était plantée en jeunes tailles de quatre à cinq ans, et que nous dominions tout autour de nous, nos yeux entièrement absorbés ne pouvaient pas perdre un seul des mouvements du fugitif, en apparence fort inquiet sur sa route.

D'abord il prit un pré à gauche, comme pour déboucher franchement sur Mantegris par le poteau de la Grenouillère, et gagner la forêt de Crécy; mais soudain, soit qu'il n'eût pas assez de confiance dans ses forces, soit qu'il préférât essayer de confier son salut à la ruse, il revint brusquement sur son contre, doublant ses voies; et quiconque aspire au titre de veneur jugera si ce fut pour moi une scène pleine d'émotion, toute palpitante, que celle qui s'apprêtait sous nos yeux, dans laquelle, grâce à un hasard inespéré, j'allais voir se développer une à une toutes les manœuvres d'un cerf sur ses fins qui travaille à déjouer la science de l'ennemi, manœuvres pleines d'astuce que je savais capables de dérouter le plus fin piqueur, et dont un tacticien consommé allait, sans s'en douter, m'enseigner en une seule leçon la pratique et la théorie.

À peine l'animal eut-il effectué ce retour, qu'il fit de côté un bond énorme, redescendit par un fossé profond, plein d'eau stagnante où je le vis allant et venant plusieurs fois, vers la chaussée de droite de l'étang, occupée dans une partie de sa longueur par une large pile de bourrées; sauta sur les tas de fagots, qu'il parcourut jusqu'à leur extrémité, se jeta sans toucher terre dans une petite nacelle amarrée au rivage, qu'il faillit faire chavirer sous son poids, et de là, battant l'eau pour gagner majestueusement à la nage une partie couverte de joncs assez touffus, que la sécheresse avait presque mise à sec, se relaissa dans cette espèce d'îlot, où le corps, enfoncé dans la vase jusqu'au cimier, et les bois, auxquels il n'avait pas encore touché, couchés sur le dos, pour tout autres spectateurs que nous, il était à coup sûr complétement invisible. Dix minutes s'écoulèrent ainsi, mon compagnon osant à peine respirer, ainsi que moi, et le pauvre animal, dévoré sans doute par les taons au milieu de son poste aquatique, ne témoignant que par un mouvement presque continuel des deux oreilles qu'il n'était pas transformé en nénufar, quand le bruit du cor, et bientôt même quelques voix d'hommes, appuyant des chiens anglais qui se récriaient à peine, nous annoncèrent l'approche d'un équipage... Le cerf devint immobile au milieu des roseaux, tandis que trois veneurs en tenue débouchaient d'une route au bout de la plaine... Un instant après la meute elle-même parut, et comme les chiens indécis balançaient, le nez dans la poussière du chemin, les uns donnant quelques rares coups de voix, les autres tâtant çà et là aux branches du taillis, l'un des nouveaux venus, un vieillard encore vert, en uniforme jaune, ventre-de-biche, avec collets et parements en velours cramoisi, monté sur un grand cheval bai-brun de *demi-sang*, mit pied à terre d'un air assez maussade, et, entrant dans ce même bateau où le cerf avait sauté un quart d'heure auparavant, remplit d'eau une petite casquette de cuir qu'il venait de tirer de sa poche.

— Eh bien! Fortin, dit-il à l'un des deux hommes, celui qui avait pris en main la bride de son cheval, voilà encore, j'espère, une belle journée!...

L'individu ainsi interpellé ne répondit pas... ses yeux, fixés à terre, paraissaient interroger le sol, et l'embarras de sa contenance trahissait un désappointement visible.

— Deux fois dans le même mois manquer le même animal, continua le premier interlocuteur, tout en rejetant avec dégoût l'eau fangeuse dans laquelle il venait de tremper ses lèvres. Des tailles d'Ozouer ici la distance est bonne; mais quand nous devrions tous y aller coucher à pied, ce soir, il ne sera pas dit que nous nous contenterons d'une telle fin de chasse... Où penses-tu, voyons, que soit fourré ce diable de cerf?... Débuche-t-il à Crécy ou retourne-t-il au lancer?

— Monseigneur, m'est avis qu'il est retourné dans les tailles de la Bucherie ou de la Pointe, répondit le piqueur, en se découvrant avec respect devant son maître, que je reconnus alors pour le vieux prince de Condé lui-même. En sautant à la Barrière-Noire, l'animal est rentré *tête couverte* aux gaulis de la Souche. J'ai revu d'une harde aux Quatre-Vingts-Arpents, et je ne serais pas surpris que notre cerf ne s'y fût mêlé pour faire bondir le change à sa place...

— Ainsi tu ne penses pas qu'il soit ici, dans ce canton, où déjà l'autre jour, et dans les mêmes circonstances à peu près, il nous a fallu, l'équipage recouplé, sonner la *retraite manquée?*

— Non, Monseigneur, je n'en crois rien... Si l'animal est venu baiser le bord de la route, c'est tout; mais ou je serais bien trompé, ou il n'a fait qu'un faux débucher, et si nous perdons un temps précieux à délibérer ici, comme l'autre fois, j'ai bien peur qu'il ne nous échappe encore.

— Au bois! chasse! s'écria le prince, qui, malgré son âge, se remit lestement en selle; qu'on foule, pied par pied, tous les fourrés qui bordent la plaine... Je vais rester un instant ici en vedette. Un louis à celui d'entre vous qui en reverra le premier !...

A cette injonction les deux piqueurs rentrèrent sous bois, sonnant un hourvari afin de rallier l'équipage. Quelques valets de limiers qui venaient d'arriver se portèrent à droite et à gauche sur les routes transversales pour voir si l'animal n'allait pas sauter, et le prince de Condé, resté seul au bord de l'étang de Puits-Carré, se mit à garder la plaine.

A l'exception de deux chiens à manteau noir et blanc, tous les chiens s'étaient enfoncés dans le taillis, et déjà quelques-uns semblaient rapprocher les vieilles voies. *Au retour ! au retour !* fit le prince en poussant son cheval vers les retardataires qui, seuls, se rabattant toujours avec action sur le chemin, semblaient fort peu sensibles aux requêtes de la trompe... Mais les entêtés, au lieu d'obéir, se replièrent vers le fossé où le cerf avait rusé, et là l'un deux se récria avec un accent de vérité qui parut surprendre le vieux veneur.

J'étais haletant, mais toujours immobile ; quant à mon jeune camarade, dont j'avais eu beaucoup de peine à obtenir un mutisme complet pendant ce magnifique épisode de chasse, il n'y tenait plus et il allait maladroitement tout trahir, lorsqu'une défense expresse, faite à voix basse, de prononcer un seul mot avant moi, vint à propos lui clore la bouche.

On conçoit de quel intérêt était pour moi, amateur encore bien novice alors, de suivre jusqu'au dénoûment et sans gâter rien par une sotte précipitation les moindres incidents de ce drame, de voir aux prises l'instinct et la ruse d'un adversaire courageux, mais trop faible contre tant d'ennemis, avec cette brillante réputation de veneur que l'on m'avait déjà tant de fois vantée, sans que j'eusse été à même d'apprécier jusqu'à quel point elle était fondée. Neutre sur ce champ de bataille, je devais, quitte à parler plus tard, si l'attaque n'était pas assez savante, commencer par respecter le plan de la défense que j'avais surpris déloyalement ; autrement mon rôle eût été celui d'un dénonciateur, d'un traître, et il me semblait plus noble et plus digne de m'en tenir à celui de juge.

Cependant le chien, toujours au fond du fossé, se récriait encore plus chaudement, et bientôt son compagnon, qui jusque-là n'avait fait que renâcler, portant aux branches, se mit à embellir le concert de quelques notes assez bien senties.

Le prince mit de nouveau pied à terre, attacha son cheval à l'une des barrières de la route, et, sautant de propos délibéré dans le ruisseau avec ses grandes bottes à l'écuyère, se mit à examiner avec attention si l'on revoyait de l'animal par pied. Il n'avait pas fait dix pas, qu'une exclamation de joie nous prouva que ses recherches n'étaient pas infructueuses, non plus que la quête des deux chiens de recri, rapprochant alors avec un véritable ensemble. Néanmoins, à l'issue du fossé, tout retomba comme avant dans l'incertitude et le doute : maître et chiens hésitèrent à la fois, tous trois plus embarrassés que jamais... C'est en vain que, portant au vent, les uns flairaient et côtoyaient les deux berges, tandis que l'autre explorait le sol : rien à gauche, rien à droite, rien devant ni derrière ; le fil était rompu, et la voie, miraculeusement retrouvée, perdue plus miraculeusement encore.

Dans cet intervalle de quelques secondes, où se jouait le coup décisif de la partie, je regardai celui qu'elle intéressait si fort : un seul coup d'œil à la dérobée, prompt, rapide, comme si j'eusse craint que mes yeux ne lui portassent malheur en trahissant sa retraite. Le cerf était impassible... Moi cependant, plus ému que lui, de grosses gouttes de sueur m'inondaient le visage.

Tout à coup le vieux Nemrod, dont le regard persévérant scrutait tout avec une pénétration merveilleuse, eut une de ces inspirations subites qui, en chasse, dénotent un veneur consommé, et qui, sur un champ de bataille, décident souvent du gain d'une journée.

D'un pas aussi ferme que sûr, il marcha vers la pile de bourrées et l'escalada un instant en s'y cramponnant tant bien que mal... A la sortie de ce fossé fangeux, nécessairement le cerf avait les pieds couverts de limon et de boue, comme le veneur lui-même, comme ses chiens. Or, quelques filaments verdâtres, mélangés d'une vase encore humide, appendaient çà et là aux fagots sur lesquels l'animal avait sauté, et sur ce simple indice aperçu de loin et fort insignifiant peut-être pour des yeux moins habiles, voilà inopinément relevé le défaut le plus difficile.

Une fois bien convaincu d'un fait aussi important, notre chasseur était trop expert pour ne pas deviner tout le reste ; il comprit qu'après avoir suivi cette longue pile de bois d'un bout à l'autre, parvenu à l'extrémité, l'animal avait dû se jeter dans la barque pour aller se remettre au milieu de ces touffes de roseaux où quelques joncs nouvellement brisés trahissaient encore son passage : et je n'étais pas descendu de mon arbre pour me rapprocher du théâtre où allait s'accomplir l'acte final, que déjà tous les chiens, ralliés à la voix des deux limiers, ces excellentes clefs de meute, nageaient intrépidement vers le dix-cors, qui, engourdi par ce bain fatal, voulut en vain essayer de repartir, et fut noyé, pour ainsi dire, sans combat, après un défaut de quarante minutes environ et au bout d'une heure et demie de chasse.

C'était là ma première rencontre avec le duc de Bourbon, dont maintes fois l'on m'avait cité les prouesses, et pour lequel je professais trop d'estime avec mes goûts de chasse déjà bien prononcés à cette époque, pour ne pas désirer le connaître en personne. La circonstance lui fut on ne peut plus favorable : soit l'impression du moment, toujours assez vive à un âge où l'on devient facilement enthousiaste, soit la part que j'avais prise tacitement à tout ce drame accompli sous mes yeux, le noble vieillard grandit tellement dans mon esprit à la suite de cet hallali mémorable, qu'il devint mon dieu, mon héros, et que je ne jurai plus que par lui, comme par mon véritable maître en vénerie. Je le citais en toute occasion, à tout propos, car en lui me semblaient réunies au grand complet toutes les belles qualités du veneur, si bien décrites par du Fouilloux et par Salnove ; et depuis ce moment, pas une Saint-Hubert n'eut lieu à Chantilly avec l'excellent équipage du prince, que je ne me fisse une loi d'y assister comme à une indispensable fête. En 1829, des affaires de famille m'ayant retenu jusqu'au 2 novembre à Amiens, je fus sur le point de manquer la partie ; mais à onze heures du soir je pris la poste, et le lendemain, à midi, j'étais l'un des premiers au rendez-vous, pour assister, une dernière fois, à une prise à l'eau admirable...

Depuis la fin tragique du prince, depuis cette nuit lugubre, impénétrable, qui restera toujours enveloppée d'un horrible mystère, je n'avais pas remis les pieds à Chantilly, lorsqu'en 1840, le programme des fêtes qu'en l'absence du propriétaire actuel, le duc d'Aumale, comptait y donner son frère le prince royal, m'inspira une certaine velléité de revoir ces mêmes lieux où j'avais été jadis témoin des plus belles chasses ; ces vastes carrefours, tristes solitudes, autrefois peuplées de veneurs ; ces taillis, silencieux et muets, désormais sans écho pour la moindre fanfare... Au désir de parcourir, après dix années révolues, cette magnifique forêt, le plus merveilleux terrain qu'on puisse choisir pour un laisser-courre ; de visiter les superbes *étangs de Commèles*, le *château de la reine Blanche*, ce ravissant pavillon de chasse qui a l'air d'être placé là comme par la main des fées ; de m'enfoncer encore une fois sous cette immense allée du *layon de Condé*, où souvent j'avais rencontré le vieux duc, cédant le pas aux plus pressés avec cette politesse exquise qui a toujours été le partage de tous les princes de la branche aînée des Bourbons, et leur disant de sa voix affable : *Passez, passez, messieurs, j'arriverai toujours assez tôt ;* à l'attrait de toute cette évocation de vieux souvenirs, mêlés de bien des regrets sans doute, mais à coup sûr pleins d'intérêt pour moi, se joignait celui d'assister aux courses, de comparer comme lice l'arène poudreuse d'un champ de manœuvres, et le vert tapis d'une pelouse, ces hippodromes tout à fait différents, funestes aux uns, favorables aux autres, et où le même cheval, quoique dans les mêmes conditions, n'a pas toujours les mêmes chances de succès.

Donc, parti le mercredi soir pour Senlis, j'étais le jeudi matin, 13 mai, à *Mont-l'Évêque*, où m'appelait une invitation des plus gracieuses de M. de Pontalba, le propriétaire châtelain, qui m'avait proposé une chasse au blaireau et au renard. Quelques semaines avant, étaient arrivés d'Angleterre, adressés directement au fils de mon hôte, possesseur déjà de quatre excellents chiens terriers, deux nouveaux sujets qu'il fallait essayer, et l'on m'avait, à ma grande satisfaction, offert d'assister à cette épreuve pendant l'intervalle des courses… *Mont-l'Évêque*, sur la droite de la route de Paris à Compiègne, n'est qu'à trois quarts de lieue de Senlis tout au plus, et, comme on y arrive par un chemin tout pavé et fort doux, cette distance est une véritable promenade. Au surplus, la propriété fût-elle cent fois plus enfoncée dans les terres, qu'on ne regretterait point de l'y venir chercher, tant elle est d'un aspect grandiose et tant l'aimable hospitalité du maître s'ingénie à vous en embellir le séjour… Le château, bâti dans un goût sévère et flanqué de quatre tourelles gothiques, dont deux balancent majestueusement dans les airs leur flèche aiguë et dentelée, présente une façade imposante, comme la statue de pierre du chevalier armé de pied en cap qui en domine l'entrée. De sa terrasse, élevée d'une dizaine de mètres au-dessus du niveau du parc, l'œil plonge sur toute une admirable vallée… Partout des eaux, des bois, des prairies ; partout des points de vue enchanteurs, ménagés avec assez d'habileté pour y déguiser l'art en essayant d'imiter la nature… Ici, c'est un pont suspendu, jeté sur une rivière sinueuse où fait voile toute une troupe de cygnes, gracieuse flottille, voguant l'aile entr'ouverte au vent ; là, c'est une île où hennissent en liberté de jeunes poulains et de robustes cavales ; plus loin, un lac solitaire, à la surface duquel nage une bande éjointée de judelles, tandis que sur ses bords ma récageux se promène toute une couvée de halbrans, famille née d'hier et déjà indépendante et sauvage. A l'horizon, la décoration change par une transition brusque et rapide : la montagne a remplacé le vallon, et sur ses flancs boisés s'étage en amphithéâtre une forêt de chênes et d'arbres qui confondent harmonieusement, par d'imperceptibles transitions de lumière, leurs différentes nuances de verdure. La contenance totale du parc est de trois cents arpents environ, clos de murs ; et, quand on songe qu'il y a trente ans toute cette charmante vallée, convertie aujourd'hui en excellents herbages, n'était qu'un vaste marais fangeux où l'on enfonçait à chaque pas ; que ce n'est qu'après des difficultés inouïes, des travaux pour ainsi dire surhumains, qu'on est parvenu à assainir ce sol aquatique, on ne saurait trop applaudir, suivant nous, à l'intelligente persévérance qui, à force de zèle, de patience et de soins, a complété cette métamorphose.

Les dépendances de *Mont-l'Évêque* sont dignes en tout point de cette royale magnificence : au-dessous du château sont les cuisines, vastes, aérées, commodes, tenant à la salle à manger par un escalier qui facilite le service ; en retour, et formant angle dans la cour d'honneur par laquelle les voitures arrivent, est un bâtiment élevé de deux étages seulement, que l'on désigne sous le nom du *petit Château*, et qui renferme plusieurs appartements complets, destinés à recevoir les étrangers et les visiteurs. Enfin les *communs*, habilement masqués par une portion de jardin anglais, offrent à l'amateur d'immenses écuries parfaitement tenues, capables de loger une centaine de chevaux et surmontées de superbes greniers à fourrage : des trappes à coulisses ménagées dans l'épaisseur des murs, distribuent à chaque porte la ration

d'avoine nécessaire aux chevaux ; et un superbe abreuvoir
en pierre, alimenté par un robinet de bronze, fournit, même
dans les plus grandes sécheresses, toute l'eau dont les pale-
freniers font usage.

Lorsque je me présentai chez M. de Pontalba, la voiture de
son fils stationnait tout attelée devant les marches du perron,
s'apprêtant à conduire ce dernier à Chantilly, en société d'un
de ses amis, M. de L..., arrivé la veille au château. Ces messieurs m'offrirent une place, sans autre cérémonie, et à midi
et demi, après trois quarts d'heure de chemin, nous arrivions tous trois sur l'hippodrome, où déjà s'alignait une file
assez considérable d'équipages, venus comme nous des environs, pour assister à cette première journée des courses. A part
une descente assez rapide qui prend au tournant des écuries
du château et où chevaux et cavaliers plongent tout à coup
comme dans un gouffre, pour ne reparaître qu'un peu plus
loin aux regards impatients de la foule, la pelouse de Chantilly, limitée en grande partie par la forêt et dont elle est
pour ainsi dire une enclave, est un lieu admirablement choisi,
comme terrain, pour faire le théâtre d'une lutte hippique.
On prétend que l'année prochaine, en utilisant une portion de
bois que le duc d'Aumale a fait défricher et généreusement con-
cédée à la ville, on pourra, sans diminuer en rien la distance,
qui est de deux mille mètres, supprimer le mauvais pas
que nous venons de signaler plus haut. Ce serait un grand
avantage et pour les spectateurs et pour les coureurs ; et
alors l'hippodrome de Chantilly, semé d'un gazon ras comme
le velours, d'un sable fin et délié, qui ne s'élève point en
tourbillons poudreux, abrité d'ailleurs par la forêt qui lui
sert de verte ceinture, n'aurait plus à envier au Champ-de-

Mars que ses tertres si commodes pour le public parisien, où chacun embrasse d'un seul coup d'œil la plus grande partie de la lice. C'est aux efforts réunis de M. Fasquel de Courteuil, cet éleveur persévérant, dont la fortune ne récompense pas toujours le zèle, et du maire de l'endroit, M. Royer, le frère de ce même Alphonse Royer, que nous aimions tous, et qui, un beau matin, s'en est allé chez les Turcs, l'ingrat! que la ville doit aujourd'hui les courses remarquables dont, il y a six ou sept ans tout au plus, il n'était point encore question pour elle. Depuis, S. A. R. le duc d'Orléans a daigné les prendre sous son patronage ; et la Société d'encouragement, qui ne néglige aucun moyen pour accomplir sa noble mission, celle d'améliorer la race chevaline en France, a bientôt secondé de tout son pouvoir cette impulsion généreuse, destinée tout de suite au plus légitime succès. Disons aussi, à la louange de l'autorité municipale actuelle, qu'elle n'a pas failli en cette circonstance au mandat que lui avaient confié ses devanciers : les premiers fondements jetés, il s'agissait pour elle de parfaire l'œuvre, et M. Jacquin, le maire actuel de Chantilly, s'est acquitté de cette tâche avec une intelligence qui lui fait le plus grand honneur ; il est impossible d'être plus hospitalier pour les étrangers, plus paternel pour ses administrés, et il a présidé ces jours de fêtes, pendant lesquels l'ordre le plus parfait n'a pas cessé de régner, avec une entente digne de tous nos éloges.

A une heure et demie le prince royal et M. le prince de Joinville sont arrivés sur le *turf*, précédant la voiture de madame la duchesse d'Orléans et les personnes invitées au château. LL. AA. RR. ayant pris place dans les pavillons réservés, disposés comme ceux de Paris, les courses ont aussitôt commencé.

Le soir, il y a eu spectacle au château. La salle, pouvant contenir trois cents personnes environ, était galamment tendue en moiré blanc, encadré de velours rouge, relevé par des crépines d'or ; et les toilettes des femmes, brillamment éclairées par un grand luxe de bougies, ressortaient on ne peut mieux sur ce fond d'une élégance à la fois simple et riche. Ce sont les acteurs du Vaudeville, Arnal et la charmante madame Doche, qui ont eu l'honneur d'inaugurer la scène ; ils ont joué avec beaucoup d'ensemble deux des meilleures pièces de leur répertoire, *Renaudin de Caen* et *le Cabaret de Lustucru*.

Le lendemain, vendredi 14, grâce aux chevaux et à la voiture de mon hôte, je me retrouvais tout transporté à mon poste, sans autre embarras que la veille. A neuf heures du matin nous faisions un traque dans le parc de Mont-l'Évêque, afin de tuer un brocard qui, deux jours auparavant, s'était rué sur des enfants et des femmes, et à midi, j'étais à Chantilly, rendant visite, sous la conduite de Firmin, le premier piqueur, au chenil et à l'équipage du prince. La meute du duc d'Orléans n'est pas nombreuse, il est vrai, puisqu'elle ne compte que cinquante chiens environ, y compris les limiers ; mais comme modèles, il est difficile, quoi qu'on en dise, de trouver de plus magnifiques *stags-hunds ;* il y a surtout un ou deux chiens de tête, parmi lesquels un griffon noir et feu, qui m'ont paru d'une beauté remarquable. Quant au chenil, la vénerie d'Orléans étant habituellement cantonnée à Saint-Germain, il n'offre rien de bien merveilleux, comme tout établissement qui ne sert qu'à de rares intervalles ; peut-être même est-il un peu petit pour les vingt-cinq couples qui l'habitent.

Les courses ont commencé à la même heure que le jeudi, toujours favorisées par un temps superbe, et suivies par un public nombreux et choisi, dont il me serait impossible de donner la liste. Comme l'a fort bien dit le spirituel chroniqueur du *Journal des Débats*, M. Cuvillier-Fleury, si *tout Paris* n'était pas à Chantilly, il s'y était fait représenter dignement par ses femmes élégantes, par ses plus riches équipages, par ses plus jeunes et plus intrépides *sportsmen*... voitures somptueuses, chevaux de luxe, parures éclatantes, lions et lionnes, princes et princesses de la *fashion*, l'ancienne résidence des Condé n'avait rien à envier à la capitale, et le ciel, par une faveur toute spéciale, lui donnait en outre les plus doux rayons, le plus magnifique azur qui aient éclairé fête royale.

Dans l'intervalle des courses du vendredi au dimanche, c'est-à-dire dans la journée du samedi, il avait été convenu qu'on ferait une chasse au cerf, pour procurer aux dames, à défaut d'hallali, une chevauchée à travers bois, qui ne pouvait manquer d'être agréable. Le rendez-vous était à onze heures et demie dans Chantilly, au carrefour de la Table, où Firmin, le piqueur du prince, s'est trouvé faisant rapport de trois cerfs rembuchés à la baraque de Chalis dans la forêt d'Ermenonville. Il est impossible de s'imaginer la foule des voitures, des cavaliers et des piétons qui, dès le matin, s'étaient réunis sur ce point. Un essaim de jeunes femmes, toutes en calèche découverte, accompagnaient madame la duchesse d'Orléans, escortée par le prince royal monté lui-même sur un charmant cheval bai, tout coquettement pomponné de fleurs. On remarquait dans cette multitude d'équipage de toutes formes et de toutes couleurs, non-seulement l'attelage à la Daumont de la princesse et les gracieux poneys du comte de Cambis, mais encore plusieurs voitures particulières menées en poste, entre autres celle de M. de Pontalba, à laquelle étaient attelés quatre superbes chevaux percherons, conduits par deux postillons en grande tenue.

Attaqués à une heure, les trois cerfs se sont fait battre quelque temps ensemble : fort difficile dans cette saison et plus pénible encore ce jour-là en raison de l'extrême sécheresse, la chasse ne promettait pas de bien beaux résultats, quoiqu'elle fût conduite par M. de Wagram en personne, quand heureusement les animaux se séparent. Une deuxième tête, vigoureusement poussée par trois chiens, côtoie l'étang de Molton, traverse les bois de l'Homme-Mort, revient au lieu de l'attaque, et débuche à la butte aux Gendarmes pour rentrer à la forêt de Chantilly par le poteau de Pontarmé... Dès lors, quelque espoir est permis aux veneurs, leur courage et leur ardeur se raniment ; voilà les fanfares qui sonnent *la vue*, un relais est donné à propos. Tayaut ! la chasse se dessine.

Cependant une collation splendide avait été servie dans le pavillon de la Reine-Blanche, à l'autre extrémité des étangs de Commelles. C'est là que se rendent la duchesse d'Orléans et les dames, laissant quelques intrépides amazones, à la tête desquelles chacun a pu remarquer, comme nous, deux fort habiles écuyères, madame de Courval et madame Dailly, se disputer l'honneur de suivre la chasse mieux que n'eussent fait de véritables piqueurs. Bientôt la foule afflue au même endroit ; car elle a vu jadis les brillants hallalis du vieux duc de Bourbon et elle n'ignore pas que si l'animal doit se faire prendre, ce sera sans aucun doute dans ces parages. La chaussée des Étangs s'est couverte de toute une multitude joyeuse au milieu de laquelle circule pêle-mêle, au pas, une longue procession de gens à cheval. Les voitures s'alignent à la file, chacune étalant sans confusion ses armoiries, ses *grooms*, ou sa capricieuse livrée. Les taillis voisins eux-mêmes sont envahis ; des milliers de spectateurs se groupent sur cet amphithéâtre de verdure, où les uns se couchent sur le gazon, tandis que les autres, plus impatients, escaladent la cime des arbres : toute l'assistance est à la joie et au plaisir, au milieu de ce mouvement si varié, si pittoresque, qu'anime encore un bruyant orchestre, la musique militaire du 4e régiment d'infanterie ; et personne ne songe même plus au cerf, qui serait véritablement par trop complaisant s'il venait à se produire au milieu de ce bruit, de ce tapage, quand, tout à coup, un émissaire arrive au grand galop. C'est un des veneurs, c'est M. de Dampierre : l'animal est aux *Vignettes*..... Il se fait battre sur les hauteurs qui couronnent l'étang de la Loge-Chaperon, et dans un instant va descendre, dit-on, *prendre de l'eau*, relancé en ce moment par quarante chiens auxquels il vient de faire tête... A cette nouvelle inattendue qui vole de bouche en bouche, la curiosité universelle se ranime et s'agite... On raille, on doute, on espère ; toutes les oreilles sont tendues, tous les yeux se dirigent avec anxiété vers la rive. Mais silence !... le veneur a dit vrai.... Voici clatir au loin les aboiements des chiens, soutenus par les tons plus chauds de la trompe. Alors voyez un peu quelle révolution s'opère au milieu de tout ce monde ?.... Chacun court, se croise, se précipite ; c'est à qui arrivera le premier sur ces bords où retentissent de proche en proche les hurlements prolongés de la meute, et bientôt un cri général : *A l'eau! à l'eau!* a salué le cerf qui bondit au milieu de l'onde écumante...

Victoire! C'en est fait, c'est bien lui!... Un bel et beau cerf, ma foi! une troisième tête, déclarent les piqueurs, car le bois de l'animal est tombé, ce magnifique ornement qui parerait si bien son front superbe, et il est impossible de le juger à son *refait, connaissance* encore incomplète... *Il bat l'eau,* le noble roi de la forêt, espérant retremper la vigueur d'un jarret déjà las à l'aide de ce bain rafraîchissant, mais perfide : trente chiens acharnés nagent après, le circonviennent, le pressent, le chassent tour à tour de l'une à l'autre rive. Mais, hélas! c'est en vain qu'il tente d'aborder : partout s'élève, comme un rempart d'airain, toute une muraille vivante d'hommes et de chevaux ; encore un moment et impossible à lui de franchir ces groupes épais, où, avec un peu plus d'audace, il parviendrait encore à se faire un passage... Il va, il vient, jette un dernier regard à ces grands bois auxquels les trompes des piqueurs annoncent bruyamment sa fin prochaine ; et peut-être, à ce moment suprême, ranimé par ces sons belliqueux, effrayé par ces aboiements, ce tumulte, par tous ces cris de carnage et de mort, va-t-il dans un beau désespoir prendre enfin un élan fatal à plus d'un des imprudents qui l'entourent, lorsque, sur l'ordre du commandant de l'équipage, deux coups de feu partent successivement et terminent fort à propos une lutte dont les conséquences pouvaient être fâcheuses pour la foule. Beaucoup de personnes ont critiqué cette fin d'*hallali*, objectant qu'elle n'était point dans les règles strictement consacrées par la vénerie ; qu'il n'était pas loyal d'assassiner de même un animal aux abois, et qu'en agissant ainsi l'on avait gâté toute

la chasse. Nous en demandons humblement pardon aux op-
posants, mais nous ne sommes point du tout de leur avis :
assurément il y a pour chaque laisser-courre des règles dont
un veneur ne peut s'écarter sans commettre une infraction
répréhensible, et ces règles, nous nous flattons de les connaître aussi bien que qui que ce soit; mais vraiment ce serait
être par trop sévère que d'adresser dans cette circonstance à
l'équipage du prince un reproche qu'il n'a pas mérité. Chacun sait que, lorsque le cerf est sur ses fins, tenant *l'hallali
debout*, l'usage est de lui tirer un coup de carabine, ce qui
s'appelle *servir la bête*, précaution fort sage qui a pour but
d'épargner la vie des chiens contre lesquels il se défend alors
avec ses andouillers et ses pieds de devant, chargeant les uns,
foulant les autres, et faisant toujours quelques victimes [1]. Or,
si l'on a reconnu la nécessité d'arrêter ainsi un combat péril-
leux pour la meute, pourquoi l'autre jour n'aurait-on pas, à
plus forte raison, terminé une agonie qui, en raison de l'innombrable affluence des curieux, pouvait devenir funeste
pour les hommes? Déjà, en descendant à l'eau, le cerf avait
légèrement blessé un habitant de Senlis, contre le cheval duquel il s'était rué à l'improviste; et si, moins effrayé et moins
timide après cette promenade d'une demi-heure à l'eau, il se
fût enfin décidé à prendre pied, peut-être une ou deux personnes eussent-elles payé un peu cher leur curiosité irréflé-
chie.

Pour peu qu'on tienne à trouver quelque chose à reprendre

---

[1] Autrefois, nos pères *accouaient* le cerf, c'est-à-dire lui coupaient le
jarret ou lui plongeaient leur couteau de chasse au défaut de l'épaule.
C'était plus noble, mais plus dangereux, et de nos jours on a substitué à
cette coutume le second moyen, comme plus commode et plus expéditif.

dans toute cette journée si bien organisée, si charmante, une critique beaucoup plus juste à faire, ce serait plutôt cette pompeuse *curée aux flambeaux*, d'abord un peu légèrement annoncée, si l'on doit croire le vieux proverbe : *Il ne faut pas rendre la peau de l'ours avant de l'avoir jeté par terre*, puis ensuite fort peu curieuse, suivant nous, comme spectacle, surtout pour des femmes. C'est là, nous l'avouons, si nous avions eu l'honneur d'être l'un des ordonnateurs des fêtes de Chantilly, une idée peu heureuse et que nous eussions retranchée du programme. Autant cette dernière scène, empreinte d'une certaine férocité sauvage, où des chiens dévorants se disputent entre eux des lambeaux pantelants, offre d'intérêt à l'amateur, alors qu'engagée sur le terrain même où s'est passée l'action, elle devient le dénoûment obligé du drame; autant elle justifie alors ce titre énergique de *curée chaude* sous lequel on la désigne en vénerie, autant elle se transforme, je ne dirai pas en épisode insignifiant, mais en une dégoûtante boucherie, alors que, de retour au logis, les chevaux sur le flanc dans leurs stalles, les chiens endormis au chenil, on s'en vient, de sang rassis, bêtes et gens, s'acharner, au bruit de fanfares qui n'ont plus d'échos, sur un cadavre froid, repoussant, propre à soulever le cœur comme à glacer la dent qui l'entame. C'est un cinquième acte à sa péripétie, moins les préparations, les transitions par lesquelles l'âme du spectateur a passé insensiblement pour se disposer à des émotions plus terribles : or, je ne présume pas que l'*Andromaque* de Racine aurait beaucoup de succès, si la toile, se levant tout à coup pour nous transporter, sans autre préambule, à l'un des dénoûments les plus tragiques, nous montrait un acteur sans courroux, sans passion, se battant les flancs pour s'échauffer et nous traduire à tête reposée les sublimes fureurs d'Oreste.

Aussi, malgré l'apparat dont on l'avait entourée, et l'étrangeté d'un spectacle auquel, pour leur honneur, ces dames, j'imagine, étaient fort peu habituées, cette cérémonie nocturne, pratiquée, à neuf heures, dans la cour d'honneur de Chantilly, a-t-elle médiocrement intéressé la galerie. En vain chaque valet de limiers tenait-il en main son flambeau; en vain les piqueurs sonnaient-ils tout leur répertoire sur la trompe, tandis qu'en face de la meute, réveillée à grands coups de fouet au plus beau de ses songes, une main officieuse agitait la *nappe* du cerf, froid linceul recouvrant une carcasse saignante; la lueur de ces torches était lugubre à voir, les notes cuivrées du cor fort peu agréables à entendre entre des murs qui en comprimaient l'effet; enfin, toute cette solennité avait un certain aspect funèbre composant, au demeurant, un assez triste spectacle. Comme le faisait observer fort judicieusement sur place l'une des plus jolies spectatrices, à voir tout cet appareil bizarre on eût cru qu'il s'agissait d'un supplice nocturne : et ces grands diables de piqueurs, vêtus de leurs habits rouges, ne ressemblaient pas trop mal à des bourreaux.

Heureusement qu'à peine cette étrange parodie terminée, des sons enchanteurs, succédant aux rauques aboiements des chiens, sont venus faire diversion à ces sensations pénibles. Vis-à-vis des croisées de la grande galerie du château s'étend une immense pièce d'eau. C'est là, sur la surface de ce lac mobile, où se reflétait la voûte azurée du ciel tout illuminée d'étoiles, qu'un de nos compositeurs les plus distingués, M. Halévy, avait été chargé d'organiser un concert de nuit, mission dont il s'est acquitté avec toute l'habileté qu'on devait attendre de son zèle. Rien ne manquait à cette délicieuse symphonie pour que l'illusion fût complète et que chaque spectateur se crût un instant transporté sous le beau ciel de Venise, par une de ces belles nuits d'été où glisse rapide, sur les lagunes, la barque du joyeux gondolier. Ainsi qu'on l'a fort bien dit avant nous : « On eût cru assister à quelque concert mystérieux, étrange, et que les divinités de ces eaux bienfaisantes s'étaient réveillées de leur long sommeil pour célébrer, avec des voix de reconnaissance et d'amour, au nom du vieux château, cette poétique et royale renaissance. »

Le lendemain de cette journée si complète, c'est-à-dire le dimanche 16, ont eu lieu les dernières courses de Chantilly qui, par l'importance des prix à disputer, des paris engagés, et les courses de haies dans lesquelles ne devaient figurer que des *gentlemen riders*, promettaient de clore dignement ces quatre jours consécutifs de fêtes.

Si l'affluence du public le plus brillant et le plus nombreux qui se puisse voir, même à Paris, dans l'occasion la plus solennelle ; si l'élégance et l'éclat de toilettes rivalisant entre elles de luxe et de bon goût ; si une prodigieuse quantité d'équipages somptueux, entassés les uns sur les autres, dans une proportion tout aussi grande qu'aux courses du Champ-de-Mars ; si, en un mot, quinze à vingt mille spectateurs, s'exposant avidement six grandes heures aux rayons d'un soleil brûlant, sont des preuves incontestables, non plus d'un simple attrait de curiosité, mais d'un intérêt véritable, de jour en jour plus vif, plus populaire, assurément pour quiconque a vu Chantilly dimanche, pour quiconque a joui de ce coup d'œil féerique, il est impossible de douter un instant des progrès immenses que fait, chaque année, en France, la noble et généreuse passion du *turf*.

Dès midi il eût été impossible de trouver à se loger dans la ville : aussi un bon nombre de visiteurs n'ont-ils pas eu d'autre asile que leurs voitures, abondamment pourvues, en fait de vivres, de tout le confortable nécessaire dans une pareille occasion. Beaucoup de gens n'ont pas déjeuné et dîné ailleurs que là, et si tous se sont aussi bien traités que M. A. Thayer, dont la superbe diligence de voyage contenait un service complet de table et toutes les ressources d'une cave bien montée, en vérité nous ne les plaignons pas.

Les princes et madame la duchesse d'Orléans arrivés dans leur tribune, après avoir traversé, dans toute leur longueur, avec leur cortége, les magnifiques écuries de Condé, où près de trois cents chevaux étaient en ce moment réunis, la cloche a tout aussitôt sonné pour les courses.

Le soir, à huit heures et demie, en face du château tout illuminé en verres de couleur, et projetant au loin sur les eaux les lignes élégantes de sa façade, tandis que la vieille chapelle dessinait ses ogives étincelantes sur un horizon de verdure, a été tiré un feu d'artifice superbe, capricieuse et insaisissable frivolité que nous ne chercherons point à décrire, plaisir fugitif qui surprend, étonne, éblouit, mais dont il ne reste rien qu'un nuage plus ou moins épais de fumée : et la dernière fusée n'avait pas encore tracé, au haut des airs, son ascension rapide comme la foudre, pour retomber en gerbes d'azur, que l'orchestre a donné le signal du bal, disposé cette fois dans la grande galerie.

Cette dernière réunion, offerte comme adieu à toute cette société charmante prête à se disperser le lendemain, a été,

dit-on, la plus brillante et la plus belle. Cela devait être,
chacun éprouvant le désir de témoigner à Leurs Altesses
combien on avait été sensible à cette hospitalité gracieuse
s'étudiant, pendant quatre grandes journées, à varier les plaisirs des invités... Quant à nous, qu'avait accueilli sous son
toit splendide, abondamment pourvu de toutes les ressources
du *comfort*, un maître de maison non moins aimable, nous
sommes retourné à Mont-l'Évêque, émerveillé, satisfait, heureux; ayant pris amplement notre part dans toute cette joie
naïve et sans mélange : et le mardi matin, notre chasse aux
blaireaux étant indéfiniment ajournée par suite d'un coup de
dents fort mal à propos donné à *Rufus*, l'un de nos meilleurs
chiens, nous faisions route vers la capitale, tout prêt, en arrivant à Paris, à mettre au net nos notes un peu confuses, et à
donner, à ceux de nos lecteurs qui n'ont point assisté à ces
fêtes, ce compte rendu, peut-être un peu long, mais à coup
sûr encore incomplet.

UNE CHASSE AUX BLAIREAUX

A MONT-L'ÉVÊQUE

> Holà! *Rose!* tiens bon, *Rufus!*
> Hardi! *Cribb, Merimann, Vénus!*
> Montrez le chemin à *Bora!*
> Le drôle avant peu vous vandra...

C'est ainsi que de bruyantes fanfares préludaient avant le jour, le 21 novembre 1840, au départ de joyeux chasseurs. A voir organiser aux flambeaux, sous les fenêtres en ogives du gothique manoir, tous les bizarres apprêts de cette expédition nocturne, à coup sûr il eût été difficile, à moins d'être d'avance initié au secret, de deviner dans quel but et contre quel ennemi ces mêmes apprêts étaient dirigés.

Douze hommes, douze ouvriers terrassiers, armés de leurs instruments de travail, celui-ci la pioche à la main, celui-là la bêche sur l'épaule, attendent impatiemment dans la cour du château que l'on donne le signal de la marche; en face de la grille de sortie stationne tout attelée une charrette telle que l'a décrite du Fouilloux, véritable fourgon de campagne, qui renferme une tente en cas de pluie, une foule d'outils indispensables, et plusieurs paniers de provisions, où n'ont été oubliés ni les vins généreux, ni les *productions de l'art de gueule,* si bien recommandées par les maîtres. Six petits chiens nerveux et trapus, à poil ras, l'oreille courte, l'œil vif, la dent bonne, composent toute la meute qui circule libre, sans couples ni piqueur; enfin trois ou quatre gaillards dans un costume de fantaisie plus ou moins pittoresque, l'un vêtu d'une pelisse de fourrures, l'autre d'une peau de bique comme un véritable chevrier des Alpes, tous coiffés de la cape du veneur et chaussés de fortes bottes à l'écuyère, se dessinent à l'arrière-garde de la troupe qui se met en route aux premières lueurs de l'aurore.

Le rendez-vous de chasse est au bois *l'Empereur,* vaste taillis d'une centaine d'arpents, situé à mi-côte, à une lieue environ de Mont-l'Évêque. Le convoi tout entier s'y achemine gaiement, au refrain des mâles accents que répètent en chœur les échos de la vieille tour de Montépiloy et de sa solitaire vallée; car cette fois il ne s'agit point d'arriver à bas bruit pour attaquer un cerf savamment détourné et dont le valet de limiers est venu faire rapport à l'assemblée. On ne craint point que l'animal vide l'enceinte, et parte d'effroi, prévenu maladroitement par le vacarme indiscret des chasseurs. Au contraire, plus ils annonceront au loin leur présence, plus il y aura pour eux chance de *prise*.

> Sur la bruyère,
> Sous la fougère,
> Le nez au vent.
> Le renard tient souvent.

dit la fanfare ; or si le sournois se terre, effrayé par l'approche de toute cette bande joyeuse, malheur à l'imprudent ! c'est en vain qu'il espère aujourd'hui trouver un asile au fond de ses retraites souterraines ; mieux eût valu pour lui se fier aux fourrés du taillis, ou bien à la souplesse de son jarret, que de s'engager comme un poltron sous ces voûtes tortueuses. L'ennemi vient mettre le siége devant la place, la tranchée va s'ouvrir, et malgré l'épaisseur de ses retranchements, la profondeur de ses sombres galeries, il faudra bien, tôt ou tard, que la garnison se rende morte ou vive.

Cependant on est arrivé aux terriers : placé sur un plan presque horizontal, le terrain est plat et semble assez favorable ; c'est au bord du bois, dans une portion clair-semée du taillis, sur un fond de sable meuble qui ne doit pas, en apparence, offrir une très-grande résistance : çà et là des voies encore récentes, des traces qu'on ne peut méconnaître, trahissent au bord des gueules la présence d'habitants nombreux.

La troupe fait halte : on attache *Rose*, *Cribb*, *Mérimann*, *Boxa*, *Vénus*... et un seul des six chiens, l'intrépide et vaillant *Rufus*, est lâché en éclaireur dans ce labyrinthe béant, tandis qu'à chaque issue un chasseur, l'oreille collée contre terre et la tête enfoncée dans le trou, consulte avec anxiété le moindre bruit que lui apporte le vide. Silence maintenant ! que personne ne bouge, que chacun se taise et retienne son souffle dans sa poitrine. Voilà le mineur parti, c'est lui qui va dire par un seul cri d'alarme si la citadelle est occupée, et de quel côté s'est casematé l'ennemi

Plus de doute ! le chien s'est récrié ! Bravo ! *Rufus*. Après ! mon chien. L'entendez-vous, cet aboi sourd que vous distinguez au loin, ce grognement confus qui sort des entrailles de l'abîme ? Eh bien ! c'est le signal du combat, c'est le cri de guerre de *Rufus*. Habits bas, travailleurs ! et maintenant bon espoir et courage, *Rufus* a jeté son *qui vive* et *Rufus* n'a jamais menti.

Il était neuf heures environ : on dételle les chevaux de la voiture ; les provisions sont déballées, ainsi que les instruments de guerre nécessaires au siége ; une tente est dressée près des terriers, un bivouac véritable aussitôt formé autour d'un grand feu qu'on allume ; et à neuf heures et demie précises, *Rufus* toujours sous terre, pendant que ses camarades, attachés séparément, attendent impatiemment que ce soit leur tour de tranchée, le premier coup de pioche est donné juste au-dessus de l'endroit où M. Célestin de Pontalba, le grand ordonnateur des travaux, présume, aux cris du chien, devoir se trouver l'animal, encore inconnu, auquel ce dernier fait tête. Est-ce un blaireau ? est-ce un renard ? Telle est la question que chacun s'adresse et à laquelle personne ne peut répondre avec certitude.

Pour pouvoir baser à cet égard une opinion qui ait quelque fondement, il faut attendre que le premier combattant, épuisé par les fatigues de la lutte, se décide à sortir du terrier et à céder à un autre champion l'honneur d'une attaque, qu'à

peine reposé, vous le verrez réclamer avec une ardeur nouvelle. Quelque inégal que soit le combat, sous ces sables mou-
vants, qui s'éboulent et menacent à chaque instant d'aveugler
le chien, attaquant bravement gueule en gueule un adversaire toujours supérieur en force s'il ne l'est pas en courage,
il est impossible de décider la victoire en essayant d'envoyer
du renfort au secours du parti le plus faible. Pour lâcher un
chien, il faut attendre que l'autre revienne : en pareille circonstance, la moindre précipitation pourrait avoir les suites
les plus funestes : car, telle est l'animosité des *terriers*, qu'une
fois engagés dans ces repaires ténébreux où ils se précipitent
avec un acharnement sans égal, s'ils venaient par malheur à
se rencontrer deux dans la même *fusée*, ils engageraient ensemble une lutte sanglante qui ne finirait qu'avec la vie de
l'un d'eux.

Mais voici *Rufus !* Il est resté trois quarts d'heure absent ;
et, comme un guerrier qui veut reprendre du champ, les
yeux aveuglés par le sable, les naseaux couverts de sang et
d'écume, il vient un instant respirer à l'entrée d'une des
gueules. On le saisit, on lui bassine d'eau fraîche ses lèvres
déchirées, ses paupières pleines de terre et de grès ; et comme
il ne faut point laisser de trève à l'ennemi, à l'instant même
on détache *Rose*, qui s'étrangle au pied d'un arbre voisin,
Rose, la chienne par excellence, et qui d'un bond disparaît
à son tour en jappant dans les profondeurs de l'abîme.

Pendant que les chiens s'escriment ainsi à l'envi, les
douze ouvriers, qui se relayent tour à tour, les secondent par
d'importants travaux. Déjà plus de deux mètres cubes du sol
ont disparu sous leurs efforts communs : la tranchée avance
à vue d'œil, on a traversé quatre couches de terre, dont les

différentes nuances se dessinent sur les arètes à vif entamées par la pelle et la pioche ; mais à la dernière couche, après la terre végétale, au-dessous du tuf et d'un sable fin, se rencontre tout à coup un banc de pierres calcaires ; et l'ardeur de chacun, à la vue de cet obstacle inattendu, courrait grand risque de se trouver ralentie, si un coup vigoureux, appliqué par une main plus adroite et plus ferme, ne venait à propos triompher de cette difficulté passagère. C'en est fait : la voûte est défoncée ; une odeur traîtresse s'échappe aussitôt en miasmes fétides, à travers cette excavation nouvelle, et flatte agréablement l'odorat de nos chasseurs, dont elle confirme les espérances.

On se penche, on écoute, on interroge le soupirail entr'ouvert : malheur ! l'animal, près d'être surpris, a fui sans doute dans un autre *accul* du terrier, car *Rose* revient à son tour, défigurée, méconnaissable, sanglante, et *Cribb*, qui l'a remplacée, aboie dans une direction opposée. Il n'y a point à balancer, il faut abandonner la tranchée qu'on vient d'ouvrir, enlever là-bas ces brins de taillis, et tenter à leur pied une nouvelle fouille... On se remet à la besogne avec zèle, et la terre s'amoncelle une seconde fois, tandis qu'à côté se creuse une vaste fosse, qui sans doute sera la tombe du fugitif.

C'est ainsi que d'émotions en émotions, l'esprit du spectateur toujours tendu par un intérêt qui ne fait que s'accroître, une partie de la matinée se passe, sans que ni chiens, ni hommes, ni animaux, en un mot, ni assiégeants, ni assiégés, puissent prendre un seul instant de repos. *Cribb* a donné ; *Mérimann* est parti à son tour ; puis *Vénus* lui a succédé. Il n'y a que *Boxa* qui se soit contenté de japper de loin, mettant sa prudence de six mois sous la sauvegarde de ses téméraires aînés, quand, au moment où l'on s'y attend le moins, *Cribb*, qui était rentré, sort à reculons par l'un des trous de la première tranchée. Il n'aboie plus... il ne combat plus... seulement il traîne avec effort une masse informe... M. de Pontalba croit tenir un animal vivant, il le tire... on apprête le sac destiné à recevoir le captif... C'est le cadavre horriblement mutilé d'un renard énorme, que les chiens sont parvenus à étrangler sous terre.

Il était midi lors de cette première prise. Une demi-heure est accordée à un déjeuner frugal servi sans façon sur l'herbe, et auquel cependant chacun fait honneur, dans l'ivresse d'un si noble triomphe. A midi et demi, les travaux sont repris et poussés avec une activité nouvelle. A quatre heures, deux magnifiques blaireaux mâles, successivement chassés, *d'accul en accul*, au milieu de ce terrier entièrement défoncé, sont la récompense de notre persévérance et de notre zèle; mais aussi, quels travaux bien dirigés! et surtout quelle race merveilleuse de chiens !

J'ai assisté à plusieurs prises de blaireaux en Normandie, entre autres, entre Tôtes et Dieppe, dans les pentes boisées de la petite vallée d'Arques : connaissant combien la dent de ces animaux est mauvaise, j'en avais une certaine appréhension comme le vulgaire, et je trouvais fort bien vues toutes les précautions dont on s'entoure en pareil cas. La fourchette en fer dont se servent quelques gardes, pour les prendre d'abord au cou et les museler ensuite plus facilement, l'espèce de gaffe ou de harpon que d'autres leur présentent à mordre, afin de les accrocher par la mâchoire, ne me paraissaient point des mesures inutiles. Depuis que j'ai regardé M. de Pontalba opérer, que je l'ai vu prendre tranquillement son blaireau à la main, et que sur cette seule leçon, je suis, quelques minutes après, parvenu à en faire autant que lui, j'avoue que tous ces moyens m'ont paru superflus, et que la difficulté d'une capture, dont on se fait à tort un épouvantail, a beaucoup diminué à mes yeux. Il ne faut dans ce moment critique que deux choses indispensables, de l'adresse et du sang-froid; et à deux personnes s'entendant bien, même à soi tout seul, si l'on a le bras fort et le poignet vigoureux, rien n'est plus aisé que de sortir du terrier tous les blaireaux du monde.

Au moment où l'animal, acculé au milieu de ses retranchements de tous côtés à ciel ouvert, n'est plus qu'à un demi-pied des chiens, faisant voler derrière lui le sable qu'il creuse de ses ongles, comme ferait le plus infatigable mineur, le chasseur, qui veut avoir l'honneur de la prise, descend dans la tranchée et s'avance en face du trou, dernier refuge de l'ennemi. Là, soit avec un bâton, soit avec un instrument de fer, il commence par déblayer le blaireau à moitié enseveli sous terre, de manière à bien constater de quel côté il se présente, si c'est en face ou par derrière. Si c'est en face, cas exceptionnel et rare, il attend prudemment et patiemment qu'il se retourne, ce qu'il ne tarde point à faire, l'espoir de se frayer une issue ne l'abandonnant jamais; si au contraire il est bien placé, c'est-à-dire s'il tourne le dos aux travailleurs, ce point important une fois constaté, le chasseur cherche à dégager la queue, qui est courte mais solide. Ce travail fait, il l'empoigne hardiment le plus près possible de sa naissance, et employant alors toute sa force, il tire à lui l'animal, qui, les deux pattes écartées au fond du terrier où il cherche à se cramponner, offre quelque temps une résistance assez vive.

Enfin le blaireau cède; le chasseur l'enlève à bras tendu, de manière à l'écarter de ses jambes ; et tandis qu'une personne, placée à sa droite, le soulage de la moitié de ce poids en lui soutenant aussitôt le poignet, un troisième spectateur présente sous la tête de l'animal l'orifice d'un vaste sac en toile, dans lequel on ne le laisse tomber que quand les pattes de derrière sont passées.

Voilà tout le secret de cette prise, dont la plupart des gardes, à plus forte raison des amateurs, font à tort une affaire d'état. Le blaireau n'ayant point les reins assez souples pour se retourner une fois la tête en bas, il n'y a nul danger à le tenir ainsi suspendu, pourvu qu'on l'isole avec soin de toute espèce de point d'appui. Il ne s'agit que d'avoir le poignet assez fort pour supporter quelques secondes, *à bras tendu*, un poids qui varie de vingt-cinq à trente livres. Pour quelques chasseurs privilégiés, même sans secours étranger, ce n'est point là un tour de force impossible. Cependant, par mesure de prudence, je conseillerais toujours à la plupart l'assistance d'une main auxiliaire. A moins qu'à peine l'animal en l'air, le sac ne se trouve ouvert sous lui à point nommé, le bras, quelque nerveux qu'il soit, se fatigue vite, et le moindre inconvénient qui peut en résulter alors pour le porteur est de laisser retomber le blaireau dans la tranchée, entre les jambes de ses voisins justement effrayés, qui comprennent alors tout l'avantage des bottes fortes.

Les véritables héros de ces expéditions laborieuses, auxquelles il faut quelquefois renoncer, tant elles exigent de peines et de travaux, ce sont les chiens terriers qu'on y emploie. C'est à eux, c'est à ces rudes athlètes, livrant un perpétuel assaut à l'ennemi puissant, qu'ils tiennent constamment en haleine, que revient l'honneur d'une journée dont l'homme, cet égoïste ingrat, s'attribue le principal mérite. Ma connaissance avec les chiens de M. de Pontalba, race excellente dont j'ai souvent entretenu mes lecteurs, date du mois de mai dernier, époque à laquelle, me trouvant au château de Mont-l'Évêque, je les vis, sans être à même d'apprécier par moi-même une réputation bien connue dans Senlis. Cette fois j'en puis parler savamment, ayant été témoin de leur courage; et je déclare hautement non-seulement qu'il n'existe pas sur le continent d'aussi bons terriers, mais qu'on aurait beaucoup de peine en Angleterre, le véritable pays des chiens de cette espèce, pour en trouver de meilleurs et de mieux exercés. Du reste, ils en viennent en droite ligne, en ayant été ramenés, pour la plupart, avec leurs certificats de naissance. *Rufus*, le plus vieux et le plus intelligent des six, *Rose*, la plus intrépide, d'une bravoure poussée jusqu'à la témérité, l'un de ces chiens trop bons, en un mot, auxquels tôt ou tard est réservée une mort glorieuse, sont tricolores tous deux, et déjà couverts de nobles cicatrices. *Cribb*, *Vénus* et *Mérimann* sont blancs, *Vénus*, un peu forte peut-être pour couler facilement aux terriers dont l'entrée se trouve trop étroite[1]. Quant à *Boxa*, né dans les écuries

[1] Pour obvier à cet obstacle, qui se présente assez souvent, et élargir au besoin l'ouverture obstruée d'un terrier, M. de Pontalba a imaginé un instrument en fer fort commode, dont je recommande l'usage aux amateurs. C'est une espèce de godet conique, de la grosseur d'un pot à fleur ordinaire, emmanché au bout d'une perche d'un mètre et demi de longueur environ. Cet ustensile, qui figure au premier plan de la gravure fort exacte qui se trouve en tête de ce chapitre, et ressemble assez, quant à la forme, aux grands éteignoirs dont on se sert dans les cathédrales pour éteindre le *cierge pascal*, est très-utile pour creuser les parois intérieures du terrier, et en dégager les terres, lorsqu'un

de Mont-l'Évêque au mois de juin dernier, et qui sera précieux par sa petitesse, si favorable dans certains passages étranglés, il est entièrement noir et feu, et dénote déjà par sa hardiesse tout ce qu'on peut attendre de lui. Je l'ai vu l'autre jour, grattant la terre derrière les talons d'un blaireau acculé, essayer déjà sur cette épaisse fourrure quelques coups de dents inoffensifs ; et pour peu qu'une éducation soignée[1] développe désormais en lui un instinct qu'il tient de famille, dès aujourd'hui je me fais son garant : *Boxa* ne démentira point son illustre généalogie. Tout ce que je souhaiterais aux amateurs de cette chasse amusante et curieuse, ce serait d'avoir pour auxiliaires quelques chiens de cette précieuse espèce. Je suis convaincu qu'ils assisteraient alors à un spectacle dont les chiens terriers employés sous leurs yeux n'ont pu leur donner qu'une idée imparfaite, et prendraient un intérêt, tout nouveau pour eux, à l'une des chasses pour lesquelles, sans être le moins du monde anglomane, je comprends parfaitement toutefois la passion toute spéciale de *John Bull.*

éboulement ayant lieu, on peut craindre que le chien, privé d'air, n'étouffe.

[1] Cette éducation est facile. Le principal, c'est de la graduer de manière à ne jamais laisser subir au jeune élève une lutte au-dessus de ses forces. La strangulation des souris et des rats, voilà le point de départ de l'écolier ; puis il passera successivement par tous les degrés de la science, — le chat, — le putois, — la fouine, — sans oublier quelques examens préparatoires entre chiens de même âge, examens où l'on aura toujours soin, dût-on lui venir en aide au besoin, si par hasard la lutte tournait mal, que le débutant remporte l'avantage, jusqu'au jour solennel où on le jugera capable de soutenir dignement sa thèse en public, contre messieurs les renards et les blaireaux, ces docteurs en Sorbonne, au manteau doublé de fourrures.

LES VENEURS ET LES SPORTSMEN

Au mois de septembre 185..., le *New-Monthly Magazine*, revue dont l'opinion a d'autant plus de portée qu'elle occupe un rang très-honorable parmi les recueils périodiques de l'Angleterre, a publié sous ce titre : *les Sportsmen français*, un article fort long et fort diffus, attribué à la plume d'un célèbre amateur indigène, M. Apperlee; article auquel, à coup sûr, nous ne prendrions même pas la peine de répondre, tant il nous a paru dicté d'un bout à l'autre par un esprit de na-tionalité ridicule, si notre spécialité ne nous faisait un devoir, pour l'honneur de nos confrères en saint Hubert désormais gravement compromis, de relever une à une les facétieuses boutades que leur a lancées à l'improviste, sans même leur dire gare, un honnête feuilletonniste *pur sang*, traversant tout exprès la Manche pour égayer à nos dépens l'aristocratique *fashion* de Londres.

Certes, il faut en convenir tout d'abord, pour un observateur qui se pique, ainsi que le dit le judicieux *gentleman*, de ne juger les autres que par ses propres yeux, à part une ou deux réflexions assez vraies, mais que nous savions déjà par cœur avant lui (en quarante pages de critiques, ce n'est pas de trop, je crois, de tomber une fois juste), il est impossible de tracer un aperçu plus aveuglément partial sur tout ce qui constitue, en France, nos habitudes de chasse ; et si nous éprouvons un sincère regret, c'est de ne pouvoir transcrire ici, mot pour mot, l'article entier du *New-Monthly Magazine*, beaucoup trop étendu pour les sages limites de cette réfutation, laissant le soin à l'expérience et au bon sens de nos lecteurs de relever une à une et par eux-mêmes, l'ingénieuse satire sous les yeux, toutes les préventions injustes dont elle fourmille.

« Les préjugés nationaux ont un tel empire, commence par dire M. Apperlee, et nous autres Anglais nous en sommes si particulièrement imbus (on croirait, à ce début, avoir affaire à un juge consciencieux), que nous ne saurions nous figurer un *Sportsman* au delà de l'étendue des trois royaumes. *Le sportsman français, en particulier, nous paraît un être purement fantastique, une fiction, un mythe, une idéalité tout à fait incompréhensible.* Avons-nous tort ou raison de nous croire si fort au-dessus des autres peuples, en ce qui concerne du moins l'organisation de nos plaisirs aristocratiques? C'est ce que je n'entreprendrai pas de décider aujourd'hui : je me demanderai seulement si l'on trouve sur le continent beaucoup de gens qui puissent se reconnaître dans le portrait suivant..., etc. »

Et là-dessus, voilà notre *gentleman*, dont l'imagination galope aussitôt, qui, sous le coup de ces mêmes préjugés nationaux desquels il a paru se méfier en débutant, se met à nous esquisser, avec un amour-propre et une complaisance tout à fait comiques, ce qu'il appelle le portrait du vrai *sportsman*, son compatriote.

« Le *sportsman* anglais a dans son chenil une meute pour courir le renard, s'écrie-t-il avec enthousiasme : un ordre aussi sévère, aussi bien entendu que celui qui règne dans une maison de commerce, préside à l'entretien de ce petit établissement. La discipline y est aussi rigoureusement observée que dans un corps militaire. Passez du chenil aux écuries, et vos yeux y seront caressés par un spectacle bien rare partout ailleurs que chez nous : *quarante* chevaux aux formes élégantes, d'une généalogie incontestable, dressés avec la plus extrême perfection et en aussi bon état que les soins de l'homme puissent les mettre. »

Jusqu'à présent, même sans faire la part de l'exagération complaisante du peintre, qu'y a-t-il là, mon maître, je vous prie, qui vaille la peine d'être cité comme trait caractéristique de la supériorité de votre *sportsman* sur le nôtre?

Il a dans son chenil, dites-vous, une meute spéciale pour le renard, et dans son écurie *quarante* chevaux de luxe, spectacle bien rare partout ailleurs qu'en Angleterre.

Vous avez raison, monsieur : nous autres Français, tout

gentilshommes et tout grands seigneurs que nous sommes, nous ne donnons point, comme des niais, dans ces prodigalités vaniteuses, que vous me permettrez d'appeler par leur nom, c'est-à-dire de véritables folies. Non, il est vrai, tout bon *sportsman*, chez nous, et, Dieu merci, nous en comptons d'assez forts pour rivaliser sans peine même avec lord Segrave, votre dieu, n'a point dans son chenil une meute spéciale pour le renard, ni dans son écurie *quarante* chevaux, c'est-à-dire toute une remonte de cavalerie : la chasse du renard, ce *sport* aristocratique et populaire à la fois, dont vous faites, vous, vos plus chères délices, important à grands frais, des terriers du Hainault et du Brabant, la plupart de ces animaux après lesquels on voit chaque année, au risque de se rompre le cou, se précipiter, comme une bande d'étourneaux, la meilleure noblesse des trois-royaumes; la chasse du renard, dis-je, n'est, à franchement parler, pour notre veneur, à nous, qu'une partie sans intérêt, une misérable distraction futile qu'il prendra de temps à autre, faute de mieux, mais moins pour s'en vanter que pour se tenir, lui et les siens, en haleine.

Laissant le soin de châtier un maraudeur insolent, soit à ses fermiers ou à ses gardes, défenseurs naturels, les uns de leur basse-cour dépeuplée, les autres de leur garenne, on ne le verra point, à jour fixe, se réunir à ses confrères de la plaine, *entourés de ses limiers revêtus de casaques de drap*, prétentieusement empourpré lui-même sous un costume écarlate de Cent-Suisses, le tout pour admirer la peau satinée de ses chiens, et se lancer ensuite à corps perdu, en dépit des difficultés du terrain, aux trousses d'un pauvre hère étranger au sol, qu'une demi-heure auparavant un pi-

queur a pris soin de lâcher de son sac : non, encore une
fois, non sans doute.

Avide de plus nobles exploits, notre veneur ne donne point
dans de pareils travers, et il regarderait comme fort peu digne
de lui de prendre sérieusement un rôle dans ces comédies
pour lesquelles votre fanatisme, à vous, ne connaît point de
bornes; il ne tient pas le moins du monde, j'en conviens à
sa honte, à franchir comme vous, avec plus ou moins d'a-
dresse, le premier fossé ou la première haie qu'il rencontre;
à déployer, enfin, là où il s'agit de science en vénerie, une
science hippique qui en fasse un écuyer à tous crins : initié
de bonne heure aux préceptes des d'Yauville, des Salnove, des
le Verrier de la Conterie, ces illustres maîtres en fait d'art
cynégétique sur les leçons savantes desquels il a pâli avant
de pratiquer lui-même, fidèle aux règles posées par eux,
règles si judicieuses et si sages, qu'elles ont fait de la chasse
à courre française la première école du monde; il ne compte,
la plupart du temps, à part certaines exceptions aristocratiques dont le luxe princier n'a, sous ce rapport, rien à envier
au vôtre, feu S. A. R. le duc d'Orléans, par exemple, M. le
prince de Wagram, M. de Mac-Mahon, MM. de Greffulhe et de
Coylin, naguère encore l'honorable M. le baron Schikler; il
ne compte, dis-je, la plupart du temps, qu'un ou deux chevaux de chasse dans son écurie, et qu'une meute à toutes
fins dans son chenil. Mais quels chevaux! vive Dieu! quelle
meute! A la bonne heure! voilà une troupe qui sait son
métier! voilà des chiens! voilà des serviteurs dignes du
maître. Voilà, quel que soit votre savoir-faire, qui vous en
remontrera, bêtes et gens, mes nobles fils d'Albion! Mais non
pas, encore une fois, dans une chasse au renard, dans cette

parodie bouffonne du plus noble plaisir, où vous excellez, j'en conviens, intrépides jouteurs que vous faites, dès qu'il ne s'agit que de se ruer en plaine, souvent au nombre de plus de trois cents écervelés, à la poursuite d'un pauvre animal dépaysé, qui, ne connaissant même pas le terrain, n'a plus pour ressource que la rapidité de sa fuite...; mais dans tout laisser-courre en forêt, qui vaille un peu la peine d'intéresser un amateur véritable ; dans toute occasion où l'adversaire qui se défend soit en état de disputer la victoire à l'adversaire loyal qui attaque : aujourd'hui, dans une chasse au loup, ce parasite affamé que, vous autres poltrons, vous avez banni de votre île ; demain, dans une chasse au sanglier, cet ennemi redoutable et brutal qui a les défenses un peu rudes pour la robe soyeuse de vos *fox hounds ;* un autre jour, enfin, dans une chasse au cerf, ce noble roi de nos forêts que notre *sportsman* à nous ne parvient pas toujours à vaincre, même après quatre heures d'une lutte acharnée, où, de part et d'autre se déploient toutes les ressources stratégiques de la plus admirable tactique ; et que le vôtre, se prélassant, comme le meunier de la fable, *sur le dos d'un poney dont les dociles habitudes, dites-vous, se prêtent complaisamment à toutes les nécessités du tir, n'a pas honte d'assassiner, sous une balle rarement perdue, au milieu de ses landes solitaires.*

— Mais poursuivons, nous ne sommes pas encore au bout.

« *Si le sportsman du continent a des équipages de chasse,* continue notre spirituel professeur de *sport, il s'applique principalement à les étaler à grand bruit : sans vestes galonnées, sans chapeaux à cocarde, sans musique surtout* (comment trouvez-vous le mot musique?), *le meil-*

leur courre d'une saison serait ignominieusement sifflé par les spectateurs. »

Ah! cette fois, halte-là, je vous prie, mon honorable : vous n'êtes plus dans le vrai comme vous y étiez au moins tout à l'heure, en nous retraçant ce spectacle bien rare partout ailleurs que chez vous, de *quarante chevaux* dans la même écurie.

S'il y a dans l'esprit de la nation française un certain fond de vanité puérile (eh! qui n'a point la sienne, bon Dieu?) qui nous porte assez souvent à faire plus de bruit que de besogne, excepté toutefois en présence de l'ennemi, assurément ce n'est point à notre veneur que peut s'appliquer le reproche de forfanterie dont vous semblez l'accuser ici. C'est bien plutôt chez vous, au milieu de vos courses au clocher, de vos *steeple-races*, dont, au surplus, pour votre propre compte, vous avez le bon goût de n'être point partisan, que se retrouve le *Beaucoup de bruit pour rien*, ce titre spirituel de l'une des pièces de Shakspeare, votre poëte : et je ne vois pas, en vérité, en quoi vous offusquent les vestes galonnées et les chapeaux à cocarde de nos piqueurs ; ce que vous trouvez de ridicule, enfin, dans ce brillant personnel en uniforme, vous qui, peu de lignes avant, citiez avec orgueil les gardes-chasse de votre *sportsman*, *sa meute humaine* et les quinze domestiques à *livrée verte* qui battent l'estrade, sous la direction d'un de vos amateurs les plus distingués.

« Un contraste assez divertissant, dites-vous, c'est celui qui existerait entre M. Gorsey, chef des meutes du Belvoir, avec sa veste rouge flétrie, ses culottes de daim bleuies jusqu'au ventre par la sueur du cheval, ses bottes à revers bruns, rayées par les ronces ; et l'habit galonné, le chapeau à cocarde également galonné, les bottes fortes parfaitement vernies qui décorent le piqueur du prince de Wagram, ou de tout autre noble maître d'équipage. »

Oui, à coup sûr, le contraste serait plaisant et risible : mais il reste à savoir, en pareil cas, de quel côté se rangeraient les rieurs.

Hélas! hélas! mon cher M. Apperlee, permettez-moi de vous le dire naïvement et du fond de l'âme, vous avez beau avoir chassé *avec les petits princes allemands, avec un comte du saint-empire;* vous avez beau avoir couru le cerf à Chantilly en compagnie de S. A. R. le duc d'Orléans et du prince de Wagram, assez bons professeurs l'un et l'autre pour se passer de leçons; vous avez beau rendre justice, en galant homme, à la mémoire de feu le duc de Bourbon, cet admirable veneur auquel vous daignez faire l'honneur de ne point contester son mérite, vous humiliant vous-même devant l'incroyable magnificence de ses équipages de Chantilly, qui ne contenaient pas moins, comme vous le dites fort bien, de deux cent dix couples de chiens (soixante-dix couples pour cerf, quatre-vingts couples pour sanglier, soixante pour chevreuil; le tout secondé par cent vingt piqueurs, et plus de cent cinquante chevaux de selle ou de carrosse). Eh bien! malgré toute l'expérience que vous auriez dû acquérir à parcourir ainsi le monde en aussi bonne compagnie, je vous accorde tant que vous voudrez, mon maître, le talent d'un merveilleux écuyer, je vous tiens même pour le plus intrépide *gentleman-rider* qui ait franchi sans sourciller le ruisseau de *Vissendone,* ce *nec-plus-ultrà,* ces colonnes d'Hercule de la science, un digne rival enfin, c'est beaucoup dire, de M. de Normandie, cet aimable cavalier que vous citez et avec lequel

nous avons eu le plaisir de nous rencontrer souvent nous-
même; mais je suis convaincu, et je soutiendrai à qui voudra
l'entendre, basant du reste mon jugement ni plus ni moins
que sur vos propres assertions, que vous n'avez jamais compris la chasse à courre, et que vous êtes, je vais plus loin,
d'une ignorance complète en vénerie.

Sous le pseudonyme de *Vagrant*, un M. Burke, votre compatriote, *sportsman* très-connu dont vous émettez l'opinion à
l'appui de la vôtre, a inséré, dans un journal de chasse anglais, la relation d'un laisser-courre dans la forêt de Sénart,
où il fait, entre autres, les réflexions suivantes :

« *Nos voisins ont eu le bon sens de nous imiter en presque
tout ce qui concerne les chevaux et la sellerie. Je ne sais pas
pourquoi ils ont tenu à leurs usages pour tout ce qui tient à
la chasse à courre.* Dans un pays et à une époque de boule-
versements universels, à côté des dynasties croulantes et des
doctrines sociales chaque jour ébranlées, la cynégétique elle
seule a gardé ses anciennes formules, ses mœurs, ses costumes, tels qu'ils existaient au temps de Louis XIV, lorsque
Molière les *ridiculisa si admirablement dans sa comédie
des* Fâcheux. »

Voilà d'abord un point sur lequel nous ne tomberons jamais
d'accord, *Vagrant* et moi, et il ne nous paraît pas avoir
mieux saisi l'esprit de Molière que la plupart de nos traduc-
teurs ne comprennent celui de Shakspeare.

Où diable va-t-il s'imaginer que notre immortel comédien,
auquel toute cette charmante scène, si technique et si vraie,
fut soufflée mot à mot, comme chacun sait, par M. le marquis
de Soyecourt lui-même, le portrait original de Dorante, ait
voulu *ridiculiser* les formules, les mœurs et les costumes de

la cynégétique, tels qu'ils existaient de son temps? Ce ne fut point là son but, assurément : on n'ignore pas le fait qui donna lieu à ce récit animé et piquant. Le 16 août 1661, le soir même de la représentation de la pièce des *Fâcheux*, écrite, montée et jouée, dit-on, en quinze jours, Louis XIV, qu'elle avait beaucoup amusé, rencontra l'auteur dans une des galeries du château de Vaux où la fête s'était passée, et il lui dit, en lui montrant le marquis de Soyecourt, le plus intrépide chasseur d'alors : *Molière, ta comédie m'a plu; mais voici un grand original que tu n'as pas encore copié.* Le lendemain, la scène de Dorante était ajoutée à la pièce, sur les propres indications du marquis, dictant complaisamment au poëte chaque terme spécial de vénerie, et jouée le 27 du même mois à Fontainebleau, où la seconde représentation eut encore plus de succès que la première. Voilà le fait tel qu'il se trouve consigné dans les annales de l'époque : or, comment supposer que Molière, qui était bon courtisan, ait eu sérieusement l'intention de tourner en dérision des *mœurs*, des *formules*, des *costumes*, exactement suivis par le grand Roi lui-même? Le comique de la scène est dans la situation d'Éraste assailli de récits importuns, mais ne consiste pas dans le personnage de Dorante; et s'il y a quelque chose de ridicule dans la description pleine de verve de ce dernier, ce n'est point évidemment la chasse qu'il raconte, mais bien le portrait des deux fâcheux qui viennent, comme cela se voit trop souvent, se jeter à travers la partie :

> Nous avions comme il faut séparé nos relais,
> Et déjeunions en hâte avec quelques œufs frais,
> Lorsqu'*un franc campagnard avec longue rapière,*
> *Montant superbement sa jument poulinière,*

> *Qu'il honorait du nom de sa bonne jument,*
> *S'en est venu nous faire un mauvais compliment,*
> *Nous présentant aussi, pour surcroît de colère,*
> *Un grand benêt de fils, aussi sot que son père.*
> *Il s'est dit grand chasseur, et nous a priés tous*
> *Qu'il pût avoir le bien de courir avec nous.*
> *Dieu préserve, en chassant, toute sage personne,*
> *D'un porteur de huchet qui mal à propos sonne!*
> *De ces gens, qui, suivis de dix hourets galeux,*
> *Disent : Ma meute, et font les chasseurs merveilleux!*

Il est clair, à n'en pas douter, que c'est là le coin du tableau où porte la caricature, et maître *Vagrant*, quoiqu'elle soit, j'espère, assez apparente, assez burlesque, a commencé par faire un véritable contre-sens, quand il a saisi autrement l'esprit de la satire du poëte.

Ceci une fois prouvé, et l'autorité de Molière lui-même, dont *Vagrant* se fait une arme contre nous, déclinée, il me reste à lui expliquer ce qu'il ne sait pas: comment notre bon sens, nous ayant fait imiter les Anglais *en presque tout ce qui concerne les chevaux et la sellerie*, nous sommes restés, au contraire, constamment stationnaires pour *tout ce qui a rapport à la chasse à courre*. Le problème n'est ni long ni difficile à résoudre. Mais cela tient justement à ce même bon sens que vous daignez reconnaître en nous ; mais c'est parce que, de tout temps, hommes de progrès, prêts à accueillir avec empressement la moindre amélioration utile, nous mettons, comme vous dites, de l'entêtement, de l'orgueil, à ne point bouger, à ne point faire un pas, lorsque ce pas, au lieu de nous porter en avant, ne doit être qu'un pas rétrograde.

Qu'est-ce en définitive que l'art du veneur, je vous prie? Est-ce un art mécanique tributaire de l'industrie ou du goût, et soumis comme celui du palefrenier ou du sellier aux capricieuses exigences de la mode? La vénerie, l'étude la plus noble sans contredit qui soit destinée à compléter l'éducation d'un gentilhomme, est une science exacte et certaine, fondée par l'expérience, non pas sur des données, sur des à peu près, mais sur des calculs mathématiquement vrais, dont il n'est pas possible de déranger un seul chiffre sans s'exposer à commettre des erreurs graves; et vouloir lui faire subir des métamorphoses, prétendre changer ses formules et ses errements, ne peut être que le projet d'un de ces réformateurs ignorants auxquels il est toujours plus commode d'innover que d'apprendre. Dans quel intérêt et dans quel but nous reprocher l'application des mêmes moyens, lorsque invariablement se présentent les mêmes circonstances? Depuis Jacques du Fouilloux, depuis Charles IX lui-même, le cerf, dont ces veneurs nous ont enseigné, les premiers, les différentes connaissances et les ruses, a-t-il fait le moindre progrès? N'oppose-t-il pas aux chiens aujourd'hui la même défense qu'il leur opposait jadis? D'un autre côté, ses allures ont-elles changé? ses fumées ne sont-elles pas comme toujours, suivant qu'il viande en telle ou telle saison, ou *formées*, ou en *plateaux*, ou en *troches?* Touche-t-il au bois plus tôt, entre-t-il en venaison ou en rut à une autre époque? Restons donc dans la même voie, puisque la voie tracée par nos pères, étant bonne, n'a pas besoin d'être modifiée : et sans tenir précisément, dans notre méthode de chasse à courre actuelle, à l'opinion de M. Apperlee, ainsi qu'à l'approbation flatteuse de son collègue, ce bon M. *Vagrant*, marchons toujours comme par le passé, dussent ces illustres maîtres nous donner encore quelques coups d'éperon et nous accuser de routine.

Le *Sport*, suivant la définition ingénieuse du comte Armand de Pontmartin, c'est le système, la règle, la méthode introduite dans certains passe-temps, certains exercices, les seuls dignes du *gentleman*. C'est, si nous en voulons croire ce spirituel causeur, la *quintessence du hameçon*, l'*orthodoxie du tir*, la *civilisation des grandes guides*, la *logique du chenil*, la *métaphysique de la quête*. Soit ; nous acceptons tout cela. Nous proclamons en conséquence M. Apperlee, ainsi que nous l'avons dit plus haut, non-seulement un excellent écuyer, mais le plus habile *sportsman* qui ait illustré nos voisins d'outre-Manche ; nous le tenons pour l'homme le plus fort à pêcher la truite argentée dans les eaux écumantes de la *Tweed*, à tirer un perdreau en plaine, à conduire un tilbury dans *Hyde-Park*, à bien habiller ses lévriers, enfin à porter convenablement une paire de guêtres, avantage tout particulier, et qui n'est pas donné au premier venu, tant s'en faut. Nous reconnaissons sans difficulté sa supériorité sur nous dans tous ces genres de talents qu'il possède au suprême degré, nous n'en faisons aucun doute ; mais, encore une fois, qu'il ne vienne pas en revanche nous contester le seul mérite et la seule gloire qui nous restent ; qu'il ne prétende pas nous démontrer ce que, sans vanité, nous savons beaucoup mieux que lui ; qu'il ne se pose pas surtout en veneur consommé, arrivant le premier à un hallali, et devinant, grâce au privilége d'un merveilleux instinct, tous les incidents de la chasse : car ici la vanité du célèbre *sportsman* nous paraît d'un ridicule d'autant plus achevé, qu'il n'y a qu'à le suivre pas à pas dans la description qu'il nous fait de sa promenade en forêt, pour lui prouver à quel point le maître est écolier, et le prétendu veneur, chasseur novice.

« L'année précédente, j'ai vu courir dans les bois de Chantilly la meute du prince de Wagram, dit-il. La journée eut pour résultat la mort d'un magnifique cerf; mais bien que *les choses fussent menées avec assez de soin, surtout pour des gens du continent*, peut-on dire que ce fût là un vrai *sport?* Je ne l'oserais, en vérité... Il y avait deux beaux *piqueux*, galonnés sur toutes les coutures et la cocarde au chapeau. »

— Tout uniforme qui ne consiste pas en un habit rouge offusque singulièrement M. Apperlee. —

« Plus, trois valets de pied en veste verte à collet rouge ; mais leurs chevaux étaient d'un embonpoint et leurs selles avaient des croupières qui gâtaient tout pour un spectateur anglais. Ce qui sauvait un peu les choses, c'est que le prince et son frère, *ceci est de bon goût*, portaient exactement le même costume que leurs gens. »

— Il est vraiment heureux qu'après la critique vienne l'éloge, et que votre approbation daigne applaudir, chez M. de Wagram, ce modèle en fait d'urbanité et de savoir-vivre, un usage adopté de tout temps par chaque commandant d'équipage. —

« Le *trouver* fut bon, » continue notre homme.

— Le *trouver*, voilà une expression qui manque à notre dictionnaire de vénerie! Retenons-la. —

« Le *trouver* fut bon, et les piqueurs montrèrent *assez* d'habileté en ramenant les chiens qui s'égaraient sur la piste d'une biche partie en même temps que le cerf. Cette opération, vu l'épaisseur du bois et l'attrait des émanations que la bête laisse après elle au *départir* (encore un terme choisi), n'était pas une besogne facile. Mais... »

— Écoutez bien ceci, voilà qui renverse de fond en comble toute la chasse à courre française, passée, présente et à venir. —

« Mais je n'admets pas la méthode qui fut suivie de diviser les chiens en *relais* lancés à tour de rôle sur le pauvre cerf. Ce n'est point là une chasse loyale ; le mérite des chiens en est singulièrement diminué ; sans compter qu'en agissant ainsi on n'en est plus maître. »

— Vous entendez, Messieurs, plus de *relais* ; pour être maîtres de vos chiens, ne vous avisez plus de les diviser par hardes, de manière à composer :

1° La *meute* où l'on place les chiens qui ont le plus de vigueur et de vitesse, et que l'on découple immédiatement après le lancer, lorsque quelques vieux chiens ont dressé la voie : le commencement de la chasse étant l'instant qui réclame les chiens les plus vites, par la raison fort simple que l'animal tout frais, au lieu de s'amuser à ruser, jette lui-même en ce moment toute la fougue d'une première ardeur ;

2° La *vieille meute* ou *premier relais*, composée des chiens qui ont le plus de vitesse après ceux de *meute* ;

3° Le *second* ou *deuxième relais* ; et enfin, 4° les *six chiens* ou *troisième relais* formé avec les chiens les moins allants et les plus sages.

En suivant ce mode consacré depuis longtemps, auquel vous vous êtes conformés comme vos pères, vous êtes tombés dans l'abus le plus grave : la seule et unique manière d'obtenir un beau laisser-courre, un triomphe honorable, loyal, c'est de mettre de *meute* tous les chiens de votre équipage à la fois. Du moins c'est ainsi qu'on agit, en Angleterre ; à la chasse du renard, il est vrai, animal presque toujours lancé dans une plaine qu'il ne connaît pas, et où il serait par conséquent difficile de prévoir ses refuites ; mais essayez-en pour le cerf, et vous m'en direz de bonnes nouvelles.

Décidément, M. Apperlee, je le répète, vous pouvez être le premier *gentleman rider* du Leicestershire... mais .. mais... décidément aussi vous êtes un hardi novateur en vénerie.

« Le courre dont je parle fut marqué pour moi, reprend le narrateur, par un assez singulier incident. Nous suivions notre bête au nombre d'environ trois cents cavaliers, sans quitter les hauteurs (les *ridings*, comme on les appelle en Angleterre), lorsque j'avisai que nous approchions du pays découvert et que peut-être le cerf en affronterait les dangers ; en conséquence, je quittai la route battue, et, suivant les chiens dans l'épaisseur du bois, je fus bientôt récompensé d'avoir obéi à cette heureuse inspiration. Quelques minutes après, en effet, je me trouvai auprès d'eux, ayant devant moi une belle plaine, unie comme la main et admirablement disposée pour le courre ; mais de nos trois cents cavaliers pas un n'était là. Je me trompe cependant : un jockey et un entraîneur appartenant au duc d'Orléans, plus un *gentleman* français, arrivèrent presque aussitôt que moi. Tous les autres, fidèles aux sentiers de la forêt, avaient cessé d'entendre les chiens, et ils perdirent ainsi une des plus belles poursuites que l'on pût désirer. Six milles parcourus en plaine ouverte ! Le malheureux Français qui s'était avisé de chasser à *l'anglaise* fut peu après *désarçonné*, et de *trois cents cavaliers bien montés, trois cents sportsmen parisiens*, il ne resta derrière les chiens que *trois de nos compatriotes*. »

— Quel triomphe pour l'Angleterre, et quelle humiliation pour la France !

« Le courre dura trois heures. Vers la fin, nous fûmes rejoints par environ soixante-dix des chasseurs, au nombre desquels était le duc d'Orléans qui m'avait fait l'honneur de me *prêter un de ses chevaux.* »

— Vous comprenez maintenant, j'espère, grâce à ce prêt, l'origine du succès de M. Apperlee. Son cheval, habitué qu'il était à se sentir monté par un maître qui aimait la chasse et qui la comprenait, n'avait pas peu contribué, sans doute, à développer, par son propre instinct, les heureuses inspirations de ce grand génie cynégétique.

« Aussi, tout finit à merveille, poursuit notre insulaire, nous relançâmes le cerf dans un petit bosquet, d'où il sortit en vue des chasseurs. Un peu plus loin, ayant voulu franchir les murs d'un parc, il s'y heurta et retomba mort. »

— Jusqu'à présent convenez que le récit du *sportsman* anglais est habile. Voyez comme il parle avec complaisance de lui-même, ayant soin de sacrifier chacun à son amour-propre de chasseur, ne mentionnant même pas les deux propriétaires de la meute qui devaient être à la mort du cerf en même temps que lui, soyez-en sûrs, si même ces deux intrépides veneurs ne l'avaient devancé ! Mais, hélas ! on a beau se couvrir de la peau du lion dans ce monde, il y a toujours, quoiqu'on dise et qu'on fasse, quelque petit bout d'oreille qui vous trahit.

« Si l'un ni l'autre des piqueurs, reprend notre personnage, n'ayant à vrai dire suivi la chasse (pauvres piqueurs, que diable faisaient-ils donc?), je ne saurais juger de leur mérite ; mais je vis déployer un rare talent par un ancien serviteur de feu Son Altesse le duc de Bourbon. Ce brave homme leva surtout la piste sur un terrain des plus difficiles. *Je ne sais avec quels yeux il reconnaissait les traces du gibier ; quant à moi,* qui suivais curieusement cette opération, *je ne distinguais pas la moindre empreinte aux endroits même où il avançait sans hésiter.*

« *J'entendis, pour la première fois, sonner du cor, et je reconnais volontiers que cette musique ajoute à l'entraînement de la chasse.* »

— En vérité, mon cher Nemrod? vous commencez à entendre notre langue ! à l'apprécier, à y mordre !

C'est un progrès dont nous prenons acte, mais un progrès tardif; et nous n'en persistons pas moins dans notre dire, l'aveu naïf que vous venez de faire nous suffit, nous voilà jugé sans appel, notre opinion sur vous est irrévocablement fixée.

Vous montez supérieurement à cheval : c'est possible ; vous seriez même parmi vos compatriotes, si cela toutefois entrait mieux dans vos goûts, un des premiers coureurs qui figurent dans leurs *steeple and hurdle races ;* mais incontestablement, en revanche, vous n'avez jamais été en vénerie, tranchons le mot, qu'un profane, et qu'un amateur plus que médiocre.

Exposez-nous les règles du *turf,* nous vous écoutons ; traitez avec connaissance de cause l'histoire des plus fameux *jockeys* de Newmarket et tout ce qui se rattache aux questions intéressantes d'*entraînage,* notre attention vous est acquise encore.

Enfin brisez-vous les côtes, si tel est votre bon plaisir, à la suite d'un renard, d'un méchant quadrupède infect, qui ne sait que tourner les talons ou empester l'air d'émanations fétides et puantes.

Mais, morbleu! respect à des mœurs, à des coutumes que vous n'êtes pas en état d'apprécier; respect à notre chasse à courre française, qui, telle qu'elle est aujourd'hui et telle que l'ont faite nos aïeux, est encore bien au-dessus de tout ce que les raffinements du *sport* sont parvenus à faire, en Angleterre! Apprenez à connaître nos veneurs avant de les juger aussi légèrement que vous le faites. Rendez justice à une nation, où, malgré le morcellement des propriétés, malgré la modicité des fortunes, les meilleures traditions de l'art cynégétique se sont toujours maintenues et perpétuées d'âge en âge, à travers les révolutions, à travers les divisions intestines des partis, n'attendant, pour réveiller au son belliqueux du cor les échos parfois endormis, que la présence d'une proie nouvelle au sein de nos vastes forêts.

L'AFFUT DU CERF EN ALLEMAGNE

En France, où le *fauve* devient de jour en jour plus rare, au point que dans certaines localités l'apparition d'un cerf est un véritable événement pour les veneurs du canton, le mot *affût*, prononcé à propos de ce noble animal, soulèverait à coup sûr une indignation générale, et tout chasseur qui se respecte un peu croirait se rendre coupable d'un guet-apens honteux, digne tout au plus d'un misérable braconnier, s'il allait s'embusquer en forêt pour y guetter un *dix-cors* et l'assassiner au passage. Cette méthode n'est point dans nos

mœurs, et, le gros gibier fût-il plus abondant, j'ai peine à
croire qu'on l'adoptât jamais parmi nous, puisqu'à l'époque
où nos bois ont été le mieux peuplés en grands animaux, en
remontant par exemple à un siècle ou deux, le meurtre
d'un cerf ainsi tué à l'affût, loin d'être considéré comme
une chasse avouée, a toujours passé pour un acte déloyal,
accompli le plus souvent dans l'ombre par une main coupable.

En Allemagne, c'est tout différent : là où d'immenses futaies encore debout, telles que le *Spelzart*, l'*Oderwald*, le
Westerwald et la *forêt Noire*, recèlent des hardes nombreuses de fauve dans la profondeur de leurs sombres retraites, l'on ne se fait point un semblable scrupule. Au contraire, le chasseur allemand qui, par la nature même de ses
goûts, a plus souvent en main sa carabine que son fouet
de chasse, le chasseur allemand, dis-je, place au premier
rang parmi les plaisirs nobles un passe-temps que nous ne
saurions comprendre ici ; et l'*affût au cerf* est l'une des dis-
tractions favorites auxquelles il se livre le plus volontiers,
trouvant tout aussi rationnel de s'exercer à bien placer une
balle au défaut de l'épaule d'un animal, que de s'amuser à
le voir mettre en pièces par la dent féroce d'une meute.

Pour lui c'est là une chasse tout comme une autre, une
expédition qui présente ses émotions et ses jouissances, ses
chances plus ou moins probables de succès ; et cela est si vrai,
qu'il n'est pas, dans toute la Confédération germanique, un
auteur cynégétique un peu en renom qui ne consacre un
chapitre entier de son œuvre à l'enseignement détaillé des
règles fondamentales, à l'aide desquelles le tireur doit procéder en pareil cas, sous peine, s'il ne s'y conforme exacte-

ment, de faire des frais de patience inutiles. Ainsi *Bechstein*, dans son volumineux *Traité des Chasses*, ainsi M. *Hartig*, et presque tous les écrivains qui ont précédé ou suivi ces deux professeurs habiles, ne manquent pas, non-seulement de parler de l'*affût au cerf*, mais encore, après avoir indiqué, d'après les habitudes de l'animal, quels sont, suivant les saisons, les lieux les plus propices pour cette espèce de chasse, d'énumérer complaisamment toutes les précautions à prendre pour réussir dans une manœuvre plus chanceuse qu'on ne le croirait d'abord.

On sait que le cerf sort le soir de son fort pour aller *viander*, soit dans les jeunes taillis, soit dans les champs qui avoisinent la forêt : c'est ce que nous appelons *se rendre au gagnage*. Au point du jour, lorsque sa nuit est faite, il revient au bois et s'y rembuche. D'une saison à l'autre ses demeures ne sont pas les mêmes : sur la fin de *janvier* et en *février*, les plus vieux cerfs quittent les hardes, et se retirent au nombre de trois ou quatre sur les lisières, à proximité de quelques pièces de blés verts : en *mars*, ils s'isolent et chacun d'eux choisit quelque buisson écarté pour y jeter et refaire sa tête ; en *avril* et *mai*, ils restent recélés aux environs de jeunes taillis, d'où ils ne s'écartent même pas pour aller boire, la rosée qui tombe à cette époque suffisant abondamment à leurs besoins ; en *juin*, *juillet* et *août*, ils se rapprochent du bord de la plaine pour être plus à proximité des grains et des récoltes ; en *septembre* et *octobre*, époque du rut, sans avoir précisément de demeure fixe, ils tiennent de préférence le fond des forêts où ils s'occupent à chercher les biches ; enfin, en *novembre* et *décembre*, ils s'attroupent de nouveau et se rassemblent en hardes dans les grands forts, s'abritant, sur le versant de quelques coteaux exposés au midi, contre les vents, les frimas et la neige.

Toutes ces différentes connaissances doivent d'abord être mises à profit par le chasseur, qui est ainsi fixé à l'avance sur les endroits de la forêt où il a le plus de chances probables ; et quand une fois la place de son affût est bien arrêtée dans son esprit, condition importante, parce que rien n'est préjudiciable au succès d'une telle chasse comme de prendre un poste, puis de le quitter pour un autre ; voici, qu'il parte le soir ou le matin, qu'il aille attendre l'animal à sa sortie ou à sa rentrée, comment il doit procéder successivement, d'après les observations méthodiques fournies par une longue expérience :

Accompagné d'un chien courant très-sage, destiné à la suite du gros gibier qu'on a tiré, et connu en Allemagne, où son éducation est très-perfectionnée, sous le nom de *Schweiss hund birch* [1], le tireur qui le tient en laisse se rend directe-

---

[1] Cette espèce de chien, décrite par M. *Hartig* à la suite du limier, est surnommée, par *Bechstein, canis familiaris Scoticus, chien d'Écosse*, ce qui ferait supposer qu'elle est originaire de cette contrée. Uniquement réservé à suivre à la trace du sang l'animal que son maître a blessé, ce chien est d'une taille moyenne ; ses oreilles sont grandes, sa queue longue et très-peu recourbée ; son poil, uni et rude, est d'une couleur qui varie beaucoup, tantôt noir, avec les extrémités brunes, tantôt fauve ou brun ou gris. Il y a quelques individus qui sont tout blancs ou tachetés de blanc ou gris de souris ; mais M. *Hartig* fait observer qu'il n'en connaît point de bons parmi ceux de ces derniers pelages ; et que d'ailleurs les chiens blancs ou clairs ont l'inconvénient d'être aperçus de très-loin par le gibier, à moins que la terre ne soit couverte de neige. Quant aux qualités qu'on exige de ces chiens, elles sont nombreuses et difficiles à acquérir ; il faut : 1° qu'il se laisse mener tranquillement en laisse ; 2° qu'il demeure sans faire le moindre bruit à l'endroit où son maître s'arrête et l'attache ; 3° que, lorsqu'il

ment à l'endroit où il a résolu de se mettre. Il doit se placer sous le vent, en observant si le lieu et les environs sont tranquilles. Rendu à son poste au moins une demi-heure avant l'instant propice, il s'y masque le mieux possible, en ayant soin de ne pas trop s'approcher du fort où il suppose que l'animal se tient, et de choisir un endroit où l'ombre des arbres n'occasionne pas de trop bonne heure une obscurité qui lui serait nuisible. Il ne faut pas, s'il y a moyen, qu'il se tienne à plus de quarante pas du fourré, et toujours dans une situation telle que, lorsque le cerf paraîtra, il puisse le tirer en travers et non en face. S'il craint de rester trop longtemps debout, position qui est toujours la plus commode, quand elle permet de se cacher convenablement, il s'assied au milieu d'une cépée qu'il élague avec la plus grande précaution ; et là, placé soit sur son carnier, soit sur une pierre recouverte de mousse, il s'assure, avant de garder une immobilité complète, s'il est assez libre dans ses mouvements pour ajuster

aperçoit un animal, il ne donne point un seul coup de voix tant qu'il se sent tenu en laisse ; 4° que, lorsqu'il est lâché, il ne chasse point le gibier non blessé ; 5° que, mis sur la trace d'un animal qui fait sang, il la suive et tienne exactement soit à la laisse, soit en liberté ; 6° enfin, qu'il n'entame point le gibier qu'il trouve mort ou mourant, et ce que font fort peu de chiens, qu'alors par des aboiements répétés, il dirige les recherches du chasseur. Un chien ainsi dressé peut être regardé comme un chien parfait ; mais son éducation est fort longue et demande de la part de son précepteur une patience qui ne se rebute point facilement. Dès que le chien a un an, on commence à l'habituer à suivre à la laisse, et on lui apprend à marcher derrière et à la gauche du chasseur, en gardant toujours une discrétion extrême. Lorsqu'il est bien accoutumé à cet exercice, on le conduit en plaine avec une chaîne mince et recouverte de toile, on l'attache bien solidement, soit à un arbre, soit après un buisson, et son maître, après avoir déposé à côté de lui pour le tranquilliser son carnier ou son mouchoir de poche, s'en à droite comme à gauche. Le cerf a l'odorat très-fin, et la moindre émanation suspecte suffit souvent pour l'écarter de sa route. Le chasseur fera donc bien de s'abstenir de fumer tout le temps qu'il restera à son poste; cependant, si l'em-

éloigne toujours de plus en plus, sans cependant le perdre de vue. Si l'animal se tourmente et cherche à se détacher, le chasseur revient sur lui et lui donne une légère correction; puis il s'éloigne de nouveau, et petit à petit il prolonge à dessein son absence. Lorsque le chien supporte sans murmurer cet isolement, on le soumet à une autre épreuve; on l'attache à l'angle d'un taillis fourré où l'on a soin de laisser près de lui quelque gage qui le rassure. Ensuite on disparaît complétement, en ne s'écartant que tout juste assez pour voir si, une fois seul, l'animal reste couché et tranquille. S'il crie, ou se lève et s'agite, on retourne à l'instant sur ses pas pour le forcer au repos en lui donnant deux ou trois coups de houssine. Si, au contraire, il ne dit rien, on reste quelques minutes sans se montrer, puis on revient pour le tranquilliser, et peu à peu on le laisse ainsi seul pendant un laps de temps plus considérable. De cette manière, le chien s'habituera à attendre paisiblement son maître pendant des heures entières. M. *Hartig* assure avoir eu deux chiens qu'il attachait seulement à son carnier lorsqu'il voulait s'enfoncer sous bois pour tâcher de surprendre un animal. L'un de ces chiens restait couché tranquillement, même lorsqu'il entendait le coup de fusil de son maître; mais l'autre, plus ardent, sautait alors de joie malgré lui, attendant impatiemment, côte à côte avec son compagnon, que l'on vînt réclamer ses services.

Lorsque le chien est bien habitué à ces premières leçons, que par sa discrétion et sa docilité il offre une garantie suffisante au chasseur qui compte l'emmener à l'affût, il s'agit de lui apprendre à ne poursuivre qu'une pièce de gibier blessée. Pour cela on choisit un jour où la terre n'est ni trop sèche ni trop humide. On part le matin et on évite de tirer un fort cerf ou un fort sanglier, parce que ces animaux, beaucoup plus dangereux que les autres, pourraient faire un mauvais parti à ce jeune chien encore sans expérience. On tâche de prendre l'animal en flanc, attendu qu'une blessure en cet endroit saigne beaucoup et que le sang qui s'en échappe abondamment est toujours mêlé de viandis, ce qui laisse une trace plus facile à suivre. On remarque le lieu où il a reçu le coup et où se trouvent les premières gouttes de sang, en y plaçant une *brisée* dont le gros bout est tourné du côté où la bête va fuyant.

pire de l'habitude est tel qu'il ne puisse se séparer de sa pipe
(n'oublions pas que ces préceptes qui s'adressent à des Allemands, ont été écrits bien longtemps avant l'invention des
allumettes chimiques), il aura soin de faire très-peu de fu-

Après quelques minutes d'intervalle, destinées à laisser s'affaiblir progressivement la pièce que l'on a blessée, et qui va d'ordinaire tomber
dans le fourré voisin, on conduit le chien sur sa piste, on lui fait flairer
le sang en l'excitant par ces mots : *Là! mon ami, là! blessé! blessé!*
On le laisse travailler doucement la voie; s'il veut s'en écarter, ou s'il
a l'air de porter au vent, on l'y ramène doucement; on l'arrête de
temps à autre pour le flatter, et quand il se rabat juste sur les feuilles
ou sur la terre ensanglantées on reprend de nouveau : *C'est ça, mon
ami, c'est ça, blessé! blessé!* Si le jeune chien a trop d'ardeur et
s'emporte, on le modère, en lui disant : *Tout beau!* comme au limier;
et s'il perd tout à fait la voie, on cherche à relever ce défaut avec lui,
en répétant, jusqu'à ce qu'on retrouve la véritable piste : *Holà! ho! au
retour! tourne après.* De cette manière on escorte le chien jusqu'à ce
que l'on aperçoive l'animal gisant, ou qu'après l'avoir entendu repartir,
l'on trouve sa *reposée* encore chaude. Alors on lâche le chien, en lui
répétant avec plus d'action que jamais : *Là! là! l'ami, blessé! blessé!*
Ce relancer doit se faire sans désemparer avec toute l'ardeur et l'activité
possibles; et bientôt on atteint l'animal expirant que cette dernière
poursuite achève. On laisse quelque temps le chien japper autour de lui
sans lui permettre, surtout si c'est un sanglier, de se jeter dessus, imprudence qu'il pourrait expier cruellement, puis on achève la pièce
d'un coup de carabine. Sitôt que l'animal est mort on le vide, et pour
faire jouir le chien on lui donne soit la rate, soit quelques morceaux
de pain trempés dans le sang encore tout chaud, après quoi on le reprend en laisse. Un jeune chien qui aura fait ainsi deux chasses heureuses
et auquel on permettra une autre fois de suivre de lui-même la trace
d'un animal qu'on aura vu tomber à peu de distance du coup, devien-
dra en peu de temps assez bon pour mériter la confiance de son maître. Mais ce qu'il faut éviter autant que possible, au commencement
d'une éducation semblable, c'est de mettre le jeune chien à la recherche d'un animal qu'on aurait mal tiré, et qu'il courrait risque de
ne pas atteindre, parce que cette poursuite inutile serait dans le cas
de le dégoûter, et de lui ôter tout d'abord son ardeur et sa persévérance. Si le malheur voulait qu'il débutât par un aussi triste échec, le

mée, et d'allumer un morceau d'amadou avant que son tabac s'éteigne, afin de n'être pas obligé de battre le briquet pour se procurer d'autre feu. Dans le cas où, par suite de sa négligence, il se trouverait forcé d'en venir à cette extrémité fâcheuse, il faudrait au moins qu'il eût l'attention de placer son chapeau entre ses genoux et d'y battre le briquet à bas bruit, afin que l'animal, prêt à sortir de son fort ou à y rentrer, ne pût ni entendre la percussion du silex, ni apercevoir la moindre étincelle.

L'arrivée du cerf s'annonce ordinairement par le cri du geai, de la pie ou du merle qui ne manquent jamais de trahir son passage ; bientôt le chasseur, dont le cœur bat de crainte et d'espoir, est encore mieux prévenu, soit par l'éternuement de l'animal, soit par le bruit des branches sèches qu'il casse en marchant et celui des arbres contre lesquels son bois froisse en route. Il prépare doucement son arme sans mettre dans ses mouvements une précipitation toujours préjudiciable ; et, sitôt que l'animal a paru, si c'est un cerf *tirable*, immobile, le doigt sur sa détente d'avance armée, il attend patiemment que l'animal lui offre le flanc ou tout autre partie

---

seul moyen d'en empêcher les conséquences fâcheuses, ce serait de lui faire prendre plusieurs fois de suite, avec un autre chien bien dressé, un animal blessé à mort ; compensant ainsi pour lui, par plusieurs victoires consécutives, la honte et le désappointement d'une première défaite. Un temps très-propice et très-sûr pour commencer un jeune chien, c'est lorsque la terre est légèrement couverte de neige, parce qu'alors on suit bien mieux les traces de sang et qu'on lui fait goûter la voie d'une manière beaucoup plus précise ; mais comme on n'a pas toujours à sa disposition une époque aussi favorable, il faut au moins, pour la première fois qu'on exerce son élève, ne le lâcher que sur un animal blessé assez grièvement pour ne pas aller loin, et frappé de manière à perdre beaucoup de sang dans sa fuite.

antérieure du corps, ne faisant jamais feu qu'après l'avoir parfaitement ajusté. Au moment où la détonation se fait entendre, il faut bien observer si le plomb frappe, si l'animal donne quelques signes indiquant qu'il a été touché, examiner à quel endroit il se trouve et quelle direction il prend dans sa fuite. Lorsqu'on n'entend point le plomb frapper, lorsque la bête se sauve sans tomber ni chanceler sur le coup, et surtout lorsque, après avoir franchi une certaine distance, elle s'arrête subitement pour observer son ennemi, il n'y a nul doute qu'elle ne soit manquée ; mais, si elle tombe au moment du feu, il faut courir aussitôt sur elle, et, lorsqu'on s'aperçoit que la balle l'a frappée en plein corps, lui plonger promptement son couteau de chasse soit dans la gorge, soit au défaut de l'épaule, ou tout au moins lui couper les jarrets, précaution indispensable s'il n'y a pas moyen de l'aborder en face. Un cerf blessé, auquel on laisse le temps de se reconnaître, peut devenir très-dangereux pour le tireur ; or comme, tant qu'il n'est pas atteint dans les reins ou dans les os du cou, malgré la gravité de sa blessure, il n'est pas rare que l'animal se relève, c'est là une mesure de sûreté qu'on ne saurait trop recommander aux jeunes chasseurs. Il est important, en pareil cas, qu'ils sachent manier le couteau de chasse avec adresse. Un coup infaillible, quand il est porté par une main vigoureuse, c'est de frapper le cerf juste entre la tête et le cou, de haut en bas et presque parallèlement au front, de manière à séparer la moelle épinière ; mais ce coup demande beaucoup de précision et de force : si on le donne mollement ou à faux et que le couteau enfonce à côté de l'os, l'animal ne meurt point sur place.

Lorsque le cerf, sans tomber au moment où il a été tiré,

a paru cependant éprouver un violent contre-coup ; lorsqu'il
a fait un bond extraordinaire, soit en se jetant de côté, soit
en prenant la fuite avec vitesse ou en revenant du côté du
chasseur, tous ces différents signes annoncent qu'il a été touché : dans ce cas, il ne faut point bouger de son affût jusqu'à
ce que l'animal ait disparu. On observe sa marche avec attention, en ayant bien soin de remarquer le chemin qu'il prend
pour rentrer au fort. On se lève ensuite pour aller examiner
avec son chien si, à la place où il se trouvait, il n'a pas laissé
du sang ou du poil ; et si l'on remarque l'un ou l'autre ou
tous les deux à la fois, on fait alors une brisée que l'on continue de vingt pas en vingt pas, jusqu'à ce que l'on arrive au
premier fourré. Là on s'arrête si la soirée est trop avancée,
remettant ses recherches à la matinée suivante ; mais si c'est
le matin que ce coup d'affût a lieu, on peut se mettre en
quête à l'instant même, après avoir eu la précaution toutefois de laisser écouler quelque temps pour que l'animal s'af-
faiblisse par la perte de son sang, à moins que l'on ne soit
positivement sûr qu'il a une jambe cassée, ou que l'on ne
craigne qu'une pluie prochaine n'efface complétement sa trace.

On peut quelquefois, avec un peu d'habitude, juger à la
couleur du sang quelle est la gravité de la blessure.

Un coup dans les intestins ne saigne pas précisément
beaucoup, surtout si la bête est grasse. Le sang a la couleur
rouge ordinaire, mais il est mêlé avec le *viandis* sorti des
entrailles, et ordinairement il tombe par grosses gouttes
près du pied du cerf, lorsqu'il s'arrête, tandis que, lorsque la
bête court, il tombe par petites gouttes isolées. Le cerf blessé
de cette manière ne tarde pas à se coucher dans le fort si on
le laisse tranquille ; mais si on le poursuit, il gravit souvent

les plus hautes montagnes et quelquefois il demeure debout, surtout si la blessure n'attaque que les intestins grêles. Il est donc plus prudent, lorsqu'on le peut, de rester quelque temps sans relancer le cerf blessé aux entrailles, et d'attendre que ses forces diminuent.

Une blessure au poumon occasionne la perte de beaucoup de sang, d'un rouge orangé et rempli d'écume ; dans la fuite de l'animal, il jaillit quelquefois au loin et s'échappe aussi par la bouche. Une bête blessée de cette manière évite de gravir les côtes, tient le pays plat, tousse beaucoup et meurt promptement.

Une blessure au foie et à la rate donne beaucoup de sang d'un rouge brun, qui, dans la suite, se répand de tous côtés. Une bête ainsi atteinte a quelquefois le dos arqué et périt également en peu de temps.

Une blessure au cou produit beaucoup de sang de couleur ordinaire qui ne s'épanche pas au loin, à moins qu'une grosse veine ne soit attaquée : lorsqu'une bête ainsi frappée prend la fuite, à moins que les vertèbres du cou ne soient endommagées, ou que le chien ne la poursuive sans relâche, il y a peu d'espoir de la rejoindre.

Une blessure à la cuisse donne peu de sang : il a la couleur ordinaire, coule près ou sur l'empreinte du pied ; et lorsque l'os de la cuisse n'est point brisé, le chien le plus vigoureux est incapable d'arrêter l'animal. Si le coup a porté vers le bas de la jambe, le cerf perd son sang le plus souvent dans ses voies ; si l'os est tout à fait cassé, il saigne d'un seul côté de l'empreinte du pied ; le sang a la couleur ordinaire, et souvent on trouve de petites esquilles d'os soit à côté des voies, soit dans les voies elles-mêmes.

Une blessure qui traverse de part en part s'annonce par le sang qui s'échappe des deux côtés, tandis que, dans le cas contraire, le sang ne coule que d'un seul.

Enfin *une blessure qui n'a fait qu'effleurer la bête*, se décèle soit seulement par de longs poils, soit par un petit lambeau de peau qu'enlève la balle : elle donne toujours très-peu ou point de sang.

A ces détails curieux, empruntés par nous aux plus savants professeurs de l'école allemande, et dont l'on chercherait en vain la moindre trace dans nos auteurs cynégétiques français, aux yeux desquels toute chasse de cerf demande cet appareil obligé d'hommes, de chiens et de chevaux qui double l'intérêt de la partie ; à ces leçons longuement développées pour arriver à des résultats tout naturels de l'autre côté du Rhin, mais ici absolument incompris de quiconque aspire au titre de vrai veneur, succède une autre instruction, non moins détaillée, espèce de second chapitre qui est comme le complément du premier.

L'affût pour cerf, en se bornant, comme toute espèce d'affût, à deux moments très-courts de la journée, au soir pour la sortie de l'animal, et au matin pour sa rentrée, n'a pas paru une chasse assez meurtrière, assez destructive ; outre les *houraillements*, les traques, les tirés à l'aide de panneaux et de toiles, expéditions solennelles qui se font avec une pompe dont rien n'approche et où se tuent parfois jusqu'à deux ou trois cents animaux, il fallait inventer, pour l'amateur, quelque autre moyen plus expéditif et plus commode. Or voici, toujours d'après les veneurs allemands, de quelle manière le tireur, trop peu patient pour *l'affût*, doit s'y prendre pour *avoir un cerf*.

Quand on est à proximité d'une forêt bien peuplée, on se rend dans le fourré, soit le matin, soit dans la soirée : s'il y a eu une forte pluie, toute heure du jour est également propice. Les animaux, avant d'aller au gagnage ou de rentrer au fort, ont l'habitude de viander dans les petites clairières : ce sont aussi les places où ils se mettent au *ressui* lorsque le taillis trop mouillé ne leur présente pas un abri convenable. Le chasseur au fait de ces connaissances qui le dirigent dans le cours de ses recherches, s'avance à travers bois de manière à avoir toujours le vent favorable. Il doit marcher avec les plus grandes précautions ; faire attention à tout ce qui obstrue son passage ; ne point passer sur des branches sèches qui craquent; éviter en un mot toute espèce de bruit. Lorsqu'il soupçonne, à certains indices qu'il rencontre sur sa route, qu'un cerf se trouve à peu de distance, il faut qu'il s'arrête de minute en minute pour écouter, observant de tous côtés autour de lui; et s'il arrive au bord de quelque clairière, au lieu de s'y montrer tout à fait, il doit sortir seulement la tête hors du fourré, en se masquant de son mieux derrière les buissons ou les arbres.

Acquiert-il la certitude, soit par l'œil, soit par l'oreille, qu'il y a non loin de lui un animal *tirable*, aussitôt il se met en mesure d'en approcher à bas bruit, et c'est alors que la manœuvre exige de sa part une foule de marches et contre-marches exécutées avec une extrême prudence. Si le cerf est couché ou ne bouge pas de place, il faut que le chasseur, pour arriver à portée sans en être aperçu, profite de tous les avantages que le terrain lui offre. Après avoir attaché au pied d'un arbre le chien dont il doit toujours se faire escorter ; après s'être débarrassé de son chapeau, de son carnier, de toutes les superfluités d'un attirail plus gênant qu'utile, tantôt il avance en rampant au fond d'un fossé, tantôt il se coule de cépée en cépée comme une véritable couleuvre. Si, au contraire, le cerf est en mouvement et se dirige de son côté, la seule chose qu'il ait à faire, c'est de l'attendre tranquillement, prenant à l'avance toutes ses aises pour le tirer dans une position convenable.

Dans l'un et l'autre cas, le point le plus important est de toujours conserver le dessous du vent; car, pour peu que le cerf, qui a l'odorat très-fin, vous évente, il ne manque pas de prendre la fuite. Dans tous les détours que l'on est obligé de faire, on doit, autant que possible, ne se mouvoir que lorsque la bête a la tête à terre ou la détourne. Dès qu'elle examine avec inquiétude autour d'elle, si la distance où l'on se trouve à ce moment n'est pas encore assez rapprochée, il faut garder une immobilité complète : un seul mouvement, la moindre imprudence peuvent en ce moment vous trahir et vous faire perdre le fruit de vos peines. Il arrive quelquefois dans cette chasse que le cerf, dont la méfiance s'est tout à coup éveillée, s'échappe rapidement en se jetant dans une coulée étroite, sans que le chasseur surpris ait eu le temps de l'ajuster. Dans ce cas, si l'on a un peu de présence d'esprit, on arrête le cerf au moment où il enfile le passage, soit en sifflant, soit en lui disant : *Ho !* d'une voix modérée, comme si l'on parlait à un cheval ; mais il faut avoir déjà mis sa carabine à l'épaule et être très-prompt à tirer, car à peine l'animal a-t-il fait un temps d'arrêt, qu'il repart aussitôt et disparaît. Du reste, on ne doit jamais faire feu qu'à une portée raisonnable, et tâcher d'attendre l'instant où l'animal vous présente le flanc. En procédant de cette manière, on s'exposera rare-

ment à perdre sa poudre ou à faire des chasses inutiles ; le
gibier sera moins tourmenté, et on aura bien plus d'occasions
de tuer que si l'on allait souvent tirer au hasard et effrayer
les animaux par de maladroites tentatives.

On voit, d'après tous ces préceptes que l'on croirait dictés
par un braconnier de profession, tant les moindres finesses
du métier y sont habilement développées, combien est populaire en Allemagne une chasse que nous ne comprenons pas
en France, et qui, très-indubitablement n'y aura jamais aucune espèce de succès. Autant le chasseur allemand, que la
plupart des légendes nous montrent comme dans le *Frey-
schutz*, toujours armé d'une carabine plus ou moins fatale
aux hôtes des forêts, a de prédilection pour ces expéditions
aventureuses qui rentrent admirablement dans la poésie un
peu fantastique de sa nation, autant notre veneur français,
aux yeux duquel le cerf est un animal trop noble pour être
ainsi condamné à une mort obscure, comprend peu un plaisir
qui, malgré tous les obstacles décrits ci-dessus, se borne en
définitive à un meurtre facile. Ce sont des goûts tout à fait
différents, et de l'un à l'autre amateur existe une transition
brusque et tranchée. — L'un frappe à l'improviste un animal
sans défense ; l'autre l'attaque en face et ne triomphe de lui
qu'après avoir subi toutes les chances d'une lutte pénible et
incertaine. Le but du chasseur allemand est de détruire et de
tuer ; le veneur français rougirait de vaincre sans combattre.
L'un fait la guerre en capitaine qui connaît toutes les ressources de la stratégie ; l'autre, en véritable maraudeur,
dont tout le talent consiste en embuscades. — Maintenant,
veut-on savoir lequel entend le mieux la chasse à mon gré ?
Malgré mes propres penchants, dont l'influence secrète n'est

pas douteuse, mon opinion, sauf meilleur avis, est que tous deux sont on ne peut plus conséquents en suivant, de part et d'autre, un système si diamétralement opposé.

En France, où la propriété est divisée, où les bois clair-semés çà et là sur une étendue plus ou moins morcelée, ne contiennent que très-peu d'animaux, il faut nécessairement conserver, et *la chasse à courre* suffit. En Allemagne, ce pays privilégié de landgraviats, de principautés, de hautes et puissantes baronies, dont la hache révolutionnaire n'a point encore abattu les vieilles futaies, immenses et giboyeuses réserves habitées par une multitude innombrable de cerfs, on doit au contraire s'attacher à détruire, et *l'affût* ainsi que toute espèce *de chasse à tir* ne sont point de trop pour obvier à une propagation nuisible.

Puis, après tout, qu'importe? Cette pénurie de gibier d'une part, et cette surabondance de l'autre ; ces différences de ressources, en un mot, chez les deux peuples, ne justifieraient-elles pas suffisamment l'opposition qui existe dans leurs mœurs chasseresses, qu'il y aurait encore, à mon avis, un motif prépondérant qui dispenserait tout homme de sens de se prononcer entre eux ; c'est cette maxime pleine de sagesse qu'a proclamée un vieil adage, et dont la philosophie indépendante me plaît :

Trahit sua quemque voluptas.

Ce qui signifie en d'autres termes :

Chacun prend son plaisir où il le trouve.

LES LOISIRS D'UN HOMME QUI N'A RIEN A FAIRE

AU VICOMTE HENRY DE CASTELBAJAC

Paris, 10 mai 1859.

Mon cher ami,

Consultez la date de la présente, 10 *mai*.

« Le 10 mai, m'écriviez-vous de Tarbes, il y a environ six semaines, je vais passer quinze jours de l'autre côté de Gavarni, dans un pauvre village des Pyrénées espagnoles. Là, sous la conduite de *Castelx* et d'*Escoula*, guides intrépides que vous devez connaître de nom, nous allons, deux compagnons de chasse et moi, faire une grande battue aux isards et aux bouquetins, dont on signale cette année pas mal de bandes dans ces parages.

« Mes deux collègues sont : le premier, M. le comte du Bourg, fils du marquis du Bourg un fameux chasseur du Nivernais, dont la réputation méritée ne vous est certainement pas inconnue, vous qui savez par cœur toutes les célébrités cynégétiques de l'époque ; le second, M. Edgar le Long, un de mes voisins de campagne.....

« Ces deux messieurs, que je vous donne l'un et l'autre comme des hommes du meilleur monde, charmants d'esprit et de manières, sont, en outre, dans toute l'acception du mot, ce que l'on nomme de joyeux compagnons, et l'on ne saurait trouver de plus précieux auxiliaires pour une expédition de ce genre.

« Voulez-vous être des nôtres ?

« Réfléchissez à ma proposition, qui est sérieuse.

« Réfléchissez à votre réponse, qui doit l'être.

« Jamais peut-être plus belle occasion de chasses exceptionnelles ne sera venue s'offrir à vous.

« D'abord, peu de fatigues, contrairement à ce que j'ai avancé dans mon traité de la chasse en montagne.

« Ceci a besoin d'une explication, je m'exécute.

« Ici, nous chassons à la traque ou *au traqué*, comme vous dites, vous Gascon que vous êtes, qui avez la prétention de réformer, quant à ce terme, le Dictionnaire de l'Académie. Il ne s'agit que de gagner les postes, et on y parvient à cheval dans la plupart, vu que les montagnes du versant espagnol sont d'un accès beaucoup plus facile que celles du versant français.

« Ensuite nous serons bien installés, ce que vous ne dédaignez pas. Logés dans des cabarets espagnols, nous aurons un cuisinier français et une douzaine d'excellents traqueurs.

« Le tout sera précédé de deux jours de chasse dans les sapinières de Saint-Sauveur, chasse au chant et chasse au chien d'arrêt.

« Enfin, qu'ajouter encore pour vous décider à vous mettre en route ? Sans parler de l'admirable spectacle des plus belles vues du monde connu, mettez-vous bien en tête que jamais vous n'aurez rencontré de plus aimables partners que mes deux collègues ; je n'ai pas besoin d'ajouter, je pense, en ce qui me concerne personnellement, de plus sincère et de plus fidèle ami.

« Nota. — Le chemin de fer va tout droit de Paris à Mont-de-Marsan. Cette dernière ville est à quatre heures de Tarbes. Nombreuses diligences, etc., etc.

« Vte Henry de Castelbajac. »

Eh bien ! cher ami, la date fixée est arrivée, nous voici au 10 *mai*. L'heure est sonnée, le moment est venu ; vous êtes indubitablement aujourd'hui, vous et vos deux compagnons, MM. du Bourg et Edgar le Long, casés, sans souci du lendemain, dans quelque honnête coupe-gorge espagnol, prêts à entrer en campagne et à inaugurer le plan séduisant que vous me tracez ci-dessus et qu'il m'eût été si doux de pouvoir réaliser avec vous... Mais, hélas ! je manque à l'appel, et, pendant que, fidèles au programme indiqué, vous autres privilégiés de saint Hubert, vous avez déjà pris vos quartiers, vous apprêtant, à l'instant peut-être, à pousser une première reconnaissance, la carabine en main, embrassant d'un coup d'œil les horizons les plus lointains, aspirant à pleins poumons l'air vif et pur de la montagne ; moi, à l'heure qu'il est, je suis tristement cloué à mon premier de la rue Vivienne, ne voyant en fait de bouquetins et d'isards que les jambons fumés de mes voisins Potel et Chabot, et en fait de traqueurs que les *traqués* de la Bourse, triste gibier arpentant, l'air soucieux, le trottoir glissant qui conduit au sanctuaire.

En dépit de la meilleure volonté du monde, il ne m'a pas été possible d'accepter votre gracieuse invitation, et de vous répondre comme j'aurais voulu pouvoir le faire : « *Comptez sur moi, je suis prêt.* »

Pourquoi ? me direz-vous ; eh ! mon Dieu ! cher ami, par une raison bien simple et que je suis prêt à vous prouver en me citant comme exemple, c'est qu'il n'y a pas dans l'univers entier un homme plus occupé que celui qui, par sa position même, semble n'avoir en réalité rien à faire.

Trouvez-moi, je vous prie, sous le soleil, une condition en apparence plus libre et plus indépendante que la mienne ?

Je ne suis ni commerçant, ni industriel, ni banquier... Je n'appartiens à aucune administration, soit privée, soit publique... Je ne suis point courtisan, homme politique encore moins... Je n'ai pas même l'honneur de faire partie de la garde nationale, et cela depuis le jour, trois fois heureux, où mon capitaine, fatigué d'avoir sous ses ordres un aussi mauvais soldat que moi, m'a fourni lui-même les moyens de me faire rayer des contrôles de sa compagnie.

Voilà vingt ans passés que, ne consultant que mes instincts et mes goûts, je n'ai pas eu d'autres fonctions que celles de directeur du *Journal des Chasseurs*, pas d'autre occupation que la chasse.

Conséquemment, s'il y a quelqu'un au monde qui jouisse pleinement de sa liberté d'action, qui ait ses coudées franches, qui puisse vivre au jour le jour, se gouverner et se conduire à sa guise, un individu en un mot, résumant en lui-même mieux que qui que ce soit, toutes les conditions du *far niente* le plus complet, vous vous imaginez sans peine que c'est moi.

Eh bien ! mon cher, détrompez-vous : vous êtes à mon endroit dans une erreur grossière. Toute cette vie de loisirs, fiction ! toute cette liberté sans limites, mensonge ! Mettez-vous bien en tête, au contraire, qu'il n'y a pas d'un bout à l'autre des Trois-Royaumes-Unis un pauvre diable plus affairé que moi et qui dépense journellement une somme d'activité plus grande.

D'un bout de l'année à l'autre, du 1er janvier à la Saint-Sylvestre, ne suis-je pas, par ma position même, voué à la vie nomade la plus agitée, la plus laborieuse ?

Toujours en campagne, toujours en chasse, il n'y a ni trêve ni repos pour moi. Sans cesse le fusil à la main, je n'ai même pas le temps de prendre la plume pour correspondre avec un ami. Vous pouvez en juger par vous-même, qui, souvent, grâce à mon silence, m'accusez à votre égard et d'indifférence et d'oubli. Enfin il est une chose positive, un fait matériel incontestable, c'est que je ne m'appartiens pas et que je suis désormais par état voué à perpétuité, ni plus ni moins qu'un galérien, à des travaux forcés qui réclameraient vraiment un second Hercule.

Vous en doutez, vous riez, écoutez-moi bien.

Ce printemps, j'avais le choix entre trois campagnes cynégétiques bien différentes, mais toutes trois plus ou moins attrayantes sous le double rapport de la nouveauté et de l'imprévu.

D'abord j'étais convié par Jules Gérard à faire partie de la seconde expédition du *Club des Francs-Chasseurs* en Algérie. A défaut des émotions d'une chasse au lion, pour laquelle, j'en conviens franchement, je n'ai pas de vocation bien décidée, j'avais en perspective toute la sauvagine du lac Fedzara, un marais de seize lieues de tour et qui absorberait en une semaine toutes les cartouches que produit la fabrique de mon ami Gévelot dans une année. C'était un déplacement d'un mois à peine, et vous conviendrez avec moi, en lisant les bulletins adressés au *Journal des Chasseurs*, que pour un amateur qui n'a jamais vu l'Afrique, l'occasion était séduisante et belle. Et d'une.

De son côté, le prince Léon Radziwill, un homme des plus aimables, dont j'ai cultivé la connaissance à Bade cet automne, me faisait de la façon la plus gracieuse une offre bien plus attrayante encore : il voulait, au moment de la fonte des neiges, m'entraîner à Radziwill-Monti, une terre à lui, située à trente lieues de Varsovie, en pleine Lithuanie, où, disait-il, m'avait été ménagé, par ses soins, un ours monstrueux, dont nous étions sûrs de rapporter la dépouille opime, sans compter les élans, les sangliers, loups, renards et autre menu gibier de toute espèce que recèlent ses immenses forêts. Notre absence ne devait pas se prolonger au delà de six semaines, aller et retour compris, peu de chose. Et de deux.

Enfin, un autre fervent Nemrod, un M. Lucas, jeune et riche colon de l'île Maurice, auquel j'ai eu le plaisir, pendant son séjour en France, de faire tirer son premier coqfaisan, ne m'offrait ni plus ni moins, dans l'élan de sa reconnaissance, qu'une petite excursion de six mois, consacrée là-bas à des chasses de fauve fabuleuses, dont nous n'avons l'idée ni vous ni moi et qui, d'après son dire, feraient pâlir les anciens hourailleurs de Compiègne. Et de trois.

Votre invitation si pressante, si cordiale, ne m'est arrivée, comme vous le voyez, qu'en quatrième, au moment où finissaient nos chasses à courre de la Société de Livry avec l'équipage de M. Bénazet, et comme, moins exigeant que les autres, vous ne me demandiez que quinze jours, j'avoue que je me suis tâté à deux fois et que j'ai eu un moment l'espoir de pouvoir vous aller joindre.

Mais, hélas ! j'avais compté sans d'autres hôtes, non moins intéressants à mon avis que les cailles vertes ou les bécassines de Bône, les ours de la vieille Pologne, les cerfs de l'île Maurice, voire, ne vous en déplaise, les coqs de bruyère de Saint-Sauveur, c'est-à-dire sans les sangliers, dont pullulent en ce moment, aux portes de Paris, les départements limitrophes de l'Aisne et de la Marne ; et comme, dans ma vie exceptionnelle d'homme n'ayant rien à faire, la question capitale pour moi est encore, avant tout, l'économie de temps, c'est à ces messieurs, vous le comprendrez, que j'ai dû raisonnablement donner la préférence.

Me promettez-vous, mon cher ami, de m'envoyez la relation exacte de votre excursion à Torla ? Vous me la devez en conscience ; c'est bien le moins, puisque j'étais invité à prendre part à la fête, que vous me teniez au courant de tout ce que vous allez faire sans moi, n'est-ce pas ?

Eh bien ! récit pour récit. Moi, je vais, si vous le permettez, essayer de vous raconter comment, dans les derniers jours d'avril, en deux excursions de quarante heures chacune, j'ai vu, de mes yeux vu, et cela sans en pouvoir tirer un seul, plus de sangliers que vous ne verrez assurément d'isards dans le versant espagnol des Pyrénées.

Je passe à la relation de ma première campagne, qui ne sera pas sans intérêt pour vous.

J'ai à Paris un mien ami, chez lequel nous avons dîné quelquefois vous et moi. On y dîne comme on ne dîne pas ailleurs. Je ne vous le nommerai pas : j'aurais l'air de faire de la réclame en sa faveur, et c'est là ce qu'il n'aime pas, comme tout maître d'établissement dont la réputation est faite. Si la reconnaissance de l'estomac ne vous dit pas tout de suite quel est ce digne émule de Vatel, je vous le présenterai à votre prochain voyage à Paris, et nous boirons ensemble à sa santé une ou deux des meilleures bouteilles de sa cave.

Cet ami, qui est chasseur, possède dans le département de l'Aisne, à quelques kilomètres de Château-Thierry, une petite campagne charmante, située au milieu d'un vrai pays de Cocagne. En plaine, au mois de septembre, c'est un déluge de perdreaux et de lièvres; au bois, été comme hiver, ce sont des troupeaux de sangliers et de chevreuils; beaucoup trop de sangliers même, dans l'intérêt des riverains dont ils dévastent nuit et jour les récoltes.

Il monte un matin à la maison, et, s'adressant à moi :

— Avez-vous un jour ou deux à sacrifier, me dit-il? Une convocation du sous-préfet de Château-Thierry m'invite, moi et les miens, à venir déclarer une guerre en règle aux sangliers qui infestent en ce moment les forêts de l'Aisne et de la Marne. L'administration forestière est prévenue, le ban et l'arrière-ban des tireurs d'élite du pays sont mis en réquisition. C'est un chef habile qui nous commande, M. Moreau de Janvier, ce fermier du pays, auquel toute la contrée a déjà voté des actions de grâces pour avoir si souvent porté la terreur et la mort dans les rangs de l'ennemi. Il y aura encore, cette fois, de nombreuses victimes. Venez donc vous joindre à nous, et vous verrez qu'au retour vous ne regretterez pas de vous être enrôlé avec nous comme volontaire.

On ne se fait pas tirer l'oreille devant un appel aussi chaudement formulé, surtout quand c'est à la demande des populations consternées qu'est organisée une semblable croisade.

Le lendemain, au soir, je descendais à Crézancy, petit village situé entre les stations de Mézy et de Dormans, sur le chemin de fer de l'Est, et outre Fortin, le premier piqueur de l'équipage de Bade, escorté de ses cinq meilleurs chiens, j'amenais encore avec moi, comme renfort, M. Milleret d'O-miécourt, un ami ; intrépide et joyeux compagnon, que je savais d'avance pouvoir, sans indiscrétion, présenter à mon hôte.

Celui-ci, en fait de réception, est un homme d'une exquise courtoisie ; il exerce l'hospitalité chez lui en grand seigneur, sans pour cela afficher d'autres prétentions que celles d'un maître de maison plein de cordialité et de bonhomie. M. Milleret, de son côté, qui est l'un des membres les plus distingués de la Société de la Neuville-en-Hez, a, plus que personne, et comme chasseur et comme homme du monde, le droit de réclamer l'application de la maxime charitable « les amis de nos amis sont des amis. »

Le rendez-vous général était fixé à huit heures, pour le lendemain matin, dans une auberge de la Chapelle-Montau-

don, village à trois lieues au-dessus de Crézancy, entre
Condé-en-Brie, bourg assez important, et certain autre petit
pays perdu dont le nom seul évoquera cependant pour vous
de précieux souvenirs. Car, bien que vous chassiez aujour-
d'hui le bouquetin et l'isard, un fanatique comme vous n'oublie pas son premier chevreuil, et c'est justement dans cet
endroit qu'il y a environ quatre ans, vous fîtes avec éclat,
sous mes auspices, votre première campagne contre cet hôte
innocent des forêts.

Nous étions, à l'heure dite, réunis au nombre d'une vingtaine de tireurs, amateurs et gardes, parmi lesquels je re-
trouvai quelques visages amis.

On nous présenta, mon compagnon et moi, à M. Viard,
sous-préfet de Château-Thierry, accompagné de M. Chollet,
garde-général des forêts, qui nous firent tous deux le plus
aimable accueil; je serrai la main à notre commandant Moreau, qui n'était pas pour moi une connaissance nouvelle, et
nous nous mîmes gaiement en route pour gagner à pied,
dans la forêt, le carrefour où devait se faire le rapport des
gardes.

Là était rassemblée toute une armée formidable de rabatteurs que j'estimai du premier coup d'œil devoir s'élever à une
cinquantaine d'hommes. Dans ces battues administratives, que
commande un intérêt général, la manière de procéder est bien
simple. A la réquisition du sous-préfet, s'exécute, par les
soins des agents forestiers de l'endroit, un enrôlement forcé
de tant d'individus par village. C'est une corvée obligatoire
qui n'est pas autrement rétribuée que par l'abandon aux traqueurs d'une partie des animaux détruits. Du reste, comme
il s'agit ici de combattre un ennemi commun dont les dégâts,

au moment des récoltes surtout, sont quelquefois incalcula-
bles, chacun y met de la bonne volonté, et il est bien rare,
en pareil cas, que tout ne se passe pas avec beaucoup plus
d'ensemble et de zèle que dans les battues exécutées par des
traqueurs largement payés.

A neuf heures précises arrivèrent les gardes, Fortin en
tête, précédé de son limier. Parti la veille au soir de Crézancy
pour venir coucher à La Chapelle, notre piqueur était sur
pied depuis quatre heures du matin et avait à lui seul détourné une douzaine d'animaux, parmi lesquels pas un seul
gros sanglier, toutes bêtes rousses et de compagnie. Le rapport de chaque homme en accusant à peu près autant, nous
n'avions, comme on dit, que l'embarras du choix.

C'était à l'ami Moreau à décider comment on dirigerait
l'attaque, et il faut convenir que, sous ce rapport, c'est un
homme d'expérience et d'instinct à la fois, qui a prouvé
maintes fois que, dans ces sortes d'occasions, personne ne s'y
entend mieux que lui.

Cet habile chasseur, dont je vous ménage un jour la connaissance, est un type à part que vous apprécierez comme
moi. Par son initiative, par son entrain, son coup d'œil sûr,
son jarret d'acier, il s'est acquis une telle autorité auprès des
braves gens qu'il commande, qu'ils lui obéissent tous comme
un seul homme. Vous avez vu Gibert-Maisonneuve à l'œuvre
dans l'expédition que nous fîmes ensemble au Breuil. Eh
bien! Moreau est exactement coulé dans le même moule.
C'est un gaillard de la même trempe que Gibert, mais peut-
être encore plus énergique. Habitués tous deux aux rudes la-
beurs des champs, dirigeant un soc de charrue de leur main
vaillante et calleuse tout aussi habilement qu'ils manient

un fusil de chasse, ce sont deux natures privilégiées, deux hommes d'élite, qui sont faits au physique comme au moral pour conduire et gouverner les autres.

Cependant, ce premier jour-là, malgré les efforts et les capacités bien reconnues de notre chef, la chance ne nous fut pas favorable, tant s'en faut.

Il existe à l'entrée des bois de La Chapelle une espèce de queue de forêt que l'on nomme les bois de la Hutte. Ce sont d'excellentes demeures où les animaux se recèlent volontiers en rentrant des gagnages de la plaine. Trois semaines avant notre expédition, ces mêmes parages, qu'il est facile de garder, avaient été le théâtre d'une de ces victoires glorieuses qui font époque dans la vie. Sur vingt à trente sangliers cernés dans les bois de la Hutte, onze avaient mordu la poussière et figuraient le soir, sanglants trophées, suspendus aux poutres de la salle de danse du pays, où j'ai encore vu les clous qui avaient servi à accrocher les victimes.

Moreau penchait pour que l'on enveloppât d'abord ces bordures ; mais un incident imprévu vint malheureusement contrarier cette combinaison prudente et nous entraîner en plein cœur de forêt. Les bois où nous chassions sont placés sur les limites des deux départements. Or, ce jour-là, l'administration forestière de la Marne faisait exactement comme sa voisine, l'administration forestière de l'Aisne ; elle traquait l'ennemi commun, à grand renfort de tireurs, de rabatteurs et de chiens, et pour ne pas nous nuire réciproquement, on nous faisait demander poliment, par une députation en règle, de vouloir bien consentir à la fusion des deux camps.

On dit que l'union fait la force, c'est possible ; mais le

proverbe, cette fois, ne reçut pas son application. Après deux premières battues infructueuses effectuées entre nous, nous rejoignîmes à un carrefour voisin MM. les volontaires de la Marne, nombreux auxiliaires, parmi lesquels je reconnus avec plaisir quelques-uns de nos compagnons de chasse des environs d'Aï et d'Épernay : M. Charles Malo d'Hautvillers, chez lequel nous avons reçu ensemble un accueil si parfait: le père Durantel de Pourcy, l'homme à la *Caritaine*, cette espèce de fromage d'Italie de sanglier dont il nous fit goûter, s'il vous en souvient, dans la baraque ou corps-de-garde élevé au milieu des bois de M. le duc de Mortemart.

La réunion effectuée, il fallut s'assembler, discuter et débattre plus d'un avis contraire. Pendant ces pourparlers en pure perte, le temps s'écoulait, et quand, après mille marches et contre-marches, vint enfin l'instant de se former en rang de bataille, il était trop tard, les sangliers, effrayés par tout ce bruit d'un véritable corps d'armée, ne se l'étaient pas fait dire deux fois, ils avaient déguerpi sans tambour ni trompette. On eut beau fouler et refouler dix enceintes successives, partout les bauges étaient encore tièdes mais vides, et de buisson creux en buisson creux, on revint enfin aux bois de la Hutte que l'on n'aurait pas dû quitter le matin et où l'on venait de voir se rembucher par corps, une nombreuse compagnie d'animaux. Par malheur, toutes les dispositions les plus habiles échouent infailliblement quand le guignon s'en mêle. Cette dernière battue n'était pas commencée, qu'un orage, qui menaçait depuis longtemps, vint tout à coup à éclater sur nos têtes, avec une intensité telle, que rabatteurs et tireurs lâchèrent pied sans en demander davantage.

Pour mon compte, je ne fus pas le moins leste à battre en retraite au milieu de ce sauve-qui-peut général, et cependant, quand j'arrivai à La Chapelle, deux kilomètres à peine arpentés au pas gymnastique des tirailleurs de Vincennes, j'aurais passé une rivière à la nage que je n'eusse pas été plus complétement traversé.

Heureusement qu'un bon feu, quelques vêtements d'emprunt, et par-dessus tout un véritable festin de noces, réunissant dans la salle de danse une trentaine de joyeux convives, présidés par l'aimable sous-préfet de Château-Thierry, vinrent successivement me faire oublier l'insuccès de cette première journée. Il en fut de même pour mes collègues, je le suppose, à en juger par la gaieté unanime qui anima bientôt toute l'assemblée. Mon ami, qui est un garçon d'esprit, entendant bien la plaisanterie, et d'autant plus amusant en société, que, naturellement enclin à la raillerie, il a le talent de conserver son sang-froid tout en mystifiant les autres, avait avisé dans notre auberge, se séchant avec nous sous le vaste manteau de la cheminée, une honnête et naïve figure de paysan, qu'il avait de prime-abord jugé apte à devenir son plastron et à lui servir merveilleusement de Jocrisse. C'était le maréchal-ferrant du lieu, un personnage, un malin, demi-lettré, demi-sorcier, dont je souhaite le Sosie à **MM.** Plunkett et Dormeuil, les habiles directeurs du Palais-Royal, si jamais ils songent à remplacer Hyacinthe. Sans autre cérémonie, notre farceur avait invité le personnage à dîner avec nous et l'avait poliment installé à sa droite. Je renonce à vous peindre le parti que, pendant trois heures d'horloge, il a su tirer, à l'hilarité générale, de ce comique et plaisant voisinage. Théorie du grand et du petit Albert, évocation du diable, avec deux couteaux à lames droites placés en croix devant le patient, qui doit se mettre sur le nez un bouchon de liége fendu, absolument comme dans une partie de *drogue*, ce jeu favori des troupiers; enfin, pour compléter la chose, la charge si amusante des deux assiettes dont l'une est blanche, celle que vous gardez en main, et dont l'autre, enduite extérieurement d'une couche épaisse de noir de fumée, est passée par vous à votre voisin qui, bientôt, sans s'en douter, et rien que par l'imitation servile de vos gestes, se tatoue lui-même le visage comme le plus farouche des Io-Way; voilà quel fut à peu près le programme de cette soirée désopilante que termina, sur le minuit, un bal général où plus d'un danseur plus qu'ému, grâce au vin de Champagne, n'était pas très d'aplomb sur ses jambes.

Le lendemain matin, à l'aube, la fanfare du réveil avait à peine retenti, que tout le monde était sur pied, ne se souvenant plus des fatigues de la veille. La pluie du soir, qui s'était prolongée dans la nuit, avait rendu le revoir facile et singulièrement simplifié le travail des piqueurs. Saint Hubert nous devait une revanche, et il nous la donnait éclatante, le saint homme. En arrivant au rendez-vous convenu, la *Route Ferrée*, nous avions quatre-vingts animaux au rapport, ni plus ni moins, des petits, des gros, des moyens. Restait, comme toujours, l'embarras du choix. Les uns étant rembuchés dans l'Aisne, les autres dans la Marne, quelle direction devions-nous prendre d'abord?

On opta pour la Marne; mais avec cette condition prudente, c'est qu'on n'obéirait qu'à un chef unique, et que bien que l'ami Moreau ne fût pas tout à fait là sur son terrain, il voudrait bien se charger de diriger les choses de manière à réparer les échecs de la veille.

Que n'étiez-vous des nôtres, ce jour-là, mon cher de Castelbajac? Vous eussiez éprouvé, j'en suis sûr, toute l'émotion d'un soldat saluant pour la seconde fois le champ de bataille où il remporta jadis sa première victoire. C'est à Vassy que nous allions cette fois chercher à rejoindre l'ennemi ; Vassy, ce véritable repaire des sangliers, dont chaque route est semée de souillards, chaque berge de fossé labourée de voies saignantes, chaque coulée tracée comme un sentier frayé.

Vous vous rappelez nos sensations réciproques, quand nous interrogions de l'œil cette terre promise où nous fîmes, il y a quatre ans, cette excursion que plus tard maintes circonstances ne nous ont pas permis de renouveler ensemble.

Eh bien! figurez-vous que rien n'a changé depuis notre voyage ; voici la vente *Tonneins*, séparée du massif de M. le marquis de Talhouet par ce même ru qu'on nous fit garder à tous les deux ; voici les tailles où M. Piot, le notaire de Dormans, fit à quelques pas de nous ce magnifique coup double ; ici, le carrefour où nous déjeunâmes ; là, le chemin où nous rencontrâmes un peu ému M. de Magnanville, le propriétaire des bois de Saint-Martin ; enfin, plus loin, la jeune coupe devenue un taillis aujourd'hui, où un cri joyeux d'hallali m'apprit que saint Hubert venait enfin d'exaucer le plus ardent de vos vœux, en vous faisant tuer votre premier chevreuil.

Que de souvenirs agréables à chaque pas, mon cher ami, et combien ils auraient eu encore plus de charmes à mes yeux, si vous aviez été à mes côtés pour aider à ma mémoire et les évoquer tour à tour ensemble.

Mais silence, plus un mot... laissons de côté les réminiscences d'autrefois : vous savez qu'en chasse tout bavardage inutile est une faute capitale.

La vente *Tonneins* est enveloppée et les sangliers y foisonnent. Suivant la tactique infaillible du maître, les tireurs sont échelonnés à bon vent sur toute une ligne formant un vaste triangle. Les traqueurs, au nombre de soixante, sont placés sur la limite des bois communaux et de la forêt de Vassy avec l'ordre formel de n'avancer qu'à pas lents. Quelques chiens sont découplés dans l'enceinte, des chiens de toute race, n'appartenant à aucune espèce, mais rompus à cette chasse toute spéciale. Fortin pénètre au bois avec un ou deux autres hommes portant trompe ; bientôt quelques coups de voix ont retenti, un hourra immense éclate, annonçant aux échos du lieu que les animaux sont sur pied... Un cri d'alarme : *Prenez garde à vous !* domine tous les autres cris. C'est notre commandant en chef qui, de sa voix puissante, nous prévient de nous tenir sur nos gardes. Posté sur la lisière d'un taillis de l'année, vaste clairière que j'embrasse d'un coup d'œil jusqu'aux futaies voisines, j'attends le débucher et j'observe ; mais je ne vois traverser à portée qu'un timide chevreuil, suivi un instant après par deux méchants lièvres qui se dérobent. Soudain un coup de feu s'est fait entendre à l'extrémité de l'aile droite. Un second lui répond, puis un troisième, un quatrième... L'action est définitivement engagée et la fusillade devient générale.

C'est alors que de ma place, observatoire improvisé d'où, l'arme au bras, je domine toute l'affaire sans avoir la chance d'y prendre part, je suis à même de vérifier combien un chasseur de votre connaissance que je ne nommerai pas, a raison de se plaindre amèrement du guignon constant qui

s'acharne après lui depuis que l'ambition de tuer son premier sanglier lui a fait se commander une carabine spéciale,
chef-d'œuvre de Lefaure, modèle irréprochable de précision
et de justesse. J'aperçois descendre droit sur lui, la hure au
vent, les soies hérissées, un sanglier noir comme une taupe.
C'est, autant que j'en puis juger, un animal respectable, venant pour le moins à son tiers an. Je remercie tous les saints
du paradis de réaliser enfin le rêve le plus ardent d'un
confrère... encore quelques mètres à franchir et l'animal est
indubitablement foudroyé, car j'ai confiance entière et dans
l'arme et dans le tireur, que le matin même, en déjeunant à
la ferme de Genlis, j'ai vu, aux acclamations de cent témoins
stupéfaits, tuer à balle franche un pauvre pinson perché au
sommet d'un chêne. Ah! bien oui! déception! damnation!
enfer! épuisons ensemble avec lui tout le vocabulaire des im-
précations connues, et nous ne serons pas encore à la hauteur du désespoir et de la rage de mon voisin... Figurez-vous
que, au moment où il va serrer le doigt, deux rabatteurs,
masqués par un pli de terrain, apparaissent tout à coup,
coupent la ligne de l'animal au tireur, et que le sanglier
qui rebrousse va passer dans l'angle opposé, où je le vois, au
milieu d'un nuage de fumée, festonnant successivement toute
la bordure du bois, recevoir vingt coups de fusil, dont cinq
tirés à bout portant par la même personne.

Par la même personne! me direz-vous; mais réfléchissez
donc à ce que vous avancez là, le fait est incroyable, impossible. Cinq coups de fusil tirés sur un sanglier fuyant,
dans le court intervalle que met à franchir une ligne cette
avalanche vivante plus rapide que l'éclair! Quel est ce nouveau Jupiter Tonnant, je vous prie? Votre chasseur avait don

à sa disposition tout un arsenal complet, une batterie de canon en tuyaux d'orgue, une seconde machine Fieschi?

Non, mon cher, mon Jupiter Tonnant est tout bonnement un simple mortel comme vous et moi. Seulement il avait eu la singulière fantaisie, en quittant Paris pour venir prendre part à notre expédition, d'emprunter à son armurier, qui n'est ni Lefaucheux ni Devisme, je le constate pour l'honneur des deux maisons, un fusil revolver à cinq coups, véritable joujou d'enfant qui, passé de main en main le matin, avait excité la curiosité générale et servi de thème à vingt commentaires plus ou moins drôlatiques. Désormais l'arme est jugée, mon cher ami; n'emportez jamais en chasse, à moins de vouloir désopiler la rate de vos voisins, cette seringue à jet continu que j'ai vue fonctionner pour la première et dernière fois, je l'espère.

En définitive, six sangliers tués, parmi lesquels quatre laies et deux gros sangliers pesant deux cents chacun, tels furent les résultats donnés par la vente *Tonneins*, ce qui est peu de chose assurément, lorsque l'on songe au nombre vraiment prodigieux des animaux que recèlent ces parages et à la quantité de poudre que l'on y brûle en pure perte.

Au moment où, la battue finie, chacun se dirigeait vers le carrefour voisin pour y contempler quelques-unes des victimes, j'avisai un garde qui pleurait... c'était un nommé Cécile, un excellent tireur qui a détruit ou fait détruire bien des sangliers dans sa vie. Un vieux chien qu'il affectionnait beaucoup, espèce de corniaud à manteau noir, ne tenant d'aucune race connue, mais chassant parfaitement le sanglier, venait d'être littéralement coupé en deux par un solitaire peu commode qu'il était allé relancer dans son fort au milieu d'un fourré

d'épines. Le pauvre animal, qui cognait dur, avait tout à coup
cessé de crier en jetant un dernier hurlement, mais un hurlement plaintif, étrange, et son maître ému, tout tremblant,
sous l'impression de ce cri d'angoisse qui l'avait remué jusqu'au fond de l'âme, manquant à son tour de voix pour l'appuyer, l'avait vu revenir à ses pieds, mutilé, sanglant, le
flanc ouvert, accrochant à tous les buissons des lambeaux de
chair et d'entrailles, puis le chien était mort en léchant la
main de son maître. « Ah ! mon bon *Ronflot*, disait Cécile,
tu es mort en brave au champ d'honneur ; mais c'est égal, je
ne te remplacerai jamais, mon pauvre vieux. » Et du revers de
sa main ridée il essuyait deux grosses larmes, dernière oraison
funèbre plus éloquente encore qu'un long discours. Quand
tout le monde fut assemblé, Moreau, qui a toujours de bonnes
inspirations, prit à la main la casquette du garde, et proposa
en sa faveur une quête destinée à l'indemniser, séance tenante,
de la perte qu'il venait de faire. Inutile d'ajouter que la proposition fut adoptée à l'unanimité, et que, la tournée finie,
Cécile, qui n'aurait pas vendu son chien pour aucun prix, me
parut un peu moins désolé.

Cependant la journée s'avançait et nous avions près d'une
grande lieue à faire pour arriver aux *Usages* d'*Igny-le-Jars*,
un canton que vous connaissez encore, et pour cause. C'est
celui dans lequel vous avez tué ce vieux brocard qu'on vous a
prié, pour la nouveauté du fait, d'abandonner à ce bon
M. Pilat, votre voisin, un digne éleveur du Pas-de-Calais,
couronné plusieurs fois en maints concours agricoles, et qui
venait de manquer... une chevrette.

Cette distance fut franchie au pas de course. Mais le soleil
baissait à l'horizon, n'éclairant plus de ses derniers rayons que

la cime verdoyante des bouleaux et des hêtres. J'étais placé au bord d'un fossé, sous une futaie épaisse dont les profondeurs s'assombrissaient de minute en minute. C'était presque l'heure où la vue, fatiguée de lutter avec l'ombre, enfante ces visions fantastiques dont tout chasseur est malgré soi la dupe, surtout à l'heure mystérieuse de l'affût. Pendant que j'étudiais avec une attention toujours croissante une masse grisâtre, immobile au milieu d'un épais fourré d'épines noires et à laquelle je prêtais insensiblement toutes les formes d'un vieux solitaire arrêté à écouter les cris lointains des traqueurs déjà en marche, un sournois de renard, propret, pimpant, coquet, un petit-maître, vint passer à douze pas de moi, sans me voir, descendit doucement dans le fossé, et, longeant toute la berge en me montrant son blanc panache avec toute la lenteur et la légèreté d'un chat qui suit l'arête d'un toit, s'éloigna sans bruit, ne se doutant guère, l'imprudent, qu'il s'en fallût de bien peu que, malgré la consigne donnée, tenté par une si belle occasion, je ne pressasse la détente. A quoi tient souvent la destinée et des hommes et des bêtes!

Igny-le-Jars, qui se compose en partie de tailles dont vous vous rappelez les forts inexpugnables, comptait autant de sangliers pour le moins que la vente *Tonneins*. Une compagnie de quinze animaux, levés ensemble, força la ligne des traqueurs, chargeant sur eux à fond de train et culbutant presque les plus rapprochés. On les accueillit sur les derrières, garnis prudemment d'une douzaine de tireurs, par une fusillade que je jugeai tout de suite trop bien nourrie pour avoir été très-meurtrière. Effectivement, tous avaient passé, mais pas une balle n'avait pu faire une trouée dans cette phalange compacte et invincible.

Peut-être faut-il attribuer cette maladresse générale à l'heure avancée de la soirée, car dix minutes plus tard il était nuit close, et c'est à tâtons, au milieu des ténèbres, que nous dûmes, par des chemins de traverse inconnus, complétement détrempés, grâce à l'orage de la veille, opérer notre retraite jusqu'à Igny-le-Jars, où nous arrivâmes à huit heures du soir, mourant de faim, éreintés, rendus, et n'ayant pour tout asile que le cabaret enfumé du père Lallemand, cette même cambuse où nous avons perché quarante-huit heures, vous et moi, avec onze chevreuils tués en deux jours, et en compagnie de *MM. Fournier, de Ruzé, Gibert et compagnie*, une trilogie cynégétique comme on n'en voit plus, et qui, j'en suis certain, brille encore dans vos souvenirs, ainsi que dans les miens, avec toute son auréole de gloire.

C'est ainsi, mon cher de Castelbajac, que se termina ma première excursion, dans laquelle, comme vous êtes à même d'en juger, notre commun patron ne me fut pas très-propice. Passons maintenant à la seconde, qui ne m'a pas offert plus de chances comme chasseur, mais dont la relation ne sera pas sans intérêt pour vous, parce que là encore vous vous retrouverez en pays de connaissance.

Cette fois, c'est pour Villers-Cotterets (remarquez que nous ne quittons pas le département de l'Aisne, cette terre classique des sangliers) que je m'embarquais plein d'une ardeur nouvelle, appelé par une invitation non moins pressante que celle de mon ami parisien, et comptant bien prendre, dans ce coin privilégié du Soissonnais, une éclatante revanche de mon peu de succès dans les forêts de la Champagne.

Mais, hélas ! mon voyage débuta par un de ces incidents burlesques faits pour décourager le plus brave pour peu qu'il soit superstitieux, et le forcer à rétrograder, même sans tenter davantage la fortune, en présence d'un si triste présage.

Devineriez-vous, mon cher ami, comment aujourd'hui, en plein dix-neuvième siècle, avec les progrès alarmants du *railway*, ce vaste réseau de fer qui sillonne déjà la France entière et qui sera dans un temps peu éloigné, prenez note de ma prédiction, le *drap mortuaire* du gibier de toute espèce, on se rend de Paris à Villers-Cotterets?

En diligence !

Heureux pays que celui-là, n'est-ce pas? où le progrès de la civilisation n'a pas encore pénétré au détriment de la chasse.

La distance à parcourir est de soixante-quatorze kilomètres. Eh bien! il faut neuf heures pour faire ce trajet, dans une voiture partant du *Plat-d'Étain* à dix heures du soir, et qui, transportée de l'embarcadère de la gare de l'Est jusqu'à Meaux où elle arrive à minuit, reprend une route départementale en assez triste état, et, à moins d'événements majeurs survenus en chemin comme dans la circonstance présente, vous descend à destination, entre sept et huit heures du matin, le lendemain [1].

Notre rendez-vous en forêt étant pour neuf heures, ce mode de transport, que, du reste, j'étais bien dans la nécessité d'adopter puisqu'il n'en existait point d'autre, à moins de passer par Compiègne, faisait parfaitement mon affaire.

J'étais seul dans le coupé en quittant la capitale. Mais, à Meaux, un monsieur et une dame, que j'eus à peine le temps

[1] Nous n'avons pas besoin de rappeler au lecteur la date de cette correspondance. Depuis longtemps, grâce au chemin de fer de Paris à Soissons, les communications avec Villers-Cotterets ne sont plus aussi difficiles.

d'entrevoir à la lueur douteuse du dernier réverbère de la station, vinrent prendre place à mes côtés, et bientôt la diligence, enlevée de son truc, traversa, au galop de quatre vigoureux percherons, la patrie endormie des biftecks à la *Béarnaise* et de cet excellent fromage de Brie, dont la réputation s'étend d'un hémisphère à l'autre.

Tout se passa assez bien jusqu'à la descente qui se trouve avant Champfleury, sur la nouvelle route établie pour le service des voitures de Puisieux, entreprise Gibert et C⁰; mais tout à coup, au moment où je m'oubliais au milieu du plus beau des rêves, notre postillon, qui en faisait autant, je présume, ne retint pas assez à temps l'un des chevaux de volée entraîné sur la pente d'un débord ; nos roues de droite s'enfoncèrent jusqu'au moyeu, et la diligence, se penchant sur le côté avec une grâce parfaite qu'imitèrent mes voisins de gauche en prenant mon épaule pour point d'appui, alla s'accoter tout doucement sur un tas de pierres qui, placées là providentiellement, nous évitèrent une plus lourde chute.

Verser en diligence à l'époque où nous sommes est une bonne fortune qui n'est pas donnée à tout le monde. Aussi, quand, le premier moment de stupeur passé, chacun se fut bien assuré en se palpant qu'il n'avait ni contusion ni fracture, prîmes-nous le parti de rire de notre mésaventure.

Il n'en fut pas de même cependant lorsque le conducteur, inspection faite, déclara que notre timon étant brisé et l'une de nos roues fort compromise, la voiture, qu'on ne pouvait d'ailleurs relever qu'à l'aide de crics, n'était pas en état de nous mener plus loin et qu'il fallait forcément attendre qu'après avoir dételé les chevaux, il retournât à Meaux avec le postillon afin de nous amener un autre véhicule.

Le plus petit événement dans ce monde a souvent des suites bien fâcheuses, grâce aux conséquences qui en dérivent.

Il était en ce moment une heure et demie du matin. Nous nous trouvions fort loin de toute habitation, sur une route assez peu fréquentée, à distance égale à peu près et du premier relais et de la ville que nous venions de quitter, et en y mettant toute la célérité possible, il n'y avait pas probabilité pour nous de pouvoir nous remettre en route avant quatre ou cinq heures.

Je compris tout de suite tous les inconvénients qu'allait entraîner pour moi ce retard involontaire. Au lieu d'être à Villers-Cotterets à sept heures, je n'y arriverais pas avant midi, et encore. Adieu donc le déjeuner où j'étais attendu ; adieu le rendez-vous fixé en forêt à neuf heures précises ; adieu les sangliers promis et qu'on m'avait en quelque sorte ménagés.

Dans le premier moment, j'en aurais volontiers pleuré de rage. Mais à quoi bon se désoler en pure perte ? N'est-ce pas là le cas, ou jamais, de faire appel à sa philosophie, surtout quand on en a comme moi une certaine dose ?

Un danger couru ensemble suffit pour rapprocher les hommes. Je liai connaissance avec mon voisin et sa femme, couple aimable et charmant, que je soupçonne encore fortement dans la lune de miel, et qui allaient jusqu'à Crépy visiter dans ses terres une de leurs vieilles parentes.

La nuit, du reste, véritable nuit de printemps, était tout à fait telle que l'exigeait la circonstance : tiède, parfumée, radieuse. Du plateau que dominait notre route, on apercevait de loin en loin, comme autant de phares épars au fond d'un golfe, les lumières de la ville de Meaux dont la cathédrale gothique dormait dans l'ombre. Le rossignol jetait au

vent son chant harmonieux, qui montait jusqu'à nous en
cadences perlées du fond des jardins du faubourg ; des sen-
teurs embaumées s'exhalaient des haies d'aubépine en fleur,
et de temps à autre, au milieu du silence mystérieux de la
nature endormie, s'élevaient les voix de jeunes filles rieuses,
revenant, bras dessus bras dessous, de la fête d'un village voisin.

Notre faction à la belle étoile se prolongea ainsi pendant
trois mortelles heures, et le soleil éclairait déjà le sommet
des vignobles voisins, quand, la nouvelle diligence amenée et
le chargement de nos bagages d'une impériale sur l'autre
effectué, nous pûmes enfin songer à nous remettre en route.

Il était dix heures et demie du matin quand nous re-
layâmes à Crépy, où l'on passe habituellement à six heures,
et c'est là que je pris congé de mes compagnons d'infortune
du coupé, M. et madame D..., qui, plus heureux que moi,
étaient arrivés au terme de leur voyage.

Ce jeune ménage habite Juzennecourt, dans la Haute-
Marne, pays de chasse qui en vaut bien un autre et que vous
pouvez classer au premier rang sur la carte cynégétique de
France. Madame D... est une femme des plus gracieuses, et
que, à son sang-froid au moment de notre accident nocturne,
je vous donne comme douée d'un courage au-dessus de son
sexe. Quant au mari, c'est un zélé disciple de saint Hubert,
voisin de campagne des Villers-la-Faye et des Montmort, en
relation conséquemment avec la plupart des sociétaires de
Rallye-Bourgogne, et auquel il avait suffi de me nommer
pour que nous ne fussions plus étrangers l'un pour l'autre.
Vous savez qu'en pareil cas mon titre de directeur du *Journal des Chasseurs* est un véritable passe-port, dont je ne
dédaigne pas de faire usage au besoin, et pour cause.

J'avais encore quatre grandes lieues à faire pour être rendu à Villers-Cotterets. Je glissai cinq francs dans la main du postillon, qui me prit à coup sûr pour un nabab et partit carrément, à fond de train, en criant : *Allume ! allume !* et comme la route est bonne, à onze heures un quart précises je faisais mon entrée triomphale dans l'hôtel où descendent d'habitude les voitures Decrept et C*. Régler ma place au conducteur, jeter mon carnier sur mon dos, passer mon fusil en bandoulière, prendre à la main le sac de nuit renfermant mon léger bagage et courir hors d'haleine à la maison dont mes hôtes, MM. Fournier et de Puzé, ont fait leur rendez-vous de chasse, tout cela me prit moins de temps assurément que je n'en mets à vous le dire. Mais j'eus beau me hâter... presser le pas... double déception qui faillit me faire tomber à la renverse, bien que j'y fusse dûment préparé d'avance !... le logis était désert, et, ce qui est plus grave, la table du déjeuner desservie. Pas un maître à la maison, pas un chien au chenil, pas une seule côtelette dans la cuisine... Enfin survint un domestique, un honnête Alsacien, auquel je contai ma mésaventure :

« Ces messieurs ils n'être bas engore bien loin, me dit-il en me servant à la hâte une bouteille de vin blanc et une tranche de gigot froid, et en vous téhèchant un beu, vous les truferez sur la route de Gompiègne. »

Vous jugez si je mis les morceaux triples. Jamais buffet de chemin de fer n'hébergea voyageur plus expéditif que moi, cinq minutes tout au plus, le temps nécessaire pour ne pas mourir de soif et de faim, puis vite debout, et en route, à la recherche des camarades.

Vous ne connaissez pas Villers-Cotterets, n'est-ce pas ? Eh

bien ! mon cher ami, je ne perdrai pas mon temps à vous décrire cette aimable cité, que vous aurez un jour, j'espère, tout le loisir d'étudier vous-même à votre aise. A part Cartier, un véritable artiste culinaire qui a l'honneur d'avoir enseigné à Alexandre Dumas père ces premiers principes de gastronomie que Vuillemot a perfectionnés par la suite, et chez lequel je me souviens pour mon compte particulier d'avoir mangé, dans le temps, certain levraut assaisonné d'une sauce à lui comme je n'en ai goûté nulle part depuis ; à l'exception en outre de son château, vieille résidence des Penthièvre, transformé aujourd'hui en un vaste dépôt de mendicité à l'usage des deux sexes, triste monument qui témoigne des misérables vanités de ce bas monde, Villers-Cotterets n'offre rien de bien remarquable.

Cependant j'y ai, tout en courant, fait, au galop, deux observations qu'il est bon de vous signaler en passant.

La première, c'est que l'on y trouve de très-jolies grisettes, grâce à une profession toute spéciale fort répandue dans l'endroit, profession modeste, un peu légère, dit-on, celle de piqueuses de bottines.

La seconde, que je vous donne comme correctif de l'autre, est un enseignement plein d'une haute philosophie. Vous savez la sentence habituelle des trappistes, qui ne s'abordent jamais entre eux sans se dire d'un ton lugubre : *Frère, il faut mourir !* Figurez-vous, que, en longeant les murs du cimetière de la ville pour gagner l'entrée de la forêt, j'ai lu, de mes yeux lu, inscrit en lettres blanches se détachant sur le chapiteau noir d'une porte gothique, cet avertissement salutaire : *Heri mihi ! Hodie tibi.*

J'avoue que, dans les dispositions d'esprit où j'étais, après l'accident qui m'était arrivé en route la nuit précédente, cette sentence me fit faire un retour involontaire en moi-même.

— *Hier mon tour, aujourd'hui le tien*, me disais-je... Diantre! si c'était là un avertissement venu d'en haut... Une chasse au sanglier présente ses péripéties et ses périls. Outre la fureur d'un ragot blessé vous chargeant à l'instant où l'on n'a plus en main qu'une arme inutile, n'a-t-on pas encore à redouter la maladresse ou la précipitation d'un voisin?... Du moment où l'on tire à balle, il y a toujours danger pour les chasseurs. Voyez *Robin des Bois :* dans les trois balles remises à Tony par Richard, il y en avait une, la troisième, qui n'appartenait pas au tireur, mais au diable.

Aujourd'hui! aujourd'hui! répétais-je mentalement. Je sais bien qu'on a beau faire, que tôt ou tard, riche ou pauvre, jeune ou vieux, infirme ou valide, chacun de nous doit payer sa dette et entrer, pour n'en plus sortir, dans ce champ commun du repos : mais c'est égal... cette fois le créancier est dur, et la sommation est brutale. On a raison de temps en temps de rappeler certaines échéances, cela tient le débiteur en haleine. Mais pourquoi vous prendre ainsi au dépourvu, à brûle-pourpoint, vous arrêter au coin d'un mur, par le pan de votre redingote? Ne faites jamais de dettes nulle part, mon cher ami, mais à Villers-Cotterets principalement, je vous en prie. Les gens de ce pays-là doivent être d'impitoyables créanciers, soyez-en sûr, rien qu'à voir l'inscription odieuse placée au-dessus de la porte de leur nécropole...

A Livry, ce charmant et coquet petit village que vous connaissez et que nos chasses à courre avaient transformé, en 1839, en une résidence princière, les habitants entendent bien mieux les vrais principes de la charité chrétienne. Leur cimetière, derrière lequel, par parenthèse, nous avons fait un jour un hallali de daim magnifique, a aussi son inscription, une inscription de quatre mots seulement, comme celle-ci. Mais quelle différence dans cet avis au lecteur : *Hodie mihi! Cras tibi! Aujourd'hui mon tour, demain le tien...* A la bonne heure, parlez-moi de cela. Voilà un mort qui sait vivre ; il ne vient pas brusquement, sans rime ni raison, le pistolet au poing, vous arrêter au beau milieu du chemin. Il vous prévient d'une façon charitable qu'il se présentera le lendemain, et vous accorde au moins un jour pour songer à vous acquitter. C'est le délai légal... présentation la veille... le lendemain, protêt à midi ; puis, prise de corps à la suite. Vous conviendrez qu'en pareil cas vous auriez tort de vous formaliser, vous êtes bien et dûment prévenu, et vous n'avez pas le droit de vous plaindre.

Heureusement qu'au détour d'un grand chantier où l'on applique à la charpente le procédé du docteur Boucherie pour la conservation des bois, j'entendis un ouvrier qui, tout en se livrant à sa besogne quotidienne, chantait à tue-tête, peut-être en raison même du funèbre voisinage, le fameux refrain de maître Adam, le menuisier de Nevers :

> « Si je meurs, que l'on m'enterre
> « Dans la cave où est le vin... » etc., etc.

Je me hâtai de faire chorus avec ce joyeux enfant du travail, et quand je mis le pied en forêt, j'avoue que, grâce à cette diversion, j'avais complétement oublié les idées noires qui étaient venues m'assaillir malgré moi.

Que je vous plains, mon cher ami, vous qui avez déjà

parcouru tant de pays différents dans votre existence de chasseur, un peu nomade comme la mienne, de ne pas connaître la forêt de Retz. Il est vrai que vous êtes encore bien jeune et que vous avez du temps devant vous pour faire connaissance avec elle.

Imaginez-vous bien qu'il est impossible de rien voir de plus grandiose que ces treize mille hectares, plantés des plus belles essences de hêtres que j'aie encore rencontrées dans ma vie : oui, n'en déplaise à Fontainebleau, à Compiègne, à Rambouillet, ces magnifiques réserves que l'on cite avec tant d'orgueil aujourd'hui, l'apanage de la liste civile a perdu son plus beau fleuron, le jour où la forêt de Retz, faisant retour à l'État, est sortie du domaine de la couronne. Ce sont, à chaque pas, des futaies comme on n'en rencontre nulle part, pas même aux Grands-Monts ni à Saint-Marc; des sites à faire pâlir toutes les études des Troyon et des Calame ; des échappées à perte de vue, dont la reproduction est interdite même aux maîtres! La grande avenue qui descend jusqu'à Villers-Cotterets, en face du vieux château, avenue aujourd'hui envahie en partie, comme le sont, au surplus, la plupart des lignes principales de la forêt, par tout un semis d'accrues, protestation énergique de cette nature plantureuse et vivace contre l'art et la main des hommes, est à elle seule une merveille de perspective devant laquelle on s'incline en extase. C'est tout bonnement admirable, sublime !

Mais tout fatigue à la longue : les plus beaux spectacles vous lassent; et quand le poëte, tout entier à sa contemplation muette devant ces chefs-d'œuvre de la création, a cessé de jouir, le chasseur se souvient à son tour, le chasseur égoïste qui réclame à grands cris l'œuvre de destruction, son

plaisir à lui, son privilége : or c'est ce qui m'arriva l'autre
jour, quand, après avoir salué en artiste ces dômes féeriques
de verdure, si harmonieusement nuancés de toutes les riches
couleurs du printemps, je me rappelai que j'avais un fusil
sous le bras, et que j'avais fait vingt lieues pour tuer un sanglier et non pour admirer la nature ou cueillir une perven-
che, la fleur favorite du philosophe de Genève.

Mais où était la troupe joyeuse aux exploits de laquelle
j'étais venu prendre part? Perdu sur cette interminable route
de Compiègne où m'avait envoyé de confiance, avec son pa-
tois moitié français moitié tudesque, le valet de chambre de
l'ami Fournier, que faire, que devenir? de quel côté diriger
mes recherches? Fallait-il suivre devant moi, dévier à droite,
obliquer à gauche? J'aurais été bien embarrassé pour opter
en faveur d'un parti quelconque; et la ligne où je me trouvais
étant en définitive une grande voie de communication, je préfé-
rai la suivre plutôt que de m'engager au hasard dans toutes ces
routes de chasse, véritable labyrinthe où j'aurais couru risque
de me perdre sans avoir la chance d'y rencontrer une Ariane.

Cependant il était deux heures de l'après-midi, et je
m'enfonçais toujours : les carrefours disparaissaient derrière
moi sans qu'aucun indice m'indiquât si j'étais en bon chemin
et si je touchais au terme de mes peines. J'avais beau houp-
per, crier, interroger à chaque étape toutes les profondeurs
du taillis, rien n'apparaissait à ma vue, pas une seule voix ne
répondait à mon appel, si ce n'est le sifflement du loriot, le
chant monotone du coucou et le cri d'alarme d'un geai émi-
grant d'un arbre à l'autre, en passant au-dessus de ma tête :
c'était à en perdre courage.

Tout à coup une lueur d'espoir me revient au cœur : il me

semble que là-bas, mais loin, bien loin, a retenti un coup de feu, faiblement répété par l'écho de la vallée qui s'enfonce sur ma droite; je hâte le pas, je ne cours plus, je vole. Je ne me suis pas trompé; c'est bien un coup de fusil que j'ai entendu, car en voici un second, cette fois plus rapproché, plus distinct... j'entends même des chiens qui chassent... Une route se présente, j'y plonge un regard impatient, avide. Saint Hubert soit loué! ce sont des chasseurs, ce sont mes hommes.

En quatre bonds j'ai rejoint le premier tireur placé sur la ligne. C'est une figure que je n'ai jamais vue; mais qu'importe? je ne connais pas tous les *amis* de l'*ami* Fournier, et c'est assurément un invité. Je m'avance vers lui de confiance.

— Les chiens chassent un sanglier? lui dis-je d'une voix émue.

— Non, monsieur, un lapin...

— Comment un lapin, mais alors ils ont donc fait change?... Je croyais que les chiens de MM. Fournier et de Ruzé ne chassaient que le sanglier?

— Ce sont ces messieurs que vous cherchez?

— Oui, sans doute, voilà deux heures au moins que je suis à leur poursuite.

— Eh bien! monsieur, vous n'avez pas de chance; MM. Fournier et de Ruzé sont en ce moment de l'autre côté de la route de Soissons, c'est-à-dire à plus de deux lieues d'ici, et vous passeriez tout le reste de votre journée à les chercher, que je doute très-fort que vous les joigniez. Ils chassent effectivement le sanglier avec l'inspecteur et les gardes; mais si j'ai un conseil d'ami à vous donner, c'est de renoncer à ces messieurs, qu'assurément vous ne retrouverez pas. Nous chassons modestement le lapin aux bassets, nous autres, afin d'en purger ces plantations, où il cause quelque dommage. Restez avec nous; vous avez le bon esprit de vous servir d'un Lefaucheux, ôtez vos balles, substituez-y quelques cartouches de plomb n° 6, que je vais vous donner, et ce soir, après la chasse, nous vous ramènerons à Villers-Cotterets où vous aurez la consolation de dîner avec vos amis.

En voilà une complication de déceptions plus amères les unes que les autres! Quitter Paris la veille, à dix heures du soir, dans l'espérance de chasser un sanglier, c'est-à-dire de faire une partie sérieuse; verser en route, arriver à destination à midi au lieu d'y être à sept heures du matin; trouver le logis vide, la nappe ôtée; arpenter deux heures la grande route de Compiègne, tandis que la chasse est sur la route de Soissons, et en être réduit, en définitive, à fusiller quelques méchants lapins, métier que je n'irais pas faire à Bondy, sous ma main, à ma porte; n'y a-t-il pas là de quoi injurier tous les saints du calendrier, et, en désespoir de cause, n'est-ce pas à se casser la tête contre un arbre?

Qu'auriez-vous fait à ma place, vous que je connais un peu rageur de votre nature?... Hélas! vous auriez fait ce que je fis sagement moi-même, c'est-à-dire que vous eussiez accepté sans plus ample tergiversation la proposition aimable de mon interlocuteur.

Rappelez-vous comme moi, à l'occasion, que c'est encore, somme toute, un bien sage proverbe que celui qui dit stoïquement que, *faute de grives, on mange des merles.*

Ma nouvelle connaissance, qui n'était autre qu'un honorable habitant de Villers-Cotterets, M. Paisan, cofermier de M. Fournier dans le triage où nous nous trouvions, me présenta à quelques amis devant lesquels je déclinai mes nom, prénom et qualité, avec la satisfaction intérieure d'un homme qui voit tout de suite qu'il n'est pas inconnu sur la place ; puis nous nous mîmes en ligne dans d'épaisses bruyères, levant par-ci et par-là, devant nous, quelques pauvres lapins, dont le nombre, en dépit des plaintes de l'administration forestière, ne m'a pas paru de nature à motiver le moindre déploiement hostile. Il est vrai que, sous ce rapport, j'ai été gâté par Saint-Germain, et, plus tard, par le parc du Raincy. Quand, dans une seule après-midi de septembre, on roule quatre-vingt-seize lapins devant soi à l'arrêt de son chien, comme cela m'est arrivé dans ce dernier endroit, on conviendra qu'on a le droit d'être exigeant, et qu'il est dur de rentrer à cinq heures du soir avec cinq lapins, dont un tué d'un coup de talon de botte, dans son gîte.

A six heures, j'étais de retour à la maison avec un appétit d'enfer décuplé par mon maigre déjeuner, et presque en même temps arrivaient de Ruzé et Fournier, auxquels je fis piteusement le récit lamentable de mes mésaventures.

Ces messieurs n'avaient pas été très-heureux de leur côté. Cependant plusieurs sangliers avaient été vus et tirés, et à la fin de la journée une belle laie ragote, blessée et bien chassée, était enfin restée au champ d'honneur après avoir essuyé dix-huit coups de fusil bien comptés, dont quatre seulement avaient porté.

On me présenta l'animal qu'on venait d'apporter chez le garde ; puis ensuite le personnel composant la meute, c'est-à-dire quatre à cinq couples de magnifiques briquets d'Artois, chiens d'élèves, et une vieille lice, nommée *Comtesse*, prête à mettre bas, vaillante bête, la souche de tous ces héros futurs, encore un peu trop novices pour bien marcher sans leur mère. C'était à *Comtesse*, disait-on à l'unanimité, qu'on devait non-seulement le succès de la journée, mais bien d'autres encore obtenus précédemment. La pauvre chienne était sur les dents, incapable conséquemment de chasser le lendemain, et il fallut que le piqueur la prît dans ses bras pour la porter jusqu'au chenil avant que de lui servir sa soupe.

On n'eut pas besoin de tant de précautions, je vous le certifie, pour m'inviter à avaler la mienne. Si, le matin, j'étais arrivé le dernier, le soir il n'en fut pas de même lorsqu'on eut annoncé qu'on pouvait se mettre à table.

Outre quelques amis intimes, amenés de Paris et de Meaux par MM. de Ruzé et Fournier, figuraient parmi les convives M. du Bos, garde général de la forêt, le frère du colonel du 5ᵉ voltigeurs de la garde, M. du Bos d'Hornicourt[1], un gaillard qui n'a pas froid aux yeux, comme on dit en style de troupier, et un jeune artiste de beaucoup de talent comme peintre spécial de sujets de chasse, M. Schutzemberger fils, de Strasbourg, des œuvres duquel vous aurez remarqué un brillant échantillon chez Fournier, dans ce tableau qui décore sa salle à manger et qui représente des chevreuils surpris dans une île des bords du Rhin, effet de brume. Au Salon de cette année sont exposés quelques tableaux de ce peintre qui méritent plus qu'une mention honorable.

Le repas fut spirituel et gai, comme cela arrive toujours entre chasseurs, forestiers et artistes, et quand chacun se sépara pour gagner son gîte respectif, j'avoue que je me mis au lit un peu moins découragé que le matin, un peu plus

---

[1] Aujourd'hui général.

confiant dans mon étoile. Fournier, qui connaît ma veine ordinaire, la modestie m'empêche de dire mes connaissances pratiques, avait parié un napoléon que je tirerais un sanglier le lendemain; notez que je ne dis pas *tuerais*; Dieu me garde d'un tel excès d'amour-propre.

C'est à la *Bruyère aux Loups*, dans un canton tout différent de celui exploité la veille, que le rendez-vous général était assigné pour ce jour-là. Nous y étions tous à neuf heures du matin, tireurs et gardes, avec quatre couples de jeunes chiens, conduits par Crépin, le piqueur de ces messieurs; un garçon sérieux, rompu au métier, quoique jeune encore, connaissant parfaitement la chasse qu'il a pratiquée par goût dès son enfance et qui est resté longtemps au service d'un de nos meilleurs lieutenants de louveterie.

A Villers-Cotterets, les destructions de sangliers s'opèrent tout à fait autrement qu'en Champagne. Là, point de traqueurs; un petit noyau de tireurs d'élite, une douzaine au plus; les gardes de la forêt comme auxiliaires, puis quelques bons chiens découplés sur la brisée et appuyés par le piqueur dans les enceintes où ils ont été rembuchés; voilà tout bonnement comment les choses se pratiquent. Cette méthode me paraît préférable à l'autre en ce qu'elle simplifie beaucoup les détails, permet de mettre plus d'ordre et de discipline dans la conduite de la chasse, diminue d'autant les chances de dangers que présente toujours un personnel plus considérable, et je suis convaincu que à nombre égal d'animaux, l'avantage doit toujours être pour cette manière de procéder dont nous recommandons la pratique dans les pays où elle est possible.

Pour ma part, je ne pus m'empêcher d'en faire compliment à l'inspecteur de la forêt, M. Fliche, qui venait d'arriver et auquel on me fit l'honneur de me présenter dans les règles. C'est un forestier pur sang que celui-là ; mais c'est en même temps un homme du monde, un chasseur on ne peut plus serviable et dont la connaissance n'a pas été pour moi l'un des moindres agréments de cette réunion toute intime. Protecteur éclairé des intérêts de l'État, M. Fliche a fait exécuter dans la forêt de Retz, en fait de semis, de plantations et de routes, une foule de travaux importants qui resteront, même après le départ du chef, pour témoigner en faveur de son administration intelligente, de ses capacités et de son zèle ; mais là ne s'est pas borné son rôle ; du moment où le Domaine louait ses chasses, il a compris, en homme judicieux, ce que comprennent si bien ici tous les agents supérieurs de la première conservation de Paris, c'est-à-dire qu'il est d'une politique bien entendue, de la part de l'administration forestière, de favoriser plutôt que d'entraver les plaisirs des adjudicataires. Partant, point de jalousie, point de mesquines entraves, point de tracasseries inutiles ; entente cordiale, au contraire, saine interprétation du cahier des charges, aide et protection au besoin quand, par hasard, le cas l'exige et, par suite, harmonie parfaite entre l'inspection et ses fermiers qui, du reste, disons-le également à leur louange, sont des gens trop bien élevés pour commettre le plus petit abus, la plus légère infraction à la règle [1].

Nous avions quinze animaux détournés à peu de distance

[1] Tous les adjudicataires de chasse ne se ressemblent pas, malheureusement, mais MM. de Ruzé et Fournier peuvent être cités comme faisant exception. Ils n'en sont pas, du reste, à leur apprentissage, et leur sage gestion comme fermiers de 1848 à 1852 de l'un des lots les plus importants de la forêt de Compiègne, a dû prouver depuis longtemps à l'administration ce dont ils sont capables.

du rendez-vous, dans des taillis très-fourrés, entouré de futaies de hêtres. L'ami Fournier, qui tenait à gagner son
pari, me posta à cent mètres de lui, à l'une des meilleures
refuites de l'enceinte. Placés à bon vent, le ventre au bois,
nous tournions le dos à d'autres demeures que les sangliers
affectionnent; ce sont d'anciens pâtis humides que l'on
nomme le *Petit Marais* et qu'il était plus que probable que la
compagnie, une fois sur pied, chercherait à rejoindre. Mais je
vous l'ai déjà dit et je le répète, un guignon constant me poursuit. Au premier coup de voix, au premier trôlement de la
trompe, un seul animal monta sur nous pour se faire casser la tête par un de nos voisins, qui le tira tout au plus
à trois pas de distance, et le reste de la bande vida du côté
opposé au nôtre, essuyant successivement dix coups de fusil et
ne laissant sur le carreau qu'une seule victime, une mé-
chante bête de compagnie.

Dites encore qu'il ne faut pas croire aux mauvais présages!
Débuter par verser en route! mais c'était vouloir défier le
sort que de s'exposer après cela à chasser, et il me serait
advenu n'importe quoi à la suite d'un tel excès d'audace, que
je n'aurais eu vraiment que la juste punition d'une imprudence semblable.

Que vous dirai-je maintenant que vous ne présumiez déjà?
La ligne des tireurs une fois franchie, on eut beau faire,
prendre les grands devants, interroger de l'œil les refuites
présumées et les routes, il ne fut pas possible de rembucher les
fuyards qui s'étaient divisés en deux troupes. On essaya alors
de fouler au hasard quelques enceintes, les mieux placées
pour servir de refuge à l'ennemi. Mais à part une demi-douzaine de chevreuils, une multitude de lièvres, un renard tiré

et manqué par les gardes, quelques cerfs et biches, fort surpris de se voir dérangés dans leur fort, depuis un mois si tranquille et si calme [1], nous ne parvînmes pas même à lever le plus petit marcassin, si bien que, arrivés à la route de la Ferté-Milon, une magnifique voie ferrée descendant tout droit à Villers-Cotterets, on proposa d'en rester là, parti raisonnable accepté aussitôt à l'unanimité par la majorité de l'assemblée, dont la plupart des membres, déjà mollement étendus à l'ombre sur le tapis vert des bas-côtés du chemin, ne demandaient pas mieux que de faire la sieste.

Rien n'est pittoresque comme une halte de chasse, surtout par un beau soleil de printemps. Ces armes déposées çà et là, ces groupes de chasseurs et de gardes aux costumes divers, les uns disséminés sur le gazon, les autres adossés au pied des arbres, ces chiens couplés deux à deux et dormant pêle-mêle sur la berge du fossé voisin, ce cheval lui-même, attaché à une barrière et broutant philosophiquement l'herbe tendre, tout cela, tantôt éclairé, tantôt à moitié dans l'ombre, suivant les caprices de la lumière qui se joue à travers le dôme feuillu des grands hêtres, présente une série d'études ravissantes qui n'échappent point à l'œil d'un artiste.

Pendant que Schutzemberger, debout et un crayon en main, fixait sur son carnet quelques-unes de ces indica-

---

[1] La chasse à courre de la forêt de Retz, aujourd'hui très-riche en grands animaux grâce au voisinage de Compiègne, avait été sous-louée, il y a trois ans, par les fermiers actuels, à M. le comte Eugène Le Hon. Celui-ci l'a cédée, depuis l'année dernière, à MM. de Chezelles qui, dans le cours de cette saison, viennent d'y faire des laisser-courre très-brillants et ont confirmé par la prise de dix-huit cerfs, dont quelques-uns à la suite de débuchers à plusieurs lieues de l'attaque, leur réputation méritée de vrais veneurs.

tions prises sur le fait qui suffisent quelquefois pour donner
la vie à un tableau, l'inspecteur, M. Fliche, qui est, comme
tout bon forestier, un digne émule des Jussieu et des Linnée,
cueillait à côté de moi une petite plante odorante, à feuilles
dentelées, à courte tige, terminée par un bouquet de fleurs
blanches, perlées et presque imperceptibles :

— Connaissez-vous ceci? me dit-il en me la présentant.
C'est la *Reine des bois*, une plante exceptionnelle qui ne croît
que dans les pays de futaie. C'est à l'un des plus grands savants
forestiers allemands, le baron de ... (son nom m'échappe),
que je dois cette remarque curieuse. C'est en 185.., lors de
son voyage en France pour étudier notre système d'aména-
gement, qu'il me fit part de cette observation, que depuis
mes propres études m'ont mis à même de vérifier et me
portent à croire très-fondée. La *Reine des bois*, parfaitement
nommée comme vous voyez, ne pousse que dans les bons
terrains ; sa présence est un signe caractéristique infaillible
pour reconnaître les sols propres à produire les futaies. Dans
les pays dont le fond maigre et appauvri ne donne que des
bois rabougris, vous chercheriez en vain la plante ; elle n'y
croît pas. C'est une herbe qui a, en outre, une autre propriété
très-remarquable ; infusée à froid dans du vin blanc, elle lui
communique un arome délicieux que, du reste, sa senteur
vous indique et que les Allemands aiment beaucoup. Empor-
tez-en un bouquet, vous en essayerez à dîner et vous m'en
direz des nouvelles.

Cependant, la diligence de la Ferté-Milon venait de passer.
Il était cinq heures, conséquemment le moment voulu pour
se diriger du côté de la cuisine. Chacun se leva, se détira, et
le cortége se mit en marche.

Fournier, monté sur son grand cheval de bataille, un normand qui doit avoir les reins solides, car il n'a pas un poids mince à porter, menait la tête en vrai chef de colonne. De Ruzé, son lieutenant, venait après, puis moi, puis l'inspecteur, le garde général, M. du Bos, et le groupe plus compacte des traînards, forestiers et chasseurs, devisant ensemble, mais ne s'entendant guère, je suppose, car depuis quelques instants il s'était élevé un vent des plus violents, une véritable bourrasque.

De Ruzé dont, lors de notre partie à Igny-le-Jars, vous n'avez pas été sans observer comme moi l'impassibilité et le sang-froid, est, grâce à ces deux qualités qui, chez lui, n'excluent pas les autres, un tireur vraiment hors ligne ; c'est ce que, dans leur langage à eux, les gardes nomment *un fusil* de première force.

Il s'est fait faire à Paris, par l'armurier Gauvain, une autre célébrité dans son genre, une excellente carabine à canons rayés, arme de tir infaillible, véritable chef-d'œuvre de précision et de justesse.

— Quel dommage, disait-il tout en cheminant et non sans jeter un regard de regret sur son arme encore chargée, de perdre une balle que j'avais placée avec tant de précaution dans mon canon gauche ; c'était un coup sûr que celui-là, et la première pièce tirée était morte...

— Morte? gageons que non, répond un incrédule. Vous voyez bien ces trois corbeaux, dans cette terre labourée, sur votre droite ?

— Comment, ces corbeaux, là-bas, là-bas, à portée de canon, et qui, d'ici, me font l'effet de trois merles ?

— Tirez toujours, et la poussière que va soulever votre balle nous dira si vous avez le coup-d'œil juste.

C'était une plaisanterie qu'un tel défi. Mais de Ruzé n'est pas homme à reculer, même dans les cas les plus difficiles.

Je le vois faire signe à Fournier d'arrêter son cheval, passer froidement sa baguette dans son canon, armer sa carabine, l'épauler lentement, puis viser sans sourciller le but impossible qu'on lui désigne.

A ce moment les trois corbeaux, placés de front et espacés à un mètre de distance l'un de l'autre, s'avançaient nous faisant face, picorant qui de droite, qui de gauche.

Le vent était tellement fort, que l'arme vacillait entre les mains du tireur.

Toutes les poitrines étaient haletantes, tous les yeux fixes, immobiles.

— A celui de droite, dit de Ruzé en pressant la détente.

O prodige! il n'a pas achevé, que deux des oiseaux s'envolent, tandis que le troisième reste cloué sur place.

J'ai vu ce coup merveilleux, mon cher ami, vingt témoins l'ont vu comme moi, et je suis convaincu que pas un de nous n'eût été capable d'en faire autant, même en renouvelant l'épreuve vingt fois de suite.

L'un des assistants se détacha et s'en fut ramasser le corbeau, tout en mesurant la distance. Il y avait juste cent vingt mètres... La balle avait atteint l'oiseau en plein poitrail et l'avait traversé de part en part.

Ne manquez pas, je vous prie, de citer ce beau *coup de noir*, c'est le mot, à Castelx et à Escoula; et l'année prochaine, si vous organisez encore une campagne avec eux contre les isards des Pyrénées, au lieu de me faire l'honneur d'une invitation à moi, pauvre infirme, qui ne mérite pas d'être des vôtres, puisqu'en quatre grandes journées de chasse au sanglier je n'ai même pas eu le talent de brûler une amorce, adressez-vous à de Ruzé ; voilà votre homme... il ne fera pas défaut à l'appel, je suppose. Aujourd'hui en Afrique, où ses affaires l'ont appelé la semaine dernière, demain, sur un signe de vous, il serait à Gavarni et à Torla, et gare au malheureux bouquetin qu'il s'aviserait d'ajuster même hors de portée. Après ce que je lui ai vu faire à Villers-Cotterets, je crois avec lui à l'impossible.

Sans adieu, cher Nemrod, pensez à votre tour aux amis absents, et, le plus tôt que vous pourrez, envoyez-leur de vos bonnes nouvelles.

UN DÉPLACEMENT A CARLEPONT

FORÊT D'OURSCAMP

CHEZ M. LE BARON DE GRAFFENRIEND VILLARS

— Dînons-nous?

— Ma foi! il est sept heures du soir, les mets sont dressés, l'amphitryon aimable...

— Nous n'attendons personne...

— Dînons!

Ainsi s'exprimaient, le 25 décembre 185., trois convives en bonnes dispositions, dont votre très-humble serviteur

avait l'insigne honneur de faire partie, non pas dans un cabi-
net de la Maison d'or, fi donc! Quel genre! C'est bon pour
un gandin en bonne fortune avec une lorette. Mieux que
cela ; dans un simple wagon du chemin de fer du Nord,
train direct, parti à cinq heures de Paris, et filant, pleine
vapeur, sur Compiègne.

En guise de table, un panier de vin de Champagne ; pour
vaisselle plate, de simples feuilles de papier blanc ; pour unique service, méthode anglaise, un filet de bœuf froid au
madère, un poulet odorant dont un feu doux a doré les con-
tours ; pour dessert, des cresanes et des duchesses ; le tout
relevé par du chester et du brie et accompagné de six bouteilles d'un vieux bordeaux comme on n'en boit qu'avec ses
amis. Tel est le menu.

Quant aux personnages, si vous m'avez jamais vu, vous en
connaissez déjà un. Saluez maintenant Jules Gérard, qui est
assis en face de moi ; à ma gauche, un jeune mais déjà célèbre veneur, M. le baron de Poilly, l'honorable commandant de l'équipage de *Picard-Piqu'Hardy*, et vous voilà
parfaitement au fait de l'honorable compagnie.

Je ne sais pas si vous êtes comme moi ; en tout cas, je vous
en félicite. J'ai toujours eu un estomac très-complaisant. C'est
là une de mes nombreuses qualités, vous pouvez la mettre à
l'épreuve quand vous voudrez.

Nourri à l'école de ce cher Elzéar Blaze, de regrettable
mémoire, j'ai reconnu, comme le docte professeur, qu'une
bonne fourchette a son mérite, et je ne suis pas de l'avis de
ceux qui, après avoir chanté :

> Ventre plein
> Sonne bien,

ajoutent traîtreusement :

Ventre creux
Somme mieux.

Voilà une hérésie qui ne peut avoir été inventée que par Harpagon pour l'appliquer à son piqueur, si toutefois, ce que Molière ne nous dit pas, la casaque de cocher de maître Jacques s'est jamais à son service transformée en habit de chasse. Du reste, ma fanfare que vous connaîtrez un jour, — *la Léon Bertrand ou la Métamorphose d'Actéon* [1], — c'est moi-même qui me suis peint, dans la crainte qu'un autre, me connaissant moins bien, ne fût pas aussi véridique que moi, — constate entre autres mérites les capacités de mon estomac qui, quelque bien garni qu'il soit, garde toujours à l'occasion un petit coin au service de ses amis.

Donc le signal de l'attaque ne fut pas plutôt donné : *Soupe, soupe!* que, sans me le faire dire deux fois, je justifiai de mon mieux une réputation qui, je l'ai remarqué sans vanité, a toujours fait plus de tort aux autres qu'à moi-même.

Si vous connaissez quelque chose de plus charmant qu'un ambigu de la sorte, offert sans façons, accepté de même, où, délivrés du service obséquieux des laquais, se servant sans cérémonie soi-même, échangeant bon mot pour bon mot, se versant à pleins bords un vin généreux, tantôt dedans, tantôt à côté du verre, avec la douce perspective et de l'aimable réception qui vous attend dans une heure, et de la chasse longuement préparée qu'on vous offrira le lendemain ; ne vous

---

[1] En vente aujourd'hui chez *Heugel*, 2 bis, rue Vivienne.

gênez pas, faites-moi le plaisir de me l'enseigner, mais ne soyez pas égoïste et conviez-moi à vérifier la chose.

De Paris à Ourscamp on compte plus de soixante-quinze kilomètres : nous franchîmes cette distance en moins de temps que je n'en mets à la calculer, tellement l'heure passe vite lorsqu'on est à table et en bonne compagnie. Du débarcadère d'Ourscamp à Carlepont, chez M. le baron de Villars, sous le toit hospitalier duquel étaient réunis, depuis plusieurs semaines déjà, une partie des veneurs portant le bouton de la Société de *Picard-Piqu'Hardy*, il n'y a que cinq kilomètres environ. Grâce à l'attelage qui vint nous prendre à la sortie du chemin de fer, attelage composé de deux chevaux américains qui sont, à coup sûr, les plus magnifiques *steppers* qu'on puisse voir, nous ne nous étions pas encore installés dans la calèche, Jules Gérard et moi, que nous arrivions au perron du château où nous attendait le maître de la maison lui-même. M. le baron de Villars nous reçut de la façon la plus cordiale et avec cette courtoisie pleine d'affabilité qui distinguera toujours l'homme du monde. Introduits par lui dans le salon de réception, véritable arsenal de vénerie digne de la plume de l'auteur d'*Ivanhoe*, tout décoré de panoplies d'armes, de hures de sangliers, de bois de cerfs et d'élans, nous trouvâmes là une nombreuse et brillante société parmi laquelle nous distinguâmes de prime abord plusieurs de nos honorables connaissances, M. le comte Henry de l'Aigle, le vicomte de Beaussier, M. A. Thélu, d'Aumale ; les deux frères Aristide et Émile de Songeons, le vicomte Roger de Chezelles, le comte Gaston de Lentilhac, d'Orschwiller, ce spirituel peintre de genre que vous savez et qui, jadis, le fidèle Achate du baron de Villars dans ses pérégrinations lointaines, est devenu aujourd'hui son commensal habituel et son ami. Pour nous, simple étranger, qui mettions pour la première fois les pieds dans ce manoir hospitalier, au milieu de cette réunion de visages bienveillants, il ne manquait qu'une chose pour compléter à nos yeux l'ensemble du tableau, c'était la présence de madame la baronne de Villars, installée depuis une quinzaine de jours à Paris dans son splendide hôtel de la place Vendôme, dont elle fait, dit-on, les honneurs d'une manière si charmante.

La soirée s'écoula vite : passée au coin du feu en causeries intimes, où la campagne du lendemain, envisagée sous toutes ses faces avec ses chances de réussite ou d'insuccès, tint naturellement la plus large place, elle nous prouva une fois de plus combien cette grande existence de château, bien comprise et pratiquée entre vrais gentilshommes, est préférable aux coteries mesquines des salons bourgeois de nos villes.

En veneur modeste qu'il est, M. de Poilly, le maître de l'équipage, paraissait fort inquiet sur les résultats de la chasse. Quelques jours auparavant, sa meute, que j'avais hâte de visiter, s'était signalée par un éclatant début : attaqué au Grand-Chapitre, à deux heures, au milieu d'une assistance nombreuse, — M. le comte Victor de l'Aigle, le respectable doyen des veneurs de l'Oise, M. et madame Henry de l'Aigle, M. Jules de l'Aigle, M. le comte de Montbreton, M. et madame de Lagréné, M. le vicomte de Lupel d'Autrèches, M. le comte de Flavigny, M. de Tartigny, M. le marquis de Lameth, M. E. Desplanques, MM. de Songeons frères, M. le vicomte de Beaussier, M. le comte de Lentilhac, MM. Gaston de Saint-Maurice, Frise, de Banneville, d'Heursel, baron de Villars et baron de Poilly, nous allions, saint Hubert nous pardonne!

oublier les plus intrépides, — un bon ragot n'avait duré qu'une heure devant les chiens, et s'était fait prendre, non sans défendre chèrement sa vie, le long des Blanches-Tailles, derrière la manufacture d'Ourscamp. Mais il en est à la chasse comme à la guerre. La première condition pour vaincre, c'est de livrer bataille. Or, devant un ennemi qui bat en retraite et ne tient plus le pays, échouent les plus savantes stratégies. *Aurons-nous des animaux au rapport?* Voilà la question capitale.

M. de Poilly, qui connaît ses hommes, et qui sait le résultat de leurs quêtes de la veille et de l'avant-veille, semble douter du succès. M. de Villars le rassure avec un aplomb, nous pourrions même dire avec un air malin, qu'on supposerait en mesure de déjouer toutes les chances contraires. Il n'est pas jusqu'à M. le curé de Carlepont, auquel cinq napoléons ont été promis pour ses pauvres, si saint Hubert, tant soit peu propice, nous donne à courre le plus petit sanglier, qui ne se mêle, au moment où chacun, passé minuit, prend son bougeoir pour gagner sa chambre, de donner bon espoir aux plus timides.

Je ne vous parlerai pas de ma nuit : elle fut celle de tout chasseur, la veille d'une chasse qui l'intéresse, bercée par les plus beaux rêves. Huit heures du matin sonnaient à peine comme nous entrions, Jules Gérard et moi, au salon désert, également désireux tous deux d'aller rendre visite à l'équipage. Carlepont, dont j'ai déjà entretenu mes lecteurs dans le temps, — il appartenait alors à M. le marquis Arthur de l'Aigle, qui ne l'a vendu qu'en 1847 à son nouveau propriétaire, — est un château de construction moderne, qui domine un parc d'une centaine d'arpents clos de murs. Placé au centre du village du même nom, il a pour perspective, d'un côté, la forêt de Laigue, appartenant au domaine de la Couronne, de l'autre, la forêt d'Ourscamp, qui fait partie du domaine de l'État. On arrive à ces deux horizons boisés par une vallée déclive, agréablement coupée de cours d'eau et de remises. La culture principale consiste en nombreuses chenevières destinées à alimenter la manufacture d'Ourscamp, mais qui, malheureusement pour les faisans des chasses voisines, ne se récoltent guère avant la fin de septembre. Le pays est d'un aspect riche : il fut fort maltraité, dit-on, lors de la seconde invasion du choléra. Avoir la propreté et l'aisance qui semblent régner dans les maisons, en général très-confortablement bâties, ainsi que l'air de santé des habitants, on croirait ces lieux à l'abri de toute épidémie ; c'est un caprice de plus à ajouter aux bizarreries fantasques de l'horrible fléau.

Cependant nous étions arrivés au chenil, Gérard et moi, et déjà la grande voix de la meute avait signalé au valet de chiens de garde la présence de deux étrangers. Construit sans doute par M. le marquis Arthur de l'Aigle, le premier veneur de l'époque, le chenil, qui est placé dans une bonne exposition, à la suite des communs et des écuries, et à une distance raisonnable du château, peut facilement renfermer de soixante-dix à quatre-vingts chiens. Il contient une boulangerie et un four attenant au logement du piqueur, et au devant s'étend une cour carrée entourée de murs pleins, surmontés de palissades à claires-voies, destinée à l'ébat des chiens. Somme toute, n'ayant pas encore eu l'honneur de visiter Folembray, qui est, comme on sait, la résidence habituelle du baron de Poilly, je ne connais pas son chenil ;

mais je souhaite à tout veneur en déplacement, de tomber sur des billets de logement comme en offre M. de Villars aux meutes de ses amis.

Le vautrait de Picard-Piqu'Hardy, qui est, sans contredit, l'équipage de particulier le plus magnifique et le mieux tenu que nous ayons vu jusqu'ici, compte comme personnel six hommes, savoir : un premier piqueur, un second piqueur, deux valets de chiens à cheval, tous quatre se partageant les quêtes et faisant le service de valets de limiers, plus deux valets de chiens à pied.

Ce sont les sieurs :

Morizet, 1er piqueur.

La Rosée, 2e piqueur.

La Brisée,
Garenne,
} valets de chiens à cheval.

Labranche,
Blondeau,
} valets de chiens à pied.

Les personnes portant le bouton de Picard-Piqu'Hardy sont MM.

Le baron de Poilly, maître de l'équipage.
Le baron de Graffenriend Villars.
Le baron de Courval.
Le vicomte de Fitz-James.
M. A. Labarbe.
Le comte de Sainte-Aldegonde.
Madame d'Heursel.
M. et madame de Lagréné.
Le baron H. de Chezelles.
M. A. de Chezelles.

Plus, MM. les Sociétaires de Saint-Gobain, ainsi composés :

Le vicomte Roger de Chezelles.
M. Aristide de Songeons.
M. Émile de Songeons.
Le comte G. de Lentilhac.
M. L. d'Heursel.
Le vicomte G. de Beaussier.
M. A. Thélu. d'Aumale.
M. Perrier.
M. A. Joly de Banneville.
M. Frise.
Le comte de Clermont-Tonnerre.
M. A. de Beauminy.
Le vicomte M. de Renneville.
M. Élie de Cabrol.
M. G. de Saint-Maurice.
Le marquis de Modène.
Le baron de Gommecourt.

L'équipage compte quatre limiers et quatre chiens d'attaque, savoir :

ABAILARD,
CORSAIRE,
FIXEAU,   } Limiers.
RÉCHAPPE,

CASTILLEAU,
FLAMBEAU,
MARDI-GRAS,   } Chiens d'attaque.
ROMÉO,

La meute proprement dite est formée de soixante-dix chiens dont une seule lice, ce sont :

Badineau.
Badouillard.
Baron.
Bastringo.
Boléro.
Boute-en-Train.
Briffaut.
Brigandeau.
Cerf-Volant.
Chicard.
Chicaneur.
Conquérant.
Despote.
Dictateur.
Fandango.
Fend'l'air.
Figaro.
Flambart.
Forester.
Généreau.
Grassot.
Hercule.
Javelot.
Jupiter.
Libertin.
Lucifer.
Malineau.
Matador.
Met-à-Mort.
Mireau.
Mogador.
Monarque.
Nathan.
Neptune.
Nicanor.

Parpaillot.
Perçant.
Plaideur.
Plutarque.
Policeman.
Président.
Printaneau.
Rapideau.
Régent.
Rigolette.
Rochester.
Souillard.
Sportsman.
Tamerlan.
Taquineau.
Tartareau.
Téméraire.
Ternéro.
Terror.
Timbaleau.
Tricolor.
Triomphant.
Turbulent.
Empereur.
Amiral.
Maréchal.
Général.
Colonel.
Major.
Capitaine.
Lieutenant.
Sergent.
Caporal.
Grenadier.
Voltigeur.

Équipage et meute proviennent d'Angleterre où, chaque année, M. de Poilly envoie son premier piqueur en remonte. Ce sont tous chiens anglais purs, de premier choix, la plupart à manteau tricolore, d'une taille de soixante-cinq à soixante-six centimètres environ, à l'oreille écourtée, à la patte de loup, ayant le rein large et court, et portant le fouet en trompe. Il est difficile, pour ne pas dire impossible, de rencontrer ailleurs une réunion de plus beaux chiens, mieux assortis ; c'est l'ensemble le plus parfait, le plus complet que puisse imaginer, même sur toile, l'art du peintre, et je défierais le critique le plus exigeant qui voudrait prendre la peine de les détailler un par un, de m'indiquer parmi eux une seule réforme raisonnable.

En l'absence de Morizet et des autres hommes, partis faire le bois avant l'aube, le valet de chiens de service nous montra parmi ces rangs pressés de têtes expressives et parlantes, plusieurs généreux champions qui avaient arrosé de leur sang la victoire du 9 décembre précédent. Honneur au courage malheureux ! Voici *Sergent* et *Mardi-Gras*, qui ont failli payer de leur vie les honorables cicatrices qui les couvrent ! Saluez *Forester*, un magnifique étalon, dont peu s'en est fallu, *lugete veneres !* que le rasoir brutal du monstre ne fît un second *Abailard* ; *Lucifer*, qui a combattu en vrai diable ; *Plaideur*, dont la cause a couru grand risque d'être perdue ; *Voltigeur* et son *Capitaine*, tous deux blessés côte à côte, comme cela se voit souvent sur maints champs de bataille ; puis, *Neptune*, *Despote*, et d'autres encore des meilleurs que j'oublie. Leurs blessures à peine fermées saignent encore, et pourtant, voyez combien l'inaction est un supplice affreux pour les braves : toute leur crainte est de rester au chenil, aujourd'hui qu'ils savent que l'on chasse, et on les mettrait de meute, ces pauvres invalides, que animés par un noble désir de vengeance, ils seraient encore les premiers à donner sur l'ennemi.

Du chenil, nous passâmes aux écuries. Les chevaux répondent dignement, depuis ceux du maître de l'équipage jusqu'à ceux affectés au service du dernier valet de chiens, à la mission laborieuse qu'ils sont appelés à remplir, et si M. de Poilly a pour premier piqueur un veneur qui tient parfaitement sa meute, son écurie est également confiée aux soins intelligents d'un homme hors ligne, dans lequel on reconnaît au premier coup d'œil la haute science de l'école britannique. *Jack* et *Suretey*, excellent vieux cheval qui descend un fossé au pas, s'il juge que pour le passer le moindre effort est inutile ; mais qui, lancé à fond de train, franchira sans hésiter une haie, un mur, un précipice, tels sont les deux compagnons ordinaires que monte en chasse M. de Poilly. *Fury* et *Chantress* sont les deux chevaux de Morizet, premier piqueur ; *Vel-Come* et *Rob-Roy*, ceux de La Rosée, deuxième piqueur. *Chasseur* et *Normandie* sont affectés à La Brisée, le premier valet de chiens à cheval, *Boston* et *New-York*, à Garenne, son camarade. Avec de tels auxiliaires, on peut aller loin et longtemps.

Cependant le moment solennel approche. On vient de sonner le déjeuner, et bientôt chacun des veneurs, attablé en tenue officielle, sous la présidence du maître de la maison, fait honneur à un repas confortable destiné, avant la bataille, à nous donner à tous ce qu'on appelle très-judicieusement *du cœur au ventre*. Avec les principes gastronomiques que j'ai franchement exposés au début de ce récit, cette locution

ne me paraît pas constituer une erreur en anatomie. Un seul
veneur manque encore à l'appel devant son couvert vide;
c'est, on le devine sans peine, M. de Poilly, le maître de l'é-
quipage, qui, toujours sur des charbons ardents, est encore
en vedette à l'extrémité du parc, interrogeant de loin tous les
sentiers de la forêt, pour guetter le retour de ses hommes.
Enfin, les deux battants de la porte s'ouvrent, magnifique
entrée... le chef est radieux... superbe... l'honneur de Picard-Piqu'Hardy est sauvé !

> Allons, compagnons joyeux
> Nobles veneurs qu'enflamme un beau zèle,
> Allons, le cor nous appelle,
> Ne tardons pas à quitter ces lieux.
>
> La matinée,
> C'est la journée,
> Et qui la perd, vrai Dieu, risque fort
> Que détournée,
> Mais non donnée.
> Sur pied, la bête ait vidé son fort !
>
> Allons, compagnons joyeux, etc.

On vide une dernière rasade à saint Hubert, et bientôt,
chaque veneur en selle, le maître de l'équipage en tête, suit
la meute toute couplée qui, précédée par les piqueurs, se
dirige vers la porte principale de Carlepont, à travers les allées sinueuses du parc. Quel tableau et quel ravissant cortége!
L'uniforme de l'équipage est splendide : il se compose de
l'habit rouge anglais sans galons, avec boutons or et argent
qui représentent une hure passée dans une trompe, à laquelle
flotte une banderolle portant pour devise : *Picard-Piqu'Hardy;* d'un gilet bleu; d'une culotte bleue revêtue de

grands bas blancs montant jusqu'à mi-cuisse ; de bottes fortes vernies, d'une cape en velours noir, ceinturon, couteau
de chasse et accessoires. La tenue des piqueurs est la même,
sauf les galons de vénerie qui distinguent l'habit.

Au milieu du village, dont la principale rue, qui descend
jusqu'à la plaine, est garnie d'une double haie de curieux, est
un carrefour où l'on s'arrête : il s'agit de séparer les relais,
de former les chiens d'attaque et la meute.

Nous avons au rapport cinq animaux : une laie accompa-
gnée de quatre bêtes rousses. Vive Dieu! M. le curé, vos
prières au patron ont été efficaces et vos pauvres ont gagné
leurs cent francs!

Nous voici en forêt. Vous devez connaître Ourscamp, ami
lecteur, surtout si vous avez jamais lu un causeur d'infini-
ment d'esprit, jadis notre confrère en rédaction et dont nous
regrettons la paresse, Alphonse Toussenel. Sous ce titre :
Le dernier solitaire d'Ourscamp, il a publié dans *l'Esprit des Bêtes*, un article que vous devez vous rappeler, et que, dans le cas contraire, je vous engage fortement
à lire.

Ourscamp est une des forêts les plus giboyeuses de l'Oise :
parfaitement placée entre Laigue et Compiègne, ces deux plus
beaux fleurons de la Vénerie Impériale, elle fait ainsi que
nous l'avons déjà dit plus haut, partie du domaine de l'État.
Comme telle, la chasse doit en être amodiée. Elle le fut
après 1849 ; mais comme sa proximité des plaisirs de la
Couronne, dont les animaux la visitent journellement aussitôt qu'ils sont inquiétés ailleurs, pouvait présenter des
inconvénients sérieux, Ourscamp a été loué au nom de Sa
Majesté l'Empereur, qui, dans sa munificence de souverain,

l'a donnée à titre gracieux à M. le baron de Villars, avec la seule restriction de n'y point tuer les cerfs, restriction qu'en sa double qualité de veneur et d'obligé, ce dernier se donnerait bien de garde d'enfreindre.

Mais, entendez-vous...? C'est la trompe... On vient d'attaquer au Rond-des-Abattis, et pendant que nous causons ensemble la chasse marche et se dessine.

L'animal donné à courre est une bête rousse : il saute la route de Noyon presqu'entre les jambes du cheval de M. le marquis Arthur de l'Aigle, que nous avons l'honneur de saluer en passant. Vigoureusement poussé par les chiens, l'innocent, qui n'a pour lui que sa légèreté et ses jambes, traverse le Grand-Chapitre, parages qu'il connaît pour s'y être souvent promené avec *maman*, remonte à la Chaussée-Pavée, gagne la Carbonnerie comme pour tenter le débucher de Laigue ; mais là, effrayé par un relais et par le bruit des trompes, il revient tout à coup sur ses voies, et dèslors ne quitte plus les environs du lancer, où il se fait battre et rebattre une bonne heure et demie, n'ayant jamais plus d'une centaine de pas d'avance sur la meute.

On avait découplé à deux heures. A cinq heures moins un quart, nuit close, la fanfare de l'hallali retentit. L'animal, pris au bois de Pontoise, n'a fait qu'une bouchée sous la dent vorace des chiens, dont une partie, peu satisfaite de cette maigre curée, attaque un autre sanglier, et ne rentre que le lendemain, après avoir traversé l'Oise.

Il avait été décidé entre les invités de Carlepont que cette chasse, quel qu'en fût le résultat, clorait en 1856 le déplacement d'Ourscamp pour l'équipage de Picard-Piqu'Hardy.

Le soir, au dîner, les rangs de nos convives, triste présage, s'étaient déjà éclaircis : nous bûmes à la santé des absents, bien entendu ; mais ne me parlez pas de ces toasts sans réciprocité qui m'affligent. Moi, je n'aime porter qu'une seule santé à table, alors qu'un vin de Champagne généreux petille et mousse à pleins bords dans ma coupe de cristal : c'est celle de l'amphitryon ou bien encore celle de mon voisin, attendu que, l'un et l'autre étant obligés de me faire raison, c'est un double motif pour remplir et vider mon verre.

— Vous ne connaissez pas M. le comte de Flavigny, me dit en entrant au salon, d'Orschwiller, auquel il ne manque, pour être complet, que d'être chasseur, ce qui ne l'empêche pas d'être un artiste plein de talent et d'esprit. Quel dommage qu'aujourd'hui, contrairement à ses habitudes, il n'ait pas fait partie de l'assistance ! Je lui aurais demandé la permission de vous présenter à lui, comme directeur du *Journal des Chasseurs*, et vous auriez fait connaissance avec un veneur qui mérite, à coup sûr, d'être cité dans vos annales.

— J'ai beaucoup entendu parler du comte de Flavigny, lui répondis-je, et cette présentation eût été pour moi une véritable bonne fortune.

Tout en causant, d'Orschwiller avait machinalement pris un crayon : une feuille de papier se trouvait devant lui; bientôt, sous ses doigts intelligents, se dessina une espèce d'ébauche.

— C'est un intrépide chasseur, continua-t-il, et dont la réputation, connue dans toute la Picardie, n'est pas une réputation usurpée.

Il a détruit à lui seul plus de sangliers et de loups que n'en contient, à l'heure qu'il est, le département tout entier.

Il a un costume *à lui*, un cheval *à lui*, un équipement *à lui*. En un mot, c'est un type et un type des plus remarquables de la génération des chasseurs, presque éteinte aujourd'hui, qui appartient encore, comme science et principes, à notre vieille école française de vénerie.

Il finissait à peine, que l'ébauche était devenue un portrait réel, et que, par un simple effort de mémoire, d'Orschwiller, avec cette facilité qui distingue éminemment ses délicieuses productions, venait d'évoquer devant moi M. le comte de Flavigny en personne, dans sa véritable tenue de chasse.

— Me donnez-vous ce croquis? m'écriai-je émerveillé. Nous demanderons à M. le comte de Flavigny la permission d'en faire, dans le *Journal des Chasseurs*, le sujet de notre première lithographie. J'aurai l'honneur de lui en adresser un exemplaire, et peut-être, trouvant ainsi l'occasion d'entrer en relations avec lui, obtiendrai-je mieux que cela encore : l'autorisation de le placer, par un article spécial, dans cette *Galerie des Veneurs contemporains*, qu'a publiée le journal, et dans laquelle, d'après ce que vous me dites, il mérite de figurer à tant de titres.

D'Orschwiller se leva et fut consulter M. le baron de Villars, qui, sans mot dire, prit une feuille de papier et une plume : la lettre que je le vis remettre au valet de chambre ne portait que cette suscription : *A M. le comte de Flavigny, à Noyon*.

Le lendemain, au moment où Jules Gérard et moi nous quittions Carlepont, à la suite d'une chasse de chevreuil aux bassets qui, à elle seule, ferait encore la matière d'un article des plus intéressants, M. le barron de Villars me communiqua la réponse suivante :

« Noyon, le 27 décembre 1856.

« Monsieur le baron,

« Pour un vieux chasseur comme moi le costume importe, suivant moi, fort peu. Je donne toute liberté de critique, quant au mien si l'on veut. J'ai cherché à le rendre à la fois utile et commode pour des chasses de longue haleine. Les fontes des pistolets sont larges afin d'y mettre deux bouteilles de Bordeaux : les sacoches par dessus peuvent contenir un poulet, du pâté et du pain.

« Quand il s'agissait d'entrer dans les forts garnis d'épines et ronces, j'y ai souvent laissé, dans ma jeunesse, les pans de ma redingote; comme vous l'avez vu, monsieur le baron, avec ma tenue actuelle, ce n'est pas possible. Du reste, vous n'avez eu l'idée que du costume de la belle saison : pour l'hiver, il est plus élégant; il consiste en une belle pelisse de drap vert, garnie de belles fourrures de renard, avec brandebourgs et boutons ronds, plaqués en argent. Il est de toute impossibilité que le froid puisse vous prendre, et le veneur, avec du bordeaux, sans excès, dans l'estomac, est à l'abri de toute maladie.

« Je puis vous dire, monsieur le baron, que je suis le chasseur de toute la France qui ai eu l'avantage de mettre le plus d'animaux nuisibles *hallali*. Je n'avais que mon piqueur armé et mon valet de chiens. Deux fois en ma vie, à nous trois, sept sangliers ont été mis hallali, dont un a été tué par moi à onze heures du soir, au ferme, à l'aide d'une lanterne.

Dans un seul jour, j'ai pris quatre loups. J'en ai fait entrer un dans la maison d'un paysan, et lui ai mis moi-même la muselière, sous le lit de la ménagère.

« J'ai toujours été un chasseur de grande entreprise. Au jour j'étais à cheval, et ne revenais chez moi qu'à la nuit, quand mes chiens ne pouvaient plus chasser.

« J'ai l'honneur d'être, avec les sentiments les plus distingués, monsieur le baron,

« Le comte de FLAVIGNY. »

Qu'ajouter, après une semblable lettre? Que le *Journal des Chasseurs*, qui, grâce à cette autorisation, a eu l'avantage de pouvoir offrir à ses abonnés, comme un souvenir de Carlepont, le charmant dessin de d'Orschwiller, transformé en lithographie par MM. Eug. Cicéri et Phil. Benoist, les dignes interprètes de leur confrère, s'est cru dans la nécessité de faire amende honorable. Ce fut, en effet, une faute impardonnable à lui, il l'a confessé en toute humilité, de n'avoir pas plus tôt cité dans ses annales cynégétiques, le nom du comte de Flavigny.

Mais hâtons-nous de dire que tout oubli est réparable et que nous prenons, dès aujourd'hui, nous directeur, l'engagement d'aller en personne, si toutefois il veut bien nous le permettre, rendre avant peu visite à cet illustre vétéran, blanchi sous le harnais, heureux de nous incliner devant lui, et plus heureux encore si, par une insigne faveur, nous parvenions à obtenir de lui quelques notes écrites sous sa dictée. Ce serait assurément là, pour les archives de la vénerie contemporaine, le fond d'un article biographique très-curieux, destiné à faire un digne pendant aux intéressants Mémoires du comte de Fussey et du marquis de Bologne si bien rédigés par notre ami et collègue le marquis de Foudras.

Un mois après la publication de cette chronique, M. le comte de Flavigny nous faisait l'honneur de nous adresser la lettre suivante :

« Noyon, le 30 janvier 1857.

« Monsieur Léon Bertrand,

« Vous avez eu trop de bonté de vous occuper, dans votre Revue, d'un vieux chasseur tel que moi, qui n'ai d'autre but que celui d'être utile aux veneurs voués par préférence et par goût à la chasse du sanglier.

« L'éloge que vous avez fait du vautrait de *Picard-Piqu'Hardy* est très-mérité et très-bien senti. Si l'on donnait des décorations dans l'ordre de Saint-Hubert, il y en a plus d'un dans cette vénerie qui mériterait le titre de commandeur : sous tous les rapports, on ne peut rien voir de mieux composé.

« Mon intention, monsieur, est de donner ici des conseils qu'une longue expérience m'a démontré être bons, afin de rendre la chasse du sanglier presque sans danger pour les chiens, et de faire jouir en même temps les veneurs du plus beau lancer possible. Je veux que rien qu'au noble bruit de l'attaque les cœurs les plus froids soient transportés et ravis.

« J'ai remarqué, à l'intrépidité avec laquelle chassent MM. les Sociétaires de *Picard-Piqu'Hardy*, qu'il ne faut que trois ou quatre grands vieux sangliers pour détruire entièrement leur équipage ; à moins, toutefois, qu'on ne renonce à les attaquer, quand, par hasard, on en rencontrera. Mais je connais ces messieurs, et les juge d'après moi-même : plus un animal était dangereux, plus j'aurais fait de chemin pour le trouver ; j'aurais été le chercher à dix lieues de distance.

« Je me reprocherais donc toute ma vie de ne pas indiquer les moyens d'éviter la destruction d'une aussi belle meute. Aussitôt le sanglier lancé avec les chiens d'attaque, il faut donner quinze chiens avec des gorges de tonnerre, puis, pour mener plus beau bruit, placer dans les quinze chiens cinq hurleurs destinés à tenir la haute-contre. Pareil orchestre n'est pas difficile à trouver en Normandie, surtout quand on veut des chiens qui ne filent pas vite, pour donner à l'animal le temps de ruser et de fuir à volonté, ce qu'il ne faut pas attendre de chiens anglais qui forcent un ragot en une heure, tour de force que nos pères croyaient impossible. Tous les veneurs auront grand soin d'examiner si l'animal de meute est dangereux. S'ils le jugent tel, point de grâce, les veneurs doivent être tous bien armés, avec carabines et balles à discrétion ; la vie de l'équipage en dépend. Rien de plus triste que de voir ses meilleurs chiens éventrés et souvent tués sur place.

« Vous éviterez que l'animal prenne trop d'avance, que la voie se refroidisse et ne plaise plus aux chiens anglais ; ils ne manqueraient pas, quand vous les aurez donnés, de se rabattre sur les chiens normands qu'ils entendent bien chasser. Ceci regarde le commandant ; il doit savoir combien il faut de temps pour que la voie ne plaise plus aux chiens anglais.

« Si l'animal est dangereux, il ne faut donner que six chiens choisis parmi l'équipage. Dans un hallali sur pied, chaque chien, quand il mord, adopte un endroit pour attaquer l'ennemi ; on prendra ceux qui mordent aux jarrets ou aux testicules, plus, les prudents, qui se tiennent toujours, dans un ferme, à une distance honnête. En serrant les chiens, on aura bientôt envoyé à l'animal une balle assez bien placée pour en débarrasser l'équipage.

« Si le sanglier n'est pas méchant, MM. les Sociétaires de *Picard-Piqu'Hardy* le chasseront suivant leurs us et coutumes. On ne peut pas mieux faire qu'ils ne pratiquent d'habitude. Du reste, vous comprenez, monsieur, qu'avec des veneurs, dont moitié prennent les grands devants, tandis que les autres serrent les chiens, il n'y a pas un grand vieux sanglier qui puisse vivre longtemps devant des chiens anglais.

« Une dernière observation : le pansement des chiens blessés, dans cet équipage, n'est pas fait suivant la méthode que j'emploie moi-même. On ne fait habituellement qu'une simple couture hermétiquement fermée. Or, s'il y a suppuration à l'intérieur de la plaie, avec fièvre, il faut que l'animal succombe aux suites du dépôt qui s'y forme.

« Je vous envoie un dessin indiquant la manière dont je m'y prends pour établir les points de suture ; par ce moyen, vous pouvez à volonté serrer ou desserrer la plaie, et vous évitez de graves accidents. Deux plumes d'oies ébarbées suffisent pour ce pansement qui est très-simple.

« Dans le temps, j'avais l'habitude de faire le bois à cheval, et quoique j'allasse souvent au trot, jamais mes limiers ne surallaient une voie de sanglier ou de loup. En suivant cette méthode, vous perdrez beaucoup moins de temps et épargnerez bien des fatigues à vos hommes. A plus de vingt-cinq pas de la voie, vous voyez votre limier dresser les oreilles porter le nez au vent, puis toucher aux portées ; alors vous descendez de cheval et vous voyez tout de suite l'animal qui a passé et si votre limier en reprend chaudement.

« Mon désir, monsieur, est d'être utile en quelque chose à ces messieurs. Ce que vous approuverez vous voudrez bien le leur communiquer. S'il n'y a rien dans mon épître qui en mérite la peine, je vous prie de la mettre au feu sans plus de cérémonie, tenant, monsieur, avant toute chose, à être jugé par un grand maître et un aussi savant chasseur que vous.

« J'ai l'honneur d'être, avec les sentiments les plus distingués.

« Le comte de FLAVIGNY. »

P. S. « Dans ce monde tout est habitude. En s'exerçant, on tire aussi bien à cheval qu'à pied. A mon âge, je tue encore, au galop, mon perdreau au vol. »

LA SOCIÉTÉ DES CHASSES DE LIVRY

(SEINE-ET-OISE)

Dans un de nos précédents chapitres nous avons fait connaître à nos lecteurs une société de chasse à courre modèle,
que les Salnove et les d'Yauville modernes, si jamais il s'en
rencontre parmi nos écrivains cynégétiques du dix-neuvième
siècle, citeront un jour avec raison comme l'un des plus beaux
fle urons de la vénerie française contemporaine. Équipage et
personnel, piqueurs et veneurs, théorie et pratique, là, tout
est digne de rivaliser, et sans désavantage aucun, avec ces

sociétés de glorieuse mémoire qu'ont immortalisées tant d'éclatants succès : Rallie-Bourgogne et Rambouillet, par exemple, noms chers, noms illustres entre tous, que répètent encore avec orgueil les échos des grands bois, et dont les nobles fondateurs, ces vaillants champions, les fils aînés de saint Hubert, moissonnés trop tôt, hélas ! maîtres et serviteurs, dorment aujourd'hui dans la tombe.

Cette fois, nous allons aborder un sujet moins élevé, plus modeste, et essayer, en décrivant ici ce que c'est qu'une simple Société de chasse à tir, organisée avec connaissance de cause sur un théâtre à peu près convenable comme étendue, comme distance, comme ressources naturelles en gibier, de prouver que, si la *Chasse à cor et à cris* est un déduit de grand seigneur qu'il n'est pas donné à tous de cultiver à loisir, la *Chasse au fusil*, telle que la permettent bourgeoisement trois conditions faciles à remplir, savoir un bon chien d'arrêt, une bonne arme et la quittance des 25 fr. annuels versés à **M.** le maire, n'est point un passe-temps à dédaigner non plus ; qu'au contraire, bien que moins émouvant, moins noble, plus prosaïque, en un mot, c'est un plaisir égoïste qui, par ses jouissances de chaque jour, ses triomphes personnels d'amour-propre, ses fatigues même, qui, tout en vivifiant le corps, ne laissent aucune préoccupation fâcheuse à l'esprit, l'emporte peut-être de beaucoup sur l'autre.

Lorsqu'en 1852, après quatre années de gaspillage et de massacres, les forêts de la Couronne, momentanément louées par l'État, firent retour au domaine de la liste civile dont elles auraient toujours dû rester le brillant apanage, la Société des chasses de Saint-Germain, qui n'avait pas été la plus mal partagée, convenons-en, — neuf mille arpents de forêts, clos de murs; un rendez-vous de chasse princier bâti sous Louis XV; une faisanderie royale, établie à grands frais par S. M. Charles X, — vit, comme les autres, résilier son bail, et dut dire adieu à cette association éphémère comme sous le nom de *Club des Chasseurs*, que, sans les 15,000 pièces de gibier inscrites encore aujourd'hui sur le livre des chasses de sa dernière saison (1851-52) elle aurait pu, à coup sûr, regarder comme une espèce de rêve.

MM. les Sociétaires, parmi lesquels figuraient à ce moment-là le comte d'Orsay, ce type accompli du gentilhomme et de l'artiste; MM. de Noailles, le duc de Guiche, M. James Odier, l'honorable vice-président du Club; MM. Blacque, père et fils, Frédéric Bartholdi, Benjamin Delessert, le comte Xavier Branicki, M. William Hoppe, le baron de Laage, le baron Gourgaud, MM. Grininger, Bleymuller, Rampin, Delachaume, Soufflot, Lozouet, Gabriel Falampin, Carlier, le préfet de police; Lebrun, le doyen des orfévres de Paris, vieux pêcheur (accent circonflexe bien entendu), devenu, à soixante-dix ans passés, le plus jeune chasseur de l'assemblée, MM. les sociétaires, disons-nous, firent alors comme ces oiseaux voyageurs qu'un vent d'orage a momentanément jetés, en l'absence du maître, au milieu d'une moisson fertile : ils se dispersèrent tous, trop heureux de restituer à qui de droit ces magnifiques tirés de Saint-Germain, dont ils avaient su, du reste, pendant quatre ans, on peut le dire à leur honneur, jouir avec discrétion, plutôt en locataires intelligents qu'en maîtres exigeants et prodigues. Mais où aller chercher fortune, en quittant un pareil séjour? Tel dut être l'embarras de nos premiers parents, lorsqu'exilés de l'Éden, ils virent, chassés par le glaive flamboyant de l'ange vengeur, se refermer sur eux les portes du Paradis terrestre. La plupart, découragés ou plutôt gâtés par des plaisirs trop faciles, renoncèrent à une passion si pleinement satisfaite, qu'ils désespéraient de la pouvoir contenter à l'avenir : on les vit déposer le fusil, les sybarites ! pour s'endormir au sein d'une molle oisiveté, sans souci d'une obésité précoce. Mais heureusement que d'autres, plus philosophes, se révoltèrent à l'idée de prendre du ventre ; bien mieux, ils essayèrent de reconstituer 'œuvre, et des débris du Club des Chasseurs naquit alors, nouveau phénix, une autre Société qui, moins nombreuse que l'ancienne, et ayant par conséquent des prétentions beaucoup plus modestes, nous fit l'honneur de nous renommer son chef, toute prête à rentrer en campagne, sous nos ordres, à la première occasion propice.

Vous connaissez tous, de réputation du moins, réputation bien usurpée il est vrai, une forêt très-proche voisine de Paris, et dont le nom seul, grâce au chien de Montargis, ou plutôt à feu Pixérécourt, ce roi du mélodrame, inspire presque autant de terreur que cet affreux repaire de bandits sur lequel on a fait jadis certain refrain d'opéra-comique avec lequel nous berçait notre nourrice :

Si vous voulez m'en croire (*bis*)
N'allez pas,
N'allez pas,
Dans la forêt Noire.

La forêt de Bondy, *puisqu'il faut l'appeler par son nom*, était, en 1848, l'une des dépendances du domaine privé de la maison d'Orléans, et S. A. le prince de Joinville, que n'amusait pas trop le cérémonial des chasses à courre de la Vénerie, y avait, par parenthèse, installé pour son compte personnel un équipage de daim, composé d'environ quarante beagles, lequel ne s'acquittait pas trop mal de son rôle, quand par hasard Fortin, le plus insouciant et le plus paresseux de tous les piqueurs de France et de Navarre, daignait se préoccuper du sien. Comprise, en 1852, dans le décret du 22 janvier, la forêt de Bondy fit retour à l'État, et, assujettie dès lors, sous ce nouveau régime, aux ordonnances qui réglementent les forêts domaniales, on dut mettre en adjudication la chasse des 1,160 hectares qui la composent. Exploitée, avant 1848, par une foule de permissionnaires ; un peu abandonnée depuis à elle-même, sous la surveillance d'agents alors trop inquiets sur leur avenir pour s'intéresser beaucoup à celui du gibier ; placée d'ailleurs dans d'assez mauvaises conditions par sa proximité des faubourgs de Paris, sa contiguïté avec de nombreux villages peuplés de braconniers plus nombreux encore, ce n'était pas là, très-certainement, ni comme étendue, ni comme fonds, une réserve propre à nous faire oublier les beaux jours de Saint-Germain, cette brillante période cynégétique qui avait duré quatre années. Cependant, cinq jours avant l'adjudication, fixée au 30 septembre, juste à un mois de date après l'ouverture de la chasse, nous fûmes prendre connaissance du terrain, et, le soir, de retour à Paris, après une inspection faite un peu à la hâte, qui nous avait accusé une trentaine d'animaux en forêt, daims et daines, très-peu de faisans, pas une perdrix, mais, en revanche, un assez joli filet de lapins et de lièvres, nous avions, par anticipation et sans crainte de la concurrence, arrêté le chiffre de notre location, ainsi que les bases réglementaires de notre Société nouvelle. Pour un amateur sérieux qui aime la chasse et qui la connaît, Bondy n'est pas un terrain ordinaire. La forêt, bien coupée et généralement très-saine, même en temps de pluie, offre au gibier, dans certains cantons, des demeures presque impénétrables où il se plaît à merveille. La ronce et l'églantier y abondent, ainsi que l'alisier et le troëne, et produisent, à l'arrière-saison, une nourriture abondante et facile que le faisan affectionne. Des mares naturelles, abritées par des joncs épais et alimentées par de nombreux ruisseaux, y recèlent, dès le printemps, une foule d'oiseaux aquatiques qui y font en partie leur couvée. Enfin, le fauve lui-même, grâce à quelques avenues plantées en marronniers, et à l'abondance des chênes qui forment la principale essence des futaies, y trouve, dès l'automne, des ressources qui le tiennent en venaison, et auxquelles, en cas de disette, suppléent facilement les gagnages d'une plaine cultivée et fertile.

Avec de pareils éléments, il y a là tout ce qu'il faut pour créer et entretenir une belle chasse, moins giboyeuse cent fois que Saint-Germain, sans aucun doute, mais plus agréable peut-être, en ce sens que moins uniforme, moins factice, et présentant plus de difficultés naturelles, elle offre aussi des jouissances plus variées et plus complètes..... A Saint-Germain c'était un massacre en ligne, à travers des taillis clair-semés, arides, sur des sables brûlants dont la végétation n'offrait pour tout asile au gibier, qu'un chiendent étiolé et quelques bruyères rabougries. A Bondy, c'est la véritable chasse, avec ses allures indépendantes, avec ses coudées franches, son imprévu, ses hasards inespérés, et, condition plus précieuse encore, avec un gibier qui se défend et déploie toute sa science pour fourvoyer le chien non moins savant qui le suit, le perd, le retrouve, le perd encore, et finit enfin par le faire tirer à son maître.

Louée plus de 6,000 francs par an, ce qui met chaque hectare à un peu plus de 5 francs, la forêt de Bondy, à part une quinzaine de daims sacrifiés la première année aux plaintes des riverains, n'a pas donné immédiatement des résultats très-remarquables. Notre livret des chasses, régulièrement tenu, n'accuse pas plus de dix-huit faisans tués dans la première saison (d'octobre 1852 à mars 1853;) mais il faut semer pour récolter ; il faut créer avant de détruire. La seconde année, de septembre 1853 à mars 1854, le chiffre de ces mêmes faisans s'élève à 170. La troisième année, de septembre 1854 à mars 1855, il va jusqu'à 200. La quatrième, de septembre 1855 à mars 1856, il dépasse 250, et enfin, la cinquième, de septembre 1856 au 15 février 1857, il monte à 581. En suivant cette progression croissante, il était facile, dès lors, de fixer le chiffre que l'on atteindrait l'année prochaine.

MM. les Sociétaires de Livry avaient, en 1855, trois jours de chasse par semaine; le mercredi, le jeudi et le dimanche. On a supprimé le premier de ces trois jours, parce que l'on a reconnu qu'il y avait surabondance de chasses et que l'une nuisait au succès de l'autre. Une mesure non moins heureuse a été adoptée cette année par la majorité de l'assemblée ; elle consiste à avoir divisé les 1,160 hectares de la forêt en cinq cantons bien distincts destinés à être exploités à tour de rôle. Ces cinq cantons sont : 1° *la Main-Ferme*, située sur les communes de Bondy et Villemomble ; 2° *les Tailles de Rougemont*, situées sur les communes de Livry et de Sevran ; 3° *la Fosse-Maussoin*, située sur les communes de Clichy et de Montfermeil ; 4° *la Queue-d'Aulnay*, située sur les communes d'Aulnay et de Bondy ; et enfin 5° *le Poteau des Couronnes*, situé sur les communes de Coubron et Vaujours. Un plan fort exact de la forêt, et dont chaque Sociétaire a un exemplaire, indique ces différents cantons, désignés par des teintes diverses ; et une amende de 25 francs est imposée à tout chasseur qui serait surpris maraudant sciemment dans un canton autre que celui indiqué pour la chasse du jour. Grâce à cette sage disposition, le gibier qui vient d'être traqué, a environ une vingtaine de jours devant lui pour oublier ou réparer ses pertes.

De Paris à Livry, qui est le siège de la Société, on compte seize kilomètres. Le chemin de fer de Strasbourg a une station à Bondy et nous offrait ainsi un moyen de transport assez prompt. Mais nous avons adopté une voie de communication presque aussi rapide et en tout cas beaucoup plus commode. A huit heures précises, chaque jour de chasse, un omnibus à douze places, attelé de deux vigoureux percherons, prend à un point central, rue Vivienne, *maison Lefaucheux,* MM. les Sociétaires qu'il débarque en cinq quarts d'heure, montre en main, à la porte de l'*Hôtel de France*, à Livry, où les attend un déjeuner solide. Point de luxe, mais du bon, tel est l'axiome favori de maître Tardu, le Vatel de l'endroit, qui, jadis, au service de madame la comtesse Kisseleff et de plusieurs autres grandes maisons, a eu l'honneur de servir à Venise un dîner offert à M. le comte de Chambord et pourrait au besoin, dans un repas de commande, rivaliser encore comme maître-queux, avec les premières célébrités culinaires du jour. Une heure est sacrifiée à table, et il faut voir comme le temps file, au milieu de ce premier coup de dent qu'aiguisent, à défaut d'appétit, la gaieté et les saillies des convives, assaut général d'attaques, de reparties, de bons mots, que préside toujours une bonne et franche camaraderie. Le café, versé bouillant, n'est pas bu, que déjà chacun, le fusil sur l'épaule, est en route suivi de son porte-carnier. Et maintenant, attention. mes maîtres; à peine en forêt, les chiens ont lancé. *Tayaut! tayaut!* à l'animal sa vitesse et ses ruses ; à vous, Messieurs, votre coup d'œil ordinaire, puis, le grand saint Hubert pour tous, jusqu'à l'heure fixée pour le retour, passé laquelle, rappelez-le-vous bien, il est convenu qu'on n'attend personne.

La Société de Livry, que nous avons l'avantage insigne de présider, a deux commissaires chargés de défendre les intérêts de chacun et de faire exécuter à tous le Règlement qui est bien compris sans être trop sévère. On sait qu'en chasse comme ailleurs, nous avons assez de penchant pour le fruit défendu, en vrais écoliers que nous sommes. Ces deux commissaires sont : pour le dimanche, M. F... un incorruptible qui ne connaît que la loi ; il a, cette année, 550 francs d'amendes en caisse pour poules tuées indûment et autres méfaits du même genre; pour le jeudi, M. M. F..., le successeur de Bonnet, le fameux confiseur de la place de la Bourse. Bien qu'il procède habituellement, chaque jeudi, par apporter avec lui quelques douceurs, marrons glacés, bonbons fondants, petits-fours, qu'il ajoute gracieusement au dessert de MM. ses collègues, il ne faut pas non plus trop se fier à ses dehors d'apparente bonhomie. Implacable pour toute infraction, si M. F..., se surprenait en faute, sans pitié pour lui-même, il se condamnerait plutôt deux fois qu'une.

Maintenant tenez-vous, amis lecteurs, à faire connaissance avec quelques-uns de nos honorables Sociétaires? pour notre compte nous n'y voyons pas d'inconvénient et nous allons, si vous le désirez, essayer de vous retracer quelques silhouettes parmi toutes ces physionomies de bons vivants, galerie joyeuse dans laquelle nous vous souhaiterions de figurer, si toutefois le sacramentel *dignus es intrare* vous y donnait le droit de bourgeoisie; car il en est des chasses de Bondy comme au paradis : il y a beaucoup d'appelés et peu d'élus. Si vous le permettez, nous prendrons le dimanche de préférence au jeudi. Ce jour-là, la réunion est plus intime, plus unie; et, formée d'éléments moins divers, elle compte bien rarement des vides dans son sein quand il s'agit d'entrer en campagne.

Voici d'abord notre camarade G..., le meilleur fusil de la Société. Grand coureur d'aventures, comme on aurait dit sous Richelieu, partageant ses plaisirs entre Diane et Vénus, si G... ménage les poules en forêt, on dit qu'en ville il se rattrape sur les poulettes. Prends bien garde, l'ami... on risque de payer, à ce jeu-là, des amendes qui coûtent encore plus cher que les nôtres.

A ses côtés, c'est R..., un original que vous connaissez, nous le parions. Content de peu et mécontent de tout, au demeurant excellent compagnon, R... n'a qu'un tort, mais un tort grave, pour sa bourse surtout, c'est celui de toujours manquer son coq et de ne jamais rater sa poule. Un incident tout récent nous a, du reste, expliqué ce guignon constant. Le croiriez-vous? R... est fasciné, il a peur d'abîmer les coqs. Nous chassions dernièrement ensemble dans la *Main-Ferme:* un coq se lève devant lui; l'oiseau manqué se branche :

R... court sous l'arbre, tire de nouveau l'oiseau qu'il manque encore et qui va se rebrancher un peu plus loin. Alors des cris à ébranler tous les échos d'alentour s'élèvent du sein de la futaie. Par une fatalité inconcevable, ce jour-là, c'était R... qui précédait *Désiré*, son porte-carnier, quand c'est habituellement *Désiré*, son porte-carnier, qui le précède et le mène. « A moi! des cartouches? criait-il au désespoir, il va s'envoler, je vais le perdre... » Au lieu de *Désiré*, c'est F..., notre commissaire, qui survient éperdu à ces cris de détresse. « Voyez-vous *mon faisan*, lui dit R... en lui montrant le le coq. Qu'il est beau, tirez-le, mon cher, mais ne l'abîmez pas. » F... fait feu!.. l'oiseau touché dégringole de branche en branche, mais il ne tombe pas et se raccroche à trois mètres du sol. F... va redoubler... « Oh! non, mon ami, lui crie R... suppliant; vous allez me le massacrer, il ne sera pas présentable. Que votre porte-carnier grimpe sur l'arbre. » A cette injonction, le porte-carnier obéit; mais, ô déception, ô douleur! il n'a pas plus tôt touché l'oiseau que la queue lui reste dans la main; le faisan part et *vole encore*... Qui furent penauds, nos deux chasseurs : quant à nous, à leur place, nous en eussions fait une maladie.

Nous avons annoncé que R... était un original; nous tenons à prouver notre dire. Si vous ne l'avez pas reconnu au peu que nous vous en avons dit, feuilletez la collection du *Journal des Chasseurs*, examinez cette lithographie, dont nous allons essayer ici l'esquisse, et vous verrez si nous lui prêtons une réputation usurpée. Vous voyez bien cette plaine? c'est la plaine Saint-Denis : vous voyez bien ce grave personnage assis en robe de chambre à ramages sur un pliant, le chef couvert du classique bonnet de coton, les pieds chaudement posés sur une chaufferette? eh bien! c'est notre ami R..., escorté de G..., qui, pour varier ses plaisirs du dimanche, essaie en semaine d'une chasse au miroir. Ils ont tué ainsi huit douzaines d'alouettes, les enragés! Si le procédé vous paraît bon, vous êtes autorisé à vous en servir. C'est une invention, sans garantie du gouvernement, à l'usage des rhumes de cerveau, et la contrefaçon est permise. Peut-être nos deux gaillards trouveront-ils un jour le moyen de faire tomber les alouettes toutes rôties.

Contemplez-moi, à présent, cette figure franche, loyale, épanouie, qui, toujours le sourire sur les lèvres, n'a jamais eu dans le cœur, j'en suis sûr, ni fiel, ni haine, ni arrière-pensée aucune. Je vous présente l'un des meilleurs de la compagnie sans contredit, notre camarade P... J..., un boursier que n'a point encore perverti la coulisse, cette école de l'égoïsme et du froid calcul; c'est là une nature à part, une nature d'élite dont je voudrais pouvoir vous citer ici quelques traits empruntés à sa vie intime. Mais contentez-vous de lui presser la main, en cédant, comme nous, à ce sentiment de sympathie cordiale qu'il inspire de prime abord, et qu'il mérite si bien à tous les titres.

Avez-vous entendu parler de l'histoire du daim de Montfermeil, ce merveilleux animal qui faisait, il y a trois ans, le service de la petite poste entre Montfermeil et Clichy, et avait soin, chaque jour de chasse, d'attendre le cabriolet de notre sociétaire Guér..., puis de le précéder en éclaireur pour aller où? Dénoncer, sans doute, nos projets hostiles à ses amis du Poteau-Rouge, qui, tous, décampaient au plus vite. Si vous ne la connaissez pas, demandez-la à l'inventeur... Mais que dis-je, grand Dieu?... gardez-vous-en bien, au contraire ; car, cette année, depuis qu'il a tué notre vieux dix-cors d'une balle de pistolet glissée, à cinquante pas, dans son fusil de chasse ordinaire, l'ami Guér... ne souffre plus qu'on le plaisante. Et il a raison, ma foi... on ne fait pas souvent de pareils coups de maître ; et c'est là un tour de force que lui envient certainement les rieurs.

Salut à Mah..., ce Nemrod franc Picard, toujours le premier en tête quand donne la meute, et non moins intrépide encore s'il s'agit de suivre son chien d'arrêt dans le fourré le plus épais du taillis. Bon tireur, chasseur prudent, vous pouvez sans crainte vous attacher en chasse à sa fortune. C'est un guide avec lequel vous êtes sûr d'avance de ne jamais courir le risque de faire fausse route.

Salut à son digne émule, l'ami Baz..., l'heureux propriétaire de *Flaye*, cette vieille chienne modèle qu'il faut voir le matin à l'œuvre sur un faisan démonté, et que vous ne reconnaîtriez pas le soir, dans le jardin du Palais-Royal, lorsqu'elle fait doucement *son petit tour*, sous la conduite du *grand veneur*, le valet de chambre femelle de *Monsieur*.

Salut enfin à Leb... et à Mere..., ces deux lévriers pur sang qui percent au fort comme deux vrais sangliers, et qui, conduits, l'un par *Ché-ché*, le loustic des porte-carniers de Bondy, l'autre par son chien *Mylord*, capable à lui seul de remplacer au besoin tous les fusils de la bande (nous l'avons vu pour un seul jour prendre successivement trois lièvres au gîte), font un tel feu de bâbord et de tribord, qu'ils n'auraient pas, le soir venu, une seule cartouche au service d'un ami.

Dominus sit vobiscum, dit le prêtre en achevant sa messe ; permettez-nous de ne pas en dire autant en finissant, car *Leseigneur* est toujours avec nous, il ne nous quitte ja-

mais et vous pouvez le contempler d'ici à votre aise, non pas
comme à l'autel, sous les apparences du pain et du vin, mais
bien en chair et en os, dans la personne de ce grand et solide gaillard de si belle venue, qui nous dépasse tous de la
tête. C'est une recrue de l'année dernière, mais ne vous y
fiez pas... le sournois a déjà fait maintes campagnes, on le
voit; car bien qu'un des derniers enrôlés parmi nous, il a
déjà fourni ses preuves et il est loin d'être au rang des
conscrits.

Résumons-nous et devenons positifs et graves. Après
avoir écrit au complet l'organisation de notre Société, il est
assez naturel que nous disions un mot du résultat de ses
chasses. Du 18 septembre 1856, jour de notre ouverture en
forêt, au 15 février 1857, jour de la clôture, c'est-à-dire en
cinq mois à peu près, il a été tué à Bondy mille deux cent
soixante-seize pièces, savoir : six cent quatre-vingt-quinze lapins, cent quarante-huit lièvres, trois cent quatre-vingt-un faisans, trente-sept bécasses, un daim dix-cors, un renard, une
fouine et douze pièces diverses. Si l'on considère la distance à
laquelle cette chasse se trouve de la capitale, l'affluence de promeneurs que le premier rayon de soleil y amène, les entraves de toute sorte, qu'en dépit de la surveillance la plus
active, apportent à la reproduction du gibier une foule de
conditions défavorables; les chercheurs de muguet, par
exemple, les dénicheurs de nids, les cueilleurs de fraises et de
noisettes, et toute cette multitude de braconniers à quatre
pattes, chiens et chats, qu'y entretiennent les villages voisins,
on sera encore étonné, à coup sûr, de ce résultat, obtenu, il
est vrai, à grands frais. Peut-être même sera-t-on tenté de
se dire à part soi avec quelque justice : « Allons, décidément,

voilà encore une réhabilitation à faire ; jusqu'à présent on a indignement calomnié l'endroit : on a beau être là, *en pleine forêt de Bondy,* on n'y est pas encore si *volé* qu'on le suppose. »

LA SOCIÉTÉ DES CHASSES DE LA NEUVILLE

(OISE)

Nous venons de faire connaître à nos lecteurs la Société des chasses de Livry, cette réunion intime de francs et joyeux chasseurs que nous avons l'honneur de présider. Cette fois, ces quelques pages vont être consacrées à la description d'une association cynégétique du même genre, fondée en 1854, mais établie sur une plus grande échelle encore que la nôtre, et dont le théâtre, vaste forêt magnifiquement percée, admirablement peuplée en gibier de toute espèce, depuis le royal chevreuil jusqu'au modeste lapin, ferait sans contredit la plus belle chasse du monde, si on n'avait à lui reprocher, ce qui n'est pas à nos yeux un mince grief, la distance à laquelle même, en dépit de la vapeur, ce théâtre est situé de la capitale. La Société des chasses de la Neuville-en-Hez, dont nous voulons parler, tire son nom de la forêt domaniale qui lui a été amodiée; elle est présidée par l'un des plus honorables négociants de Paris, M. Ch. Pat..., qui est un chasseur émérite, et qui, à cette qualité non contestée, en réunit beaucoup d'autres plus solides encore et non moins bien établies : urbanité exquise, savoir-vivre parfait, dehors aimables et prévenants, qui en font tout naturellement un très-digne président de chasse.

De vieilles relations nous ayant mis en rapport autrefois, M. Ch. Pat... nous fit l'honneur de nous inviter, tant en son nom personnel qu'au nom de ses collègues, à venir faire à la Neuville la fermeture de la chasse, fixée dans l'Oise, cette année, au 5 février.

Vous connaissez, je suppose, votre carte du département de l'Oise. Si vous ne la connaissez pas, figurez-vous un carré oblong d'environ six cent quinze mille hectares comme superficie, dans lesquels vous pouvez hardiment compter quatre-vingt mille hectares de forêts, telles que Compiègne, Laigue, Ourscamp, Senlis, Pontarmé, Chantilly, Ermenonville, Thelle, Halatte, etc., etc. J'en oublie et des meilleures. Borné au Nord par le département de la Somme ; au Midi par ceux de Seine-et-Marne et de Seine-et-Oise; à l'Est par le département de l'Aisne ; à l'Ouest par ceux de l'Eure et de la Seine-Inférieure, c'est-à-dire par les provinces les plus giboyeuses de France, le département de l'Oise forme un centre qui, très-riche par son propre fonds, est encore heureusement alimenté, comme on voit, par l'excédant des contrées voisines.

Or, la forêt de Hez est placée juste au beau milieu de ce même centre privilégié, dont elle forme comme une réserve à part, on ne peut plus favorable à la chasse par la nature de son sol accidenté, entremêlé de plateaux et de collines, tantôt dominé par d'admirables futaies où on suivrait un cerf en voiture comme sous les futaies séculaires de la vieille Allemagne, tantôt protégé par d'épais taillis où le gibier se plaît et se multiplie à loisir : et c'est chez M. Ch. Pat... une preuve de haut instinct cynégétique, que de n'avoir point, lors du renouvellement des baux des forêts domaniales en 1854, laissé échapper, au profit des nombreux concurrents qui se la disputaient, cette magnifique location destinée à devenir, entre ses mains intelligentes, le siége d'une de nos plus brillantes sociétés de chasse.

MM. les Sociétaires de la Neuville-en-Hez sont au nombre de dix-huit.

Un règlement fort sagement conçu arrête et stipule les droits communs. Nous n'en relaterons ici que les dispositions principales. Quatre jours par semaine sont affectés aux chasses, ce sont les mercredis et jeudis, puis les samedis et dimanches. Chaque Sociétaire doit, en entrant, voter à sa convenance pour l'une ou l'autre de ces séries de deux jours. Quant au président, aux termes de l'acte constitutif de la Société, on lui a gracieusement concédé le privilége de pouvoir chasser pendant les quatre jours sus-désignés, privilége dont nous savons de bonne source qu'il n'a jamais abusé. Président et Sociétaires ont chacun le droit de se faire accompagner d'un ami. Pendant tous les autres jours de la semaine, la chasse en forêt est formellement interdite. Cependant, par une heureuse concession, un canton d'environ deux cents hectares en taillis et bruyères, désigné sous le nom de *Camp des Cerfs*, est abandonné, durant toute la saison, à ceux de MM. les Sociétaires qui ne voudraient pas se condamner à une inaction de huit jours. Seulement le tir du chevreuil et du faisan leur y est strictement interdit, et si cette concession temporaire amenait des inconvénients ou des abus, le conseil d'administration s'est réservé le droit d'y couper court en la retirant.

Tous les Sociétaires sont responsables et solidaires entre eux des délits occasionnés par le gibier tant dans l'intérieur de la forêt que sur les bordures.

Chaque titulaire d'action a droit à deux chevreuils dans sa saison, ce qui suppose, en admettant que chacun ait la chance d'atteindre son contingent, un total de trente-six chevreuils par an. Les chevrettes font nombre ; mais, dans l'intérêt d'une conservation bien entendue, si le tireur qui abat une chèvre n'est pas exposé, comme en Allemagne, à subir les affronts les plus humiliants, il lui faut toujours, comme réparation, délier les cordons de sa bourse. Il y a une amende de cinquante francs pour le meurtre de chaque chevrette ; quant au troisième chevreuil abattu en dehors du nombre fixé, comme, en pareil cas, aucune excuse n'est admissible, qu'il y a préméditation flagrante, arrêtée d'avance, l'amende est portée au double, encore l'animal n'appartient-il pas au coupable. Il doit être partagé, séance tenante, entre tous les Sociétaires de sa série. C'est payer un peu cher, on l'avouera, le funeste penchant qui nous porte toujours à goûter au fruit défendu.

L'amende pour chaque poule faisane tuée est de vingt

francs à partir du jour de l'ouverture de la chasse[1].

Nous ne savons si le sage ordonnateur qui a conçu et arrêté le règlement très-court et très-simple, comme on peut en juger, de la Société de la Neuville-en-Hez, connaissait le mot si vrai et si profond de notre ami Toussenel : « Grattez le chasseur, vous y trouverez le braconnier. » Mais cela doit être quand on lit l'un des derniers paragraphes qui le terminent :

« Tout chasseur, dit l'article 14, qui, pour se soustraire à une amende, cacherait une pièce de gibier tuée en contravention au présent règlement, payera une amende de cinquante francs, pour la première fois, et s'il y a récidive, le conseil d'administration s'assemblera pour statuer sur son exclusion.

« Tout chasseur exclu en vertu du paragraphe qui précède, n'aura droit à aucune indemnité ni remboursement. »

Voilà, certes, une disposition sévère, une loi tant soit peu draconnienne : mais nous ne la blâmons pas, bien loin de là : car nous réprouvons, comme tout chasseur honnête, l'acte sans excuse d'un confrère, qui consiste, lorsqu'il a commis un délit, et que la réparation de ce délit s'obtient par le payement d'une amende, à dissimuler cette même infraction, afin de s'éviter de verser à la masse le montant destiné à remplacer, à la fin de l'année, le gibier tué au préjudice commun. En entrant dans une Société qui a son règlement, on prend l'obligation d'honneur de s'y conformer strictement, et c'est, en conséquence, un acte déloyal, digne tout au plus d'un écolier, mais non d'un homme sérieux, que de ne point se faire scrupule de violer ce même règlement et de cher-

---

[1] A Livry, elle n'était que de 10 francs du 1ᵉʳ septembre au 15 octobre ; et de 20 francs à partir de cette dernière époque.

cher ensuite à se soustraire aux justes réparations qu'il inflige. Mais Toussenel, hélas! il faut en convenir, quoique l'aveu soit triste, a eu cent fois raison pour une, bien que nous soyons convaincu, tant nous le connaissons franc et loyal, qu'il n'a pas jugé les autres d'après lui-même : *Grattez le chasseur, vous y trouverez le braconnier*, et, sans incriminer en rien un seul des honorables membres qui composent aujourd'hui la Société des chasses de la Neuville-en-Hez, sans vouloir, ce que nous ne nous pardonnerions jamais, surtout après l'hospitalité gracieuse qui nous y a été si largement octroyée, jeter le moindre nuage dans la bonne harmonie qui préside à ses réunions, notre expérience personnelle en fait de direction de chasse, nous autorise cependant à dire ici une chose bien positive et bien certaine, c'est que si l'article 14, cet article si juste, si équitable au fond, y avait été strictement appliqué, depuis quatre ans qu'elle a été fondée, la susdite Société n'existerait plus à l'heure qu'il est que pour mémoire, et que c'est tout au plus si son respectable doyen et président, M. Ch. Pat... lui-même, serait encore là pour effacer du tableau vide le nom du dernier de ses membres.

Nous en appelons à la conscience de nos chers collègues de Livry, ces grands enfants en vacances, qui voudraient parfois faire de la peine à *papa* et qui, cependant tous, sans exception, sont bien au fond les meilleurs garçons du monde. A combien de Sociétaires serions-nous réduits à l'heure qu'il est, si l'on mettait en pratique chez nous le fameux article 14 de la Neuville? Il est vrai qu'ici le terrain même prête à la licence ; ne sommes-nous pas en pleine forêt de Bondy, et, dès lors, est-il bien surprenant que, l'influence du lieu aidant, certains carniers y deviennent à l'occasion d'une élasticité si complaisante?

Pour se rendre à la chasse de la Neuville-en-Hez, on prend le chemin de fer du Nord qui, en moins d'une heure et demie, vous dépose à la station de Clermont, d'où un omnibus spécial, commandé pour le service de la Société, vous transporte rapidement au village de la Neuville.

Le 5 février 185., quand nous quittâmes Paris, la terre était couverte de neige, et tout nous faisait craindre qu'en arrivant à Clermont, nous n'en fussions pour les frais de notre voyage.

Heureusement que saint Hubert, qui protége ses vrais disciples, en avait disposé autrement, et quand, à huit heures du soir, nous quittâmes le convoi pour monter en voiture, nous avions déjà acquis la certitude, à première inspection du sol, que le gendarme le plus processif ne pourrait voir, dans le léger linceul de grésil blanc qui couvrait à peine la terre, ce qui, aux yeux de la loi, constitue le véritable temps de neige.

Il était dix heures du soir quand nous arrivâmes à la Neuville. Dans la salle à manger de la maison commune qu'habite le garde-chef de la Société, maison plus que bourgeoise où le président et quelques autres Sociétaires ont leur chambre particulière, nous attendaient, devant un bon feu, plusieurs chasseurs installés là depuis l'avant-veille, et parmi lesquels, au premier coup d'œil, nous reconnûmes des visages amis, M. A. Milleret, entre autres, aimable et joyeux disciple de saint Hubert, avec lequel nous avions déjà eu le plaisir de nous rencontrer plusieurs fois en chasse.

A la Neuville, MM. les Sociétaires, en gens d'esprit qu'ils sont, n'ont pas l'habitude de perdre le temps en phrases inutiles. Notre présentation faite, un mot échangé entre ces messieurs sur les résultats des jours précédents et sur les chances plus ou moins probables du lendemain ; chacun, son bougeoir à la main, fut invité à gagner son gîte, avec l'engagement d'être sur pied à six heures, prêt à faire honneur, soit à la soupe classique à l'oignon, cet apéritif qui prépare si bien les voies digestives, soit à la tasse de chocolat qui, pour les estomacs délicats, n'est pas toujours d'une digestion aussi facile. En pareil cas, qu'il nous soit permis de donner ici une recette dont, pour notre compte, nous nous.sommes toujours trouvé bien : une influence neutralisant l'autre, faites comme nous avons la très-sage habitude de faire nous-même. Faites honneur à tout ce qu'on sert sur la table, sans vous inquiéter si ces divers éléments se combattent, et pour peu que les membres ne soient pas en révolte avec l'estomac, point essentiel même avant Agrippa, vous me direz de bonnes nouvelles du régime. C'est là un principe d'hygiène qui nous a toujours parfaitement réussi, et qui ne manque jamais d'exciter une juste admiration chez tous ceux qui nous l'ont vu mettre en pratique.

Il y a quelques années, dans un déplacement que nous faisions à Boisgibault, en Sologne, chez M. le marquis de Gasville, il nous avait pris fantaisie de faire le bois avec Armand, son piqueur, un serviteur de la vieille roche, celui-là, qui, depuis quarante ans passés qu'il était au service du noble marquis, avait forcé plus de cerfs, attaqué plus de sangliers, détourné plus de loups qu'il n'y a de jours dans une année bissextile, encore est-ce peu dire ; et comme il est mort en fidèle, avant l'âge, un peu usé, il est vrai, par ce rude métier, qu'en faveur des fanfares qu'il a sonnées dans sa vie de veneur, fanfares qui prenaient un accent tout particulier sous ses lèvres savantes, le grand saint Hubert ait son âme!

En octobre, époque à laquelle nous nous trouvions à Boisgibault, et en Sologne surtout, pays malsain, tout peuplé de brouillards et de fièvres, il ne faut pas se mettre en route à jeun, ce serait commettre une grave imprudence. Nos quêtes étant à six ou huit kilomètres du château, quelquefois plus loin, couché à minuit, après une poule au billard ou une soirée passée au salon avec les dames, il fallait être sur pied à quatre heures du matin, au plus tard, afin d'arriver au bois au point du jour. La fanfare l'a dit :

> L'aurore paraissait à peine
> Quand, dans la brume, à l'horizon,
> Je l'ai vu rentrant de la plaine,
> Tout chargé de sa venaison.

Et c'est effectivement là l'heure propice, l'instant solennel.

Donc, Auguste, le valet de chambre, garçon qui ne fermait jamais l'œil, un vrai lièvre au gîte, nous réveillait à trois heures précises avec ces mots sacramentels : « Allons, Monsieur, debout, il n'est que temps. Que servirai-je à Monsieur? Une aile de poulet froid, une tranche de pâté, du jambon d'York, un fruit? Du vin de Bordeaux ou du vin de Bourgogne? Du reste, Monsieur peut descendre, Monsieur choisira, son couvert est mis dans l'office. » — On sait quand on part, on ne sait pas quand on revient, dit le sage; il est donc toujours prudent de parer, avant de s'embarquer, à toutes les chances du voyage. Poulet, pâté, jambon n'effraient, à trois heures du matin, que les consciences chargées ou les estomacs débiles; aussi, demandez à Auguste la haute opinion qu'il a de nous. Je n'oublierai de ma vie l'expression de satisfaction peinte sur sa bonne figure, en me versant, comme coup de l'étrier, un dernier verre de Château-la-Rose. « Ah! me disait-il naïvement avec un soupir de regret, quel dommage que M. le marquis n'use pas de la recette de Monsieur! Je gage bien, sauf votre respect, que monsieur n'a jamais été ni à Vichy, ni à Plombières. » Et Auguste ne se trompait pas.

L'installation de chaque Sociétaire à la Neuville est parfaite. Fût-on gâté par tout le confortable du luxe, il est impossible de rencontrer en chasse, même dans les maisons les mieux tenues, une hospitalité plus large, une organisation mieux entendue et plus complète. Chaque membre titulaire a sa chambre à part, soit dans la maison qui sert de siége à la Société, soit aux environs, dans le village même. Le président, M. Pat..., nous mit fort obligeamment à côté de lui, dans l'appartement d'un des Sociétaires absents, M. Duncan, un vrai gentleman pur sang, qui aime la chasse comme l'aiment les Anglais ses compatriotes, mais qui la pratique à la française; puis, une poignée de main et un bonsoir échangés, nous ne tardâmes pas, Morphée aidant, à nous laisser aller aux plus doux rêves. On sait, par expérience, comment se passe la nuit qui, le jour de la fermeture arrivé, doit précéder une dernière bataille : c'est un digne pendant à celle qui précède en septembre le jour solennel de l'ouverture. Nous nous dispenserons donc de vous raconter tous les cauchemars de ces quelques heures de sommeil, plus agitées d'ordinaire que ne l'est une longue journée de chasse. Seulement, quand nous nous éveillâmes, une fanfare de bon augure charmait déjà nos oreilles; c'était celle du renard, sonnée à pleins poumons par le garde-chef Dandrieux, saluant l'entrée triomphale du trentième ou quarantième renard qu'apportaient, pris par le cou, entre les dents d'acier d'un piége allemand, deux espèces de Bas-Normands, dont l'industrie exclusive est de détruire ces maraudeurs et que la Société de la Neuville loue, chaque saison, pendant un certain temps, pour en purger la forêt qui en était, à la lettre, infestée.

De la Neuville à Froidmont, le canton désigné la veille pour la chasse du jour, après une longue discussion où l'autorité du président, aux prises avec toutes les exigences de chacun, faillit être plus d'une fois méconnue, nous rappelant involontairement le rôle que nous jouions nous-même à Livry avant que la chasse y fût divisée en cinq triages distincts destinés à être parcourus à tour de rôle ; de la Neuville à Froidmont, disons-nous, il y a bien six à sept kilomètres de distance. La jeune réserve, que n'effraye pas un pareil *ruban de queue*, comme on dit, part bravement, armes et bagages sur le dos, pour franchir à pied cette première étape. Quant aux vétérans, et nous convenons à notre honte qu'en traîné par le président, nous fûmes du nombre, ils s'entassèrent tant bien que mal dans une espèce de patache qui, grâce aux détours de la route et aux montées fréquentes qui s'y succèdent, ne les déposa au rendez-vous général, les ruines de la vieille abbaye de Froidmont, qu'en même temps que leurs jeunes collègues.

Nous n'eûmes pas plus tôt mis pied à terre, qu'une inspection rapide des lieux nous suffit, avec l'instinct cynégétique qui nous caractérise et dont nous a doué une longue expérience, pour nous mettre à même d'apprécier les ressources giboyeuses du pays. Notre jugement, du reste, à défaut des connaissances spéciales que possède à première vue un vieux routier comme nous, aurait été guidé infailliblement ici par une circonstance toute fortuite qui parle aux yeux et qu'on n'appelle pas en vain le *livre des ânes*. La terre, ce jour-là, était comme une coquette du dix-huitième siècle : légèrement poudrée à frimas par une fine poussière qui tenait le milieu entre une forte gelée blanche et une couche imperceptible de neige, elle permettait de lire sur les sentiers frayés toutes les évolutions nocturnes des paisibles habitants de ces bois ; et à voir le volcelet du chevreuil se croisant avec les nombreuses traces des lapins et des lièvres; rien qu'à compter avec regret, il est vrai, les pas de renard et de blaireau dont était parsemé le sol, il n'était pas douteux qu'au premier cri des chiens, six beaux briquets d'Artois tout couplés, conduits en laisse par une façon de valet de chiens à pied de bonne mine, chacun ne trouvât l'occasion à peu près certaine, quelque maladroit qu'il fût, de ne pas revenir bredouille.

La forêt de la Neuville-en-Hez compte environ dix-sept cents hectares. De son côté, celle des Princes, qui était une propriété particulière de S. A. R. le duc d'Aumale et qui, conséquemment, n'a pu faire retour à l'État, en renferme environ seize cents et en est comme une dépendance naturelle. Objet d'une location particulière, effectuée à la même époque, à peu près, que l'autre, cette seconde forêt, qui est pour ainsi dire enclavée dans la première, était indispensable aux Sociétaires de la Neuville, dont la chasse aux chiens courants eût été fort compromise sans cela. Elle renferme comme population le même gibier que sa voisine; elle est aussi admirablement percée qu'elle, mais plus accidentée peut-être, et semée çà et là sur les plateaux qui dominent ses flancs abrupts, de futaies admirables, réserves séculaires plantées en essence de hêtres comme n'en renferment que deux inspections au monde, Villers-Cotterets et Compiègne, ces gloires traditionnelles que nous envie l'Allemagne et qui seront éternellement l'orgueil de la sylviculture française.

Deux grandes lignes droites, comme tracées au cordeau et qui n'ont pas moins de plusieurs kilomètres d'étendue, la route Bourbon et la route Condé, noms éloquents, noms illustres qui rappellent plus d'un glorieux souvenir à l'âme attendrie du veneur, partagent toute cette masse de grands bois. Ce n'est pas sans une véritable émotion, mêlée de ce vague sentiment de regret que nous inspirent, malgré nous, les derniers débris des grandeurs déchues, qu'à un vaste carrefour auquel viennent aboutir cinq routes, sur un simple pavillon de chasse à un seul étage, composé de deux pièces, et complétement désert aujourd'hui, si désert que la pluie s'infiltre à travers les poutres vermoulues de sa toiture, tandis que le vent gémit derrière les châssis brisés de ses fenêtres, nous lûmes en passant cette inscription à demi effacée par le temps : *Pavillon Bourbon.*

O vanité des vanités! Enseignement profond plein de tristesse et de mélancolie! Salue ces ruines, veneur, incline-toi devant cette masure qui s'écroule et dont il ne restera bientôt plus de vestige. Car c'est là, effectivement, qui le croirait aujourd'hui, qu'était l'ancien rendez-vous de chasse de ce vieux Condé, dont le nom sera toujours inscrit en lettres d'or dans les fastes de la vénerie française.

Au début, notre chasse ne fut pas très-brillante, malgré

l'abondance de gibier qu'à première inspection trahissait le sol, dont le revoir était si facile, grâce au blanc linceul qui le couvrait entièrement, surtout dans les fonds abrités du vent. Le lièvre abonde à la Neuville, et il y a certains cantons de la forêt où les délits que MM. les Sociétaires payent annuellement aux riverains, témoignent assez que le lapin s'y trouve en quantité suffisante. Mais les enceintes y sont très-vastes; les futaies claires, les taillis fort épais, dispositions naturelles que le gibier sait mettre à profit et qui ne favorisent pas le chasseur, au contraire.

Repeuplée, il y a quatre ans, à l'aide d'une quarantaine d'animaux, daims et chevreuils, achetés par la Société chez M. le comte d'Offémont, près Compiègne, la forêt est assez vive en fauve aujourd'hui pour qu'il soit difficile d'y chasser à courre sans s'exposer continuellement au change; mais comme il est admis en principe à la Neuville que *Fusillo* est toujours découplé dès l'attaque, si toutefois les chiens chassent un chevreuil brocard, ici l'inconvénient devient un avantage qui tourne au profit des chasseurs à tir, catégorie qui nous a paru, sans reproche, dominer parmi MM. les Sociétaires. Du reste, le tir du chevreuil, même au chien d'arrêt, est une chasse charmante, et si quelques tireurs un peu trop ardents voulaient s'astreindre à épargner les chèvres, nous ne donnerions pas deux années d'attente à ces messieurs pour que certaines parties de la forêt, la taille *Robert*, par exemple, et celles du *Magasin*, dont une disposition heureuse du règlement a fait une réserve expresse, fussent aussi riches en chevreuils que ne l'étaient jadis, au bon temps, sous l'habile direction de MM. de la Blouglise, Savoye et Poirson, nos amis, les forêts de Laigue, de Villers-Cotterets et de Compiègne.

L'élève du faisan a été également tenté à la Neuville par la Société actuelle qui a fait dans ce but d'assez grands sacrifices. Mais, jusqu'à présent, les résultats n'ont pas répondu aux espérances, et à moins de circonscrire ces essais dans un canton spécial, au moyen d'une faisanderie régulièrement établie, nous doutons que le faisan abandonné à lui-même devienne jamais abondant, perdu qu'il est à l'état sauvage, au milieu de cette immense forêt. Il y rencontrera sans cesse deux obstacles majeurs dont il aura de la peine à triompher : d'abord la quantité de renards qui infestent encore le bois en dépit des destructions opérées ; ensuite la nature même du pays qu'entourent presque de toutes parts d'immenses marais appartenant aux communes voisines, et où le faisan, attiré par son instinct vagabond et coureur, se fera toujours tuer dès les premiers jours de septembre.

A midi, nous étions tous réunis chez le garde du canton de Froidmont, où, par les soins de notre honorable président, M. Pat..., avait été servi un déjeuner capable, tant par l'abondance que par la diversité des mets, de satisfaire à toutes les exigences de vingt convives, arpentant la forêt depuis quatre heures, et n'ayant sur la conscience qu'une tasse de chocolat ou une assiette de soupe. Je ne sais si vous en avez fait la remarque, mais c'est fabuleux avec quelle scrupuleuse exactitude, sans avoir besoin de consulter d'autre montre que les instincts infaillibles d'un estomac en détresse, chacun arrive au même moment, à la même heure, et cela de dix côtés différents, à ce rendez-vous du déjeuner, auquel il serait encore plus pénible de manquer qu'à la première entrevue d'une maîtresse. Personne, en pareil cas, n'a besoin pour se guider, de l'appel réitéré de la trompe, car tous savent par cœur le *tarde venientibus ossa*, et rien que cette vérité classique suffit pour indiquer la route aux uns et faire hâter le pas aux autres.

Le premier coup de dent donné, et il fut bon, l'on procéda sur place au dénombrement de nos victimes qui, tout compte fait, s'élevaient, à ce moment, à une demi-douzaine de lièvres, une vingtaine de lapins environ et une bécasse. Ce n'était pas assez pour s'endormir sur ses lauriers, aussi les plus sages d'entre nous vidaient à peine le coup de l'étrier, que déjà les impatients couraient s'échelonner sous les sombres voûtes de la futaie, où les six briquets d'Artois découplés venaient de lancer un couple infortuné de chevreuils, qu'ils promenaient fort rondement, ma foi, avec un accompagnement d'orchestre assez sonore. Nous ne fûmes pas des derniers à nous placer ; mais à peine avions-nous gravi au pas de course les hauteurs escarpées que venait de tenir la chasse, que par l'un de ces retours trop fréquents en pareil cas, elle avait redescendu dans les fonds que nous quittions, et qu'un coup double, répercuté au loin par tous les échos d'alentour, nous apprenait une double victoire. M. de Buffon, qui a fait un tableau si touchant de la fidélité conjugale du chevreuil, — peut-être, après tout, les chevreuils bourguignons de Montbard étaient-ils plus vertueux que ceux des environs de Paris, la civilisation gâte tout, — M. de Buffon, disons-nous, eût fait à notre place une belle oraison funèbre à ces deux pauvres animaux, deux époux modèles, qui, vivant ensemble, avaient sans doute voulu mourir ensemble et que nous vîmes couchés côte à côte sur un lit de fougères sanglantes, le matin même le théâtre de leurs amours peut-être, et maintenant leur couche funèbre. Mais quoique poëte,

nous sommes chasseur avant tout, et nous n'avons pas le
cœur aussi sensible à beaucoup près que l'illustre natura-
liste ; aussi, à l'aspect des deux victimes, dont on allait faire
la curée chaude sur place, n'éprouvâmes-nous qu'un regret,
mais un regret d'envie, celui de n'avoir pas été aussi favorisé par saint Hubert que l'adroit tireur qui venait de faire
ce magnifique coup double.

À cette chasse en succéda une autre d'un genre tout différent, celle d'un renard que menait dans des fonds marécageux, fourrés impénétrables, véritable forêt vierge semée d'é-
glantiers, de viornes et de lianes, où *Geiger* lui-même armé de
ses meilleures jambières, aurait peine à se frayer un chemin,
le roquet de l'un des gardes de la forêt des Princes. Ce chien
avait une petite voix glapissante, qui montait jusqu'à la plus
haute note de la gamme et qui, lorsque la piste s'échauffait,
s'exprimait tout à coup en cris si déchirants, qu'on eût dit
que l'animal, en traversant ces épais ronciers, s'écorchait tout
vif et y laissait une partie de sa peau. Cette musique dura
une demi-heure, nous promenant d'une côte à une autre et
nous faisant passer par toutes les émotions qu'on éprouve en
pareil cas, l'œil ouvert, l'oreille aux aguets, le doigt sur la
détente ; puis, maître renard, en sournois qu'il était, se
terra, et tout fut dit, pour nous du moins, car pour lui il
avait assez mal choisi son lieu d'asile. C'était un terrier à mi-
côte, à une seule gueule, creusé dans un sol meuble et sa-
blonneux, et l'entrée en fut bouchée immédiatement par le
garde afin de venir le soir même piéger le fugitif, puis le
fouiller le lendemain, si, par hasard, il n'était pas d'humeur
à risquer pour souper une sortie fort compromettante.

C'est ainsi, journellement, que les gardes de la Neuville et de la forêt des Princes détruisent bon nombre de ces animaux. Tous s'en occupent activement dans l'intérêt de la chasse. Chacun d'eux a sa méthode particulière. Mais il y a, entre autres, un garde de l'État que l'on nous a cité, et dont nous regrettons d'avoir oublié le nom, qui s'est fait une véritable spécialité de cette destruction importante. Ce qu'il a tué de renards au fusil, dans l'espace d'une année ou deux, est vraiment fabuleux. On nous a parlé de cinquante à soixante. C'est à l'affût, en pipant ces animaux, c'est-à-dire en imitant le cri de détresse d'un lapin pris au collet et rendant le dernier soupir, qu'il arrive presque toujours infailliblement à son but. Établi à bon vent, soit au milieu du bois dans une clairière, soit à un carrefour de la forêt auquel aboutissent plusieurs routes, mais toujours placé de manière à être parfaitement masqué, il est bien rare, si l'heure est propice, c'est-à-dire si c'est le matin ou le soir, et si, d'un autre côté, le lieu est bien choisi, c'est-à-dire situé dans un canton favorable, à proximité de terriers fréquentés, que son appel soit infructueux et que le stratagème n'ait pas le succès désiré. Seulement on conçoit qu'il faut avoir une très-grande habitude de la chose et des lèvres bien exercées pour imiter, à s'y méprendre, le râle plaintif de Jean Lapin. La musique a beau être séduisante, l'animal est bien fin, et la moindre note fausse gâterait tout. Du reste, ce garde est tellement passé maître dans ce genre d'exercice, que nous nous sommes laissé dire que souvent il avait été cerné par plusieurs renards à la fois, n'ayant que l'embarras du choix pour savoir lequel tirer.

Il était cinq heures du soir quand nous rentrâmes à la Neuville, le carnier assez léger, il est vrai, — nous n'avions dans notre journée tué pour notre compte que cinq lapins, deux merles et une bécasse, — mais l'estomac plus vide encore et conséquemment tout disposé à faire honneur aux talents culinaires de madame Dandrieux, la femme du garde-chef de ces messieurs, un cordon bleu, ma foi, qui s'entend à composer un menu aussi bien que son mari à conduire une chasse. Le vestibule de la maison était jonché de toutes les victimes que de plus heureux que nous avaient faites, lièvres, lapins, faisans, et, au milieu de cette sanglante hécatombe, figuraient cinq chevreuils dont quatre chevrettes, hélas ! sacrifice pénible surtout pour le président de la Société, qui est avec raison un conservateur rigide, mais dernier tribut prélevé jusqu'à l'ouverture prochaine sur les ressources giboyeuses de la forêt qui, heureusement, sont grandes. Nous étions quinze à vingt convives à table, des gaillards de taille et d'humeur, nous pouvons le dire à la louange générale, à jouer de la fourchette encore mieux qu'à manier le fusil : aussi Dieu sait si nous fîmes honneur au repas qui se prolongea jusqu'à onze heures du soir, largement arrosé par les vins des meilleurs crus, et fut assaisonné non-seulement par la gaieté et la bonne humeur des officiants, mais par quelques refrains empruntés à l'*Album de Saint-Hubert*, de notre ami Jules Moineaux, que je ne vous redirai pas ici parce que vous les savez tous par cœur, sans aucun doute.

C'est ainsi que MM. les hôtes de la Neuville, ces aimables compagnons que nous regrettions de quitter si vite, entendent et pratiquent ces sentiments de confraternité qui doivent unir entre eux tous les chasseurs, ces fervents sectateurs d'un même culte. Voilà une Société modèle sur laquelle nous invitons du fond du cœur à se régler tous ceux qui seraient tentés de se mettre en commun pour l'exploitation d'une chasse. Qu'ils aillent étudier là les éléments qui doivent former les bases de toute réunion de ce genre, si l'on désire la rendre durable. Ils verront quelle harmonie et quelle entente cordiale président à ces parties charmantes, dont elles doublent le plaisir et le prix, non-seulement pour les membres fondateurs de l'Association, mais pour les étrangers qu'on y invite.

Là, jamais de discussions irritantes ; point de commentaires injustes, de récriminations mesquines. Mais, en revanche, un grand respect pour les obligations communes, c'est-à-dire une soumission aveugle au règlement qui a été voté et accepté par tous, et en dehors duquel il n'est pas plus possible à une Société d'exister, qu'il n'est possible à un gouvernement de marcher si l'on y viole impunément la loi fondamentale. Telle est même, à ce sujet, la susceptibilité des honorables Sociétaires de la Neuville-en-Hez, qu'il nous a été adressé tout dernièrement par quelques-uns d'entre eux une réclamation très-sérieuse, motivée sur une simple plaisanterie que nous avons risquée dans la première partie de ce même récit, à propos, si l'on se le rappelle, du fameux article 14 de leur règlement de chasse, article prononçant, en cas de récidive, l'exclusion immédiate de tout membre qui dissimulerait une infraction, afin de se soustraire au payement de l'amende. Nous avons donné à entendre, *proh pudor !* que si, depuis la fondation de la Société, le susdit article avait été rigoureusement appliqué, il est plus que probable qu'elle n'existerait plus à l'heure qu'il est que de nom... Eh bien ! il paraîtrait qu'en émettant à la légère une semblable supposition, nous étions dans une erreur complète, et que nous avons étrangement froissé la conscience sans re-

mords de nos honnêtes chasseurs. Il n'en est pas un qui hési-
terait, sous ce rapport, à se porter solidaire de ses collègues.
« On peut aimer la *poule* au pot, me disait spirituellement
A. Milleret l'un d'eux ; c'est un goût comme un autre, qui
date de loin... du temps d'Henri IV. Mais on sait le prix du
bouillon, et quand on veut en boire un ici, on s'exécute
et l'on paye. » Faisons donc, en terminant, amende honorable, et déclarons en toute humilité que nous avons indignement calomnié, au début de cette chronique, les Sociétaires exceptionnels de la Neuville.

Les choses ne se passent pas ainsi partout, et nous savons
de bonne source qu'il est des chasseurs moins scrupuleux
qui ne raisonnent pas tout à fait de même... A Saint-Germain, par exemple, dans cette célèbre Société du *Club des
Chasseurs* que nous eûmes l'insigne honneur de présider
quatre années de suite, et qui comptait dans son sein tant de
notabilités de toute sorte, combien d'infractions volontaires à
la règle. Que de pièces tuées en dehors du droit commun,
que de fraudes dissimulées par les plus savantes manœuvres !
Il est vrai qu'alors nous étions en pleine République, et qu'à
pareille époque de transition, jurer fidélité à une charte quelconque, c'était bien, même avec la meilleure foi du monde,
avouons-le, s'exposer d'avance à devenir parjure.

LES CHASSES DU NEUHOF

BAS-RHIN

A M. FOURNIER

MAIRE DE MEAUX, FERMIER DE LA CHASSE DE VILLERS-COTTERETS

« Cher ami,

« Vous le savez par expérience mieux que personne, les environs de Paris, en dehors des magnifiques réserves princières qu'offrent encore certaines grandes fortunes territoriales, possèdent incontestablement de fort jolies chasses montées par actions, où tout zélé disciple de saint Hubert peut trouver, de temps à autre, à satisfaire sa passion favorite.

Mais que ces sociétés, si bien organisées qu'elles soient, sont loin de présenter les mêmes facilités, disons mieux, les mêmes ressources que celles dont plusieurs villes de province, encore plus favorisées sous ce rapport, Strasbourg, entre autres, le chef-lieu du Bas-Rhin, ce département essentiellement chasseur, peuvent disposer en faveur de ceux qu'anime comme nous, le feu sacré, et qui ont la chance, soit naissance, soit autrement, d'y avoir droit de bourgeoisie.

« Je rentre à l'instant même, aujourd'hui dimanche, 7 décembre, de chasser le sanglier au Neuhof, forêt communale de treize cents hectares, située à trois kilomètres de Strasbourg, et bien que nous ne rapportions qu'un malheureux ragot et un chevreuil, je ne puis résister au désir de vous initier, dès ce soir, entre deux tasses de thé, au plaisir que j'ai pris moi-même dans cette excursion cynégétique, l'une des plus ravissantes qu'on puisse faire.

« Parti ce matin, à huit heures et demie, avec l'un des Sociétaires de la chasse qui avait eu l'obligeance de m'offrir une place dans sa voiture, nous mettions pied à terre vingt-cinq minutes après, à la *Cabane des douaniers*, rendez-vous désigné ce jour-là, et qui est placé presque à l'entrée du bois. Nous trouvâmes là une dizaine d'amateurs environ, arrivant presque en même temps que nous dans leurs équipages respectifs, et qui tous font partie de la Société du Neuhof, société modèle, sur les statuts de laquelle j'engagerais tout amateur, ayant une chasse à diriger, à commencer par régler son programme.

« Ces messieurs, au nombre de vingt titulaires environ, — ils étaient vingt-quatre jadis, mais voulant se restreindre à seize tireurs seulement, ils laissent éteindre les actions va-

cantes, — comptent dans leurs rangs les premières sommités
de la ville : la magistrature, la finance, le haut commerce et
la noblesse, confondus ensemble, y sont honorablement re-
présentés, et la plus légère difficulté, à l'encontre de tant
d'associations de ce genre où l'on est en guerre perpétuelle,
n'a jamais troublé l'harmonie et l'entente cordiale qui président à leurs bons rapports. C'est M. Dirr, un fusil de premier ordre et un chasseur assez expérimenté en même
temps, pour que chacun ait en lui une confiance illimitée,
qui a l'honneur de présider l'assemblée, prérogative dont il
s'acquitte à la satisfaction générale, avec un zèle et une habileté qui imposeront une lourde tâche à son successeur, ce
qu'avec la protection de saint Hubert, je souhaite, dans
l'intérêt de ses administrés, voir arriver le plus tard possible.

« La forêt du Neuhof, dont je vous ai indiqué la contenance, appartient à la ville de Strasbourg. Elle est fermée
d'un côté par le Rhin qui la côtoie, et se compose, partie des
îles boisées attenant au fleuve, partie de taillis assez fourrés,
formant la majeure partie du massif, et divisés entre eux
par d'énormes digues du haut desquelles on domine chaque
enceinte, superficie immense, symétriquement alignée, présentant à l'œil l'aspect régulier d'un vaste échiquier. Les
routes latérales, très-bien entretenues, sont admirablement
percées, et comme le fonds du sol, recouvert presque partout
d'un gazon fin, est un mélange de gravier et de sable, hâtons-
nous de dire que si jamais équipage de vénerie venait faire
élection de domicile dans ces parages, jamais plus magnifique
courre ne pourrait faciliter ses exploits. Malheureusement
l'Alsace est trop proche voisine de l'Allemagne : les habitudes

de la rive droite ont nécessairement déteint sur la rive gauche. On ne chasse pas plus à cheval dans ce pays que l'on n'y
chasse de l'autre côté du Rhin, depuis le duché de Bade jusqu'à Mayence et Francfort. Un instant, un homme, un esprit
supérieur, qui a toujours eu l'instinct généreux des grandes
choses et qui, à l'occasion, ne recule devant aucun sacrifice,
a voulu tenter l'expérience. Il a, pour le plus grand plaisir
des nobles hôtes qui se donnent chaque année rendez-vous
chez lui des quatre coins du monde entier, formé un équipage de chasse à courre qui eût pu certainement, comme
personnel et comme tenue, rivaliser sans désavantage avec
les premières meutes d'Angleterre et de France. L'essai a
duré dix ans, au bout desquels, de guerre lasse, M. Bénazet,
nommons-le, a dû renoncer à une dépense en pure perte qui,
tout en n'amenant aucun résultat satisfaisant, l'innovation
n'étant pas dans les mœurs du pays, grevait son budget d'une
soixantaine de mille francs par année.

« Cette chasse, parfaitement dirigée deux fois par semaine,
le jeudi et le dimanche, renferme pas mal de lièvres, de
faisans et un nombre suffisant de sangliers. Le chevreuil est
le gibier qui y abonde le plus, sans parler des bécasses, des
canards et de la sauvagine de toute espèce que les îles du
Rhin, vastes oseraies, entrecoupées de lagunes et de flaques
d'eau stagnantes qui ne tarissent jamais, y attirent au moment du passage. Cette forêt serait encore beaucoup plus
giboyeuse, si presque tous les ans les débordements du fleuve
qu'on a beaucoup de peine à contenir dans son lit, en dépit
des doubles digues qui l'enserrent, ne venaient, en envahis-
sant une partie de sa surface, nuire à la propagation des animaux qui souffrent toujours plus ou moins de ces écarts,

quand par hasard ils ne sont pas submergés. En 1852, époque
de désastreuse mémoire, où l'inondation du Rhin, prenant
des proportions colossales, atteignit sa plus grande hauteur,
à tel point que la plupart des habitants désertèrent les faubourgs de la ville, presque tout le gibier du Neuhof fut
noyé, à l'exception des sangliers que leur talent de natation
bien connu aurait pu, à l'époque du déluge, dispenser de
l'arche de Noé. Les gardes, montés dans des barques, opé-
rèrent pas mal de sauvetages dans les petites îles que les
taillis les plus élevés avaient formées au milieu de cette vaste
nappe d'eau et où bon nombre de chevreuils et de lièvres,
fuyant l'inondation, étaient venus chercher un asile. Mais
telle est la force de l'habitude, ou plutôt tel est l'instinct qui
porte chaque espèce à s'attacher au sol qui l'a vu naître, que
la plupart de ces mêmes animaux, transportés dans des bois
voisins, à la portée de bons gagnages, n'y restèrent pas et
préférèrent venir chercher la mort dans la forêt à laquelle
on les avait enlevés.

« Quatre gardes et un brigadier, tel est le personnel
forestier auquel est confiée la surveillance de ces treize cents
hectares, qui, malgré leur proximité de Strasbourg, n'ont
pas, grâce au zèle de ces braves gens, beaucoup à souffrir
du braconnage.

« C'est l'un d'eux, nommé François-Joseph, par abrévia-
tion *Franceps*, qui conduit les chasses, prenant les ordres
de M. Birr, le président, lorsqu'il est là, et s'en rapportant,
en cas d'absence, à sa propre expérience : un gaillard solide
bâti en Hercule, avec une voix de Stentor, qu'on entend,
d'une enceinte à l'autre, transmettre aux traqueurs l'ordre
et la marche de chaque battue, et qui joint à ces avantages

physiques celui d'avoir comme tireur un coup d'œil digne d'un trappeur des prairies.

« Une douzaine de batteurs et une demi-douzaine de chiens courants, pas très-bien assortis en ce moment, il faut le dire, puisque à côté de simples bassets, figurent deux ou trois chiens d'équipage plus ou moins vieux, composent le corps de réserve auquel est dévolu le soin de l'attaque.

« La manière de chasser est exactement la même au Neuhof que celle adoptée dans toute l'Allemagne. Une ligne de tireurs, placés par le garde, enveloppe chaque enceinte. A un signal transmis par un coup de corne, traqueurs et chiens, pénètrent sous bois et foulent. C'est aux tireurs alors à ouvrir l'œil, à ne pas manquer l'animal lancé, au moment où il franchit la ligne, et à ne pas prendre surtout une poule pour un coq ou une chevrette pour un brocard. Le respect du sexe est une condition de rigueur que tous les Sociétaires observent scrupuleusement ; et lorsqu'on l'enfreint sans le vouloir, car le plus malin peut s'y tromper, ce qui est justement arrivé ce matin à l'un de ces messieurs, qui n'est certes pas le moins expérimenté de l'honorable compagnie, alors on en est quitte pour délier les cordons de sa bourse : vingt francs d'amende versés au fonds social pour une chèvre ; dix francs seulement pour une poule ; voilà, d'après le règlement, à quoi se borne la punition du coupable. L'enceinte battue, on recouple la meute, et l'on passe à une autre où l'on procède de même.

« Il y a cinq ou six ans, la Société du Neuhof, nous a raconté M. R..., juge au tribunal de première instance, qui en fait partie, avait eu la chance de tomber sur huit excellents chiens d'ordre, tous de même pied, et bien en chasse. Ce petit équipage était parfait : jamais on n'avait vu plus bel ensemble : c'était merveille que de les voir tout les huit à l'œuvre, de les appuyer, de les suivre, et Dieu sait combien de chevreuils, de sangliers surtout, leur voie de prédilection, succombèrent devant ces vaillants champions. Mais la fortune est inconstante et les plus beaux succès ont leurs revers. Sur la fin de la première année, le meilleur de ces huit chiens, celui qui menait la tête, succomba un jour au champ d'honneur, et arrosa de son sang généreux ce même champ de bataille, qu'avait si souvent grâce à lui rougi celui de l'ennemi. Décousu par un ragot qui n'était pas de bonne humeur, il eut le poumon traversé et mourut en rentrant au chenil. L'année suivante survint un autre événement dramatique non moins regrettable, et que ceux qui furent les témoins de cette scène navrante, impuissants à porter le moindre secours aux victimes, ne peuvent encore aujourd'hui se rappeler sans un sentiment de pitié.

« C'était par une sombre matinée d'hiver : il avait gelé ; toutes les mares qui avoisinent le Rhin étaient prises, et quelques-unes, dans cette saison surtout, sont de véritables lacs où, dans certaines parties, il n'y a pas moins de douze pieds d'eau. *Franceps* avait ce jour-là connaissance d'une compagnie de sangliers, parmi lesquels se trouvaient quelques bêtes d'assez forte taille, qui avaient fait leur nuit au bord du fleuve. Il en fit son rapport à l'assemblée, et comme l'endroit où était sa brisée formait une presqu'île assez étendue, fermée d'un côté par le Rhin, de l'autre par des mares couvertes d'un pouce de glace, et ne se reliait à la forêt que par une langue de terre ferme d'environ cent mètres de long, par laquelle s'étaient rembuchés les animaux, on pensa

qu'en se contentant de garder ce passage qu'ils ne manqueraient pas de reprendre en suivant leur contre-pied, le détroit
deviendrait forcément pour eux une seconde édition des Ther-
mopyles.

« Malheureusement, il n'en fut pas ainsi : nos chasseurs
avaient compté sans le vent, une condition importante dont on
a tort souvent de ne pas assez se préoccuper en chasse, surtout lorsque l'on a affaire à des sangliers, animal doué comme
le loup d'une finesse d'odorat remarquable. Dix fois la compagnie attaquée vint pour franchir le poste si bien gardé,
mais les plus vieux de la bande éventèrent les tireurs, re-
broussèrent chemin sans approcher à portée, et enfin deux
d'entre eux, les plus gros, qui s'étaient séparés et donnés
aux chiens, après avoir tourné et retourné en tous sens, se
décidèrent à vider le fort, en s'engageant franchement sur la
glace. Les bords de la mare, ou plutôt du lac, sur lequel ils
se risquaient, étant assez solidement pris, supportèrent un
instant ce poids insolite, augmenté de celui de *Corsaire*, de
Fanfare et de *Miraut*, trois des chiens qui leur soufflaient
aux soies. Mais le milieu avait moins d'épaisseur : tout à coup
un craquement se fit entendre, le gouffre s'entrouvrit, et tout,
sangliers et chiens, disparut à la fois dans cet abîme béant.
Ce fut pendant vingt minutes un bien triste spectacle, pour
les tireurs accourus au bruit, que la vue de ces cinq animaux luttant ensemble contre la mort au milieu de ces eaux
glacées, cercle fatal, inexorable, qu'ils ne pouvaient franchir,
où ils nageaient pêle-mêle, côte à côte, faisant trêve à leurs
instincts de haine, pour ne plus songer qu'à leur conservation réciproque. L'agonie fut lente, terrible, d'autant plus
terrible pour les spectateurs qu'il leur était complétement im-

possible de porter le moindre secours aux pauvres chiens dont les hurlements plaintifs vibraient si douloureusement à leurs oreilles. Enfin leurs forces s'épuisèrent. Ils disparurent l'un après l'autre, saisis par le froid. Leurs cadavres furent rejoints par ceux des deux sangliers, auteurs de leur perte, animaux plus robustes qu'eux, mais qui, une fois seuls à la surface de l'eau, ne tardèrent pas à sombrer à leur tour sous une grêle de balles vengeresses.

« Depuis cette époque de triste mémoire, le petit équipage de la Société s'est trouvé un peu démonté: cependant, cette année, un don gracieux du baron de Creutzer, de Bitche, vient de le mettre à même de réparer ses pertes. Cet intrépide veneur, qu'un malheureux faux pas, étant en chasse, a condamné pour toute la saison à une inaction forcée, a fait hommage à ces messieurs de trois excellents anglo-normands choisis dans sa propre meute.

« Un type des plus curieux dans le personnel de Neuhof, et qu'il y aurait vraiment oubli impardonnable de notre part à passer sous silence, c'est le valet de chiens attaché au service de la meute. Qui n'a pas vu Félix, a très-certainement à regretter, comme originalité, le spécimen le plus comique qui puisse s'offrir, et comme tenue et comme physique, à l'examen attentif d'un observateur.

« Figurez-vous un chétif individu, de taille moyenne, maigre et grêle, pauvre nature souffreteuse et rachitique, dont le torse et les jambes flageollent dans une souquenille de drap gris bordé d'un collet et de parements jadis verts; le chef couvert d'un vieux feutre duquel s'échappent quelques mèches de cheveux gris sillonnant un front déprimé; une figure osseuse grosse comme le poing, ornée d'une bouche en bec de lièvre dont la lèvre supérieure laisse voir, en s'entr'ouvrant, les deux incisives d'un véritable rongeur, des dents à faire envie à la plus vieille Anglaise qu'ait jamais coiffé sainte Catherine, et vous aurez un assez juste aperçu du personnage en question, personnage vraiment exceptionnel qu'on ferait poser rien que pour avoir sa photographie exacte. Si à cet extérieur cocasse vous pouviez joindre le côté moral de l'homme; faire l'étude de ses facultés intellectuelles, en rapport avec son physique ingrat; examiner son sourire doux, mais hébété à la fois; entendre sa manière d'appuyer les chiens, dont il est du reste moins le maître que le serviteur et l'ami, vous auriez de pied en cap la physionomie complète du sujet, l'un des plus excentriques assurément que j'aie encore rencontrés dans son genre.

« D'une naïveté sans exemple, d'une poltronnerie à n'y pas croire (il a peur de son ombre, et s'il pénètre en plein jour dans le bois, c'est qu'il sait qu'il n'est pas seul et que l'enceinte est bien défendue), vous ne le décideriez pour rien au monde à aller dans un ferme au secours de ses chiens; bien mieux, à mesure que le jour diminue, vous voyez progressivement percer sur sa figure un certain sentiment d'inquiétude plus fort que lui qui le gagne et qui le domine. La nuit venue, sa frayeur n'a plus de bornes : la forêt se transforme pour lui en un lieu d'épouvante, dont chaque arbre devient un fantôme à ses yeux, chaque bruit une menace pour ses oreilles; il tremble, les dents lui claquent, il balbutie, il emboîte le pas dans vos jambes comme un limier poursuivi par un loup, et quand on sort du bois, il n'est que temps pour lui d'échapper à toutes les folles terreurs qui l'assiégent; un pas de plus, et il tomberait en syncope. D'où viennent, en

réalité, ces appréhensions puériles? Nul ne le sait... Peut-être
est-ce une suite de la faiblesse d'organisation du pauvre
diable, duquel on ne dira jamais, à coup sûr, ce qu'a dit
l'abbé Delille traduisant Virgile :

> Souvent un petit corps renferme un grand courage.

« Pour en revenir à notre campagne d'aujourd'hui (il
en est grandement temps, ce me semble), en l'absence de
M. Dirr, le président, retenu à Strasbourg par une indispo-
sition passagère, c'est à M. Zimmer, l'un des Sociétaires, que
fut dévolue la conduite de la chasse. N'étant pas très-nom-
breux, par suite d'une petite pluie fine tombée le matin et
qui avait retenu au lit quelques-uns des habitués plus paresseux que les autres, nous résolûmes de tenter au début l'attaque d'un sanglier, et j'avoue qu'à voir les nombreux boutis
dont les routes sont labourées, cela ne me semblait pas bien
difficile. Le dimanche précédent, ces messieurs avaient eu la
bonne fortune d'en rencontrer plusieurs : deux dans une enceinte, quatre dans l'autre, et enfin sept à la fois dans un
même fourré voisin, n'ayant pas plus de dix à douze hectares.
Sur ce nombre, deux animaux étaient restés sur le carreau :
une bête de compagnie de quarante kilos, tirée par MM. Lipp-
mann, Zimmer et compagnie; un sanglier, bon ragot, venant
à son tiers an, tombé sous une balle de M. Théodore Hu-
mann, seul, sans collaborateur, m'a-t-on dit. Il y avait donc
chance pour que nous réussissions dans notre tentative. Par
malheur le bois n'avait pas été fait. Nous n'avions que des
connaissances, et pas une brisée certaine. Or, comme la forêt
est vaste, que les sangliers toujours sur pied y voyagent

beaucoup, tantôt dans un canton, tantôt dans un autre, il s'en est suivi qu'après avoir foulé à la billebaude, et vu une quantité de chevreuils, dont plusieurs furent tirés sans succès, — le meurtre d'une chevrette tuée par mégarde, comme je l'ai déjà rapporté dès le commencement de nos battues, avait sans doute, tant il est difficile de distinguer le sexe dans cette saison, un peu dérangé le coup d'œil ordinaire des plus experts d'entre nous, — il était déjà deux heures de l'après-midi, que nous n'avions pas encore pu lancer une seule des bêtes noires rapprochées.

« Si nous changions de pays? proposa notre directeur par *interim*. Si, abandonnant la forêt proprement dite, nous explorions un peu les îles du Rhin? J'ai confiance. — Va pour les îles du Rhin, répondîmes-nous d'une voix unanime. Pour mon compte, j'étais d'autant plus satisfait du changement de conversion, que j'allais ainsi me trouver à même de faire connaissance avec un terrain de chasse tout nouveau pour moi. La proposition de M. Zimmer, du reste, était rationnelle et fondée sur un incident personnel. La veille ou l'avant-veille, étant placé, au petit jour, à l'affût des canards, au bord de l'une de ces flaques qui séparent les îles de la terre ferme, il avait tout à coup vu une tête apparaître à travers les osiers de la berge; il l'avait d'abord prise pour celle de son chien dont il avait confié la garde à quelqu'un avant de se rendre à son poste, craignant que l'animal ne nuisît au succès de sa chasse; mais bientôt cette tête, s'allongeant, s'était changée en une hure magnifique dont la propriétaire, belle laie de cent vingt kilos, lui était passée à vingt-cinq pas escortée de huit bêtes rousses. Le temps de changer sa charge et de substituer une cartouche à balle à son plomb, toute la famille, mère et enfants, avait disparu.

« Arrivés en moins de vingt minutes dans ce bienheureux canton, nous le trouvâmes tellement fréquenté par les sangliers, si bien retourné de fond en comble par leurs évolutions nocturnes, qu'on eût dit un vrai champ dans lequel le soc de la charrue avait passé. Ah! mon cher ami, le magnifique revoir pour un veneur novice dont on voudrait compléter l'éducation pratique! Quels boutis! que de traces toutes saignantes au milieu de cette vase argileuse dans laquelle ragots, solitaires, bêtes de compagnie, marcassins, pigaches, avaient à qui mieux mieux imprimé tout un cours de volcelets différents; que de bauges surtout où chacun de ces petits-maîtres s'était souillé voluptueusement, laissant à la grandeur du logis, à la profondeur de l'empreinte, la mesure exacte de l'hôte... En vérité tout cela était si frais, si nouvellement remué, qu'à la première battue, à la première voix des chiens, vous l'avouerai-je? je m'apprêtais déjà à faire coup double. Eh bien, non, j'en fus encore pour mes frais d'attente. Il ne me passa qu'un misérable renard, que je me gardai bien de tirer, comme vous pensez.

« Enfin, à trois heures environ, un *wlaut! wlaut!* fortement accentué, et l'action inaccoutumée de la meute, menant plus chaudement, m'annoncèrent la chasse plus sérieuse que j'attendais avec tant d'impatience.

« Je gardais au *crochet*, terme consacré dans le pays, c'està-dire étant placé en retour, un détroit de quarante pas d'étendue. La route où je me trouvais, large de deux mètres à peu près, était à droite et à gauche bordée de forts épineux impénétrables, excellent passage à sanglier. J'étais à bon vent; la principale ligne des tireurs échelonnés sur ma gau-

che, dans un chemin tournant, ne se trouvait pas, à beaucoup près, dans une situation aussi favorable.

« Cependant la chasse marche : elle s'échauffe, se dessine,
tourne un instant sous bois, hésite, vient sur moi, s'éloigne,
se rapproche... Plus de doute, les chiens descendent de mon
côté, l'animal aussi par conséquent. C'est bien lui, le voilà;
les merles quittent le fourré, les geais, ces espions à l'œil fin,
s'élancent d'arbre en arbre, criant comme pour nous dire :
« A vous! tenez-vous sur vos gardes. » Je ne vois pas encore
le sanglier, mais je l'entends bien distinctement; l'arme à
l'épaule, je m'apprête à serrer le doigt. Hélas! un claque-
ment de fouet de ce poltron de *Félix*, placé à ma droite sur
la plaine, et qui a peur que le ragot ne débuche et ne lui
découse ses guêtres, le fait devier de la coulée dans laquelle
il s'est engagé; il fait volte-face, rebat ses voies et va se présenter sur la grande ligne, à qui?... devinez, au doyen
de la Société, vénérable chasseur de soixante-quinze ans,
M. Grimmer, notaire à Strasbourg, qui, du pliant sur lequel
il est philosophiquement assis, lui brûle à bout portant la
cervelle.

« Ainsi finit la cérémonie dans laquelle, pauvre comparse
sans emploi, j'ai, comme vous le voyez, joué un rôle bien
insignifiant. Nous avons encore essayé de faire une battue
ou deux.

« Mais déjà des bruits stridents, fendant l'air et me forçant
à lever la tête, me faisaient entrevoir, autre déception! de
nombreux vols de canards quittant, pour aller pâturer en
plaine, les îles du Rhin enveloppées de vapeurs brumeuses.

« A gauche et à droite de nous se perchaient, dans l'épaisseur des massifs voisins, plusieurs coqs-faisans, indiscrets

bavards signalant aux braconniers, amateurs de la chasse au branché, le chêne qui leur sert de juchoir nocturne.

« Félix, pâle et blême, commençait à trembler de tous ses membres... Notre chef, homme prudent, pensant qu'il était temps de partir, a donné le signal de la retraite, et, les chiens recouplés, nous nous sommes hâtés tous, doublant le pas, de regagner notre rendez-vous du matin, la *Cabane des douaniers*, où nous attendaient nos voitures. »

TABLE

PARIS. — IMP. SIMON RAÇON ET COMP., RUE D'ERFURTH, 1